当代
中国
人文
大系

王　路　著

走进分析哲学

中国人民大学出版社
·北京·

"当代中国人文大系"
出版说明

改革开放以来，中国社会的变革波澜壮阔，学术研究的发展自成一景。对当代学术成就加以梳理，对已出版的学术著作做一番披沙拣金、择优再版的工作，出版界责无旁贷。很多著作或因出版时日已久，学界无从寻觅；或在今天看来也许在主题、范式或研究方法上略显陈旧，但在学术发展史上不可或缺；或历时既久，在学界赢得口碑，渐显经典之相。它们至今都闪烁着智慧的光芒，有再版的价值。因此，把有价值的学术著作作为一个大的学术系列集中再版，让几代学者凝聚心血的研究成果得以再现，无论对于学术、学者还是学生，都是很有意义的事。

披沙拣金，说起来容易做起来难。俗话说，"文无第一，武无第二"。人文学科的学术著作没有绝对的评价标准，我们只能根据专家推荐意见、引用率等因素综合考量。我们不敢说，入选的著作都堪称经典，未入选的著作就价值不大。因为，不仅书目的推荐者见仁见智，更主要的是，为数不少公认一流的学术著作因无法获得版权而无缘纳入本系列。

"当代中国人文大系"分文学、史学、哲学等子系列。每个系列所选著作不求数量上相等，在体例上则尽可能一致。由于所选著作都是"旧作"，为全面呈现作者的研究成果和思想变化，我们一般要求作者提供若干篇后来发表过的相关论文作为附录，或提供一篇概述学术历程的"学术自述"，以便读者比较全面地了解作者的相关研究成果。至于有的作者希望出版修订后的作品，自然为我们所期盼。

"当代中国人文大系"是一套开放性的丛书，殷切期望新出现的或可获得版权的佳作加入。弘扬学术是一项崇高而艰辛的事业。中国人民大学出版社在学术出版园地上辛勤耕耘，收获颇丰，不仅得到读者的认可和褒扬，也得到作者的肯定和信任。我们将坚守自己的文化理念和出版使命，为中国的学术进展和文明传承继续做出贡献。

"当代中国人文大系"的策划和出版，得到了来自中国社会科学院、北京大学、清华大学、中国人民大学、北京师范大学、复旦大学、南京大学、南开大学等学术机构的学人的热情支持和帮助，谨此致谢！我们同样热切期待得到广大读者的支持与厚爱！

中国人民大学出版社

再版序

本书最初的名字是《分析哲学与哲学分析》，我觉得它比较恰当地反映出了本书的实质，因为本书的核心是通过哲学分析来讲述分析哲学。具体地说，就是通过说明分析哲学的分析方式来阐述分析哲学的思想。遗憾的是出版社不同意用这个书名，理由是以这种方式命名的书很多，会怎样怎样。为了眼下这个书名，那时我还真费了一番心思。"走进分析哲学"——通俗直白，字面上像是一本普及著作，不过毕竟保留了原来的意思，只是有些引申罢了：通过揭示分析哲学的途径和方法来认识分析哲学。

今天讲出这个故事，只是为了说明本书的核心内容。在我看来，分析哲学的核心是运用逻辑的理论和方法来进行哲学研究，一如分析哲学风头最劲时的口号："哲学的根本任务就是对语言进行逻辑分析"。因此，对于学习和研究分析哲学来说，认识和把握其所谓的逻辑分析，乃是至关重要的。为此，我在这里再次重复原版前言中明确说过的话："本书的核心是'逻辑分析'"。

本书出版以后，反映还不错。由于这个名字，许多人把它当做分析哲学的入门读物。我觉得这样也很好。这次再版，原书内容保持不变，只做两点修改。一是对原书个别地方做了一些技术性的修改，包括以"＊"为标示加了几个注释；二是去掉了原书的附录，取而代之的是前两年的一篇文章。在这篇文章中，针对一些对分析哲学的不同看法，我谈了自己的一些见解。

感谢中国人民大学出版社吴冰华和李艳辉同志对出版本书所做的工作与支持！感谢出版社所有为本书出版付出辛勤劳动的同志！

作者

于清华园荷清苑寓所

2009 年 5 月

目　录

走进分析哲学

目录

走进分析哲学

前　言

　　1994 年，我写完了《弗雷格思想研究》。本来，接着写一本分析哲学方面的书似乎是很自然的事情，因为在研究弗雷格思想的过程中，我看了大量有关分析哲学的著作，而且这些方面的想法几乎一点也没有写进完成的著作。但是我当时根本就没有想到要写分析哲学，而是转向研究黑格尔和海德格尔，因为我对本体论问题产生了浓厚的兴趣。

　　现在想起来，促使我写这本书的潜在动因主要有两个。1995 年，金岳霖学术基金会搞了一次学术评奖活动，题目是“现代西方哲学”，我正好负责这次评奖的组织工作。在参评的论著中，有一部分属于分析哲学的内容，而且有的还获了奖。我为国内学界同仁所做的工作和取得的成绩感到高兴。同时我也发现，我国研究分析哲学的人还不多，而且在发表的论著中，介绍性的居多，深入细致研究的比较少，此外，也存在一些常识性的错误。经过仔细分析，我认识到，造成这种结果的原因主要是在现代逻辑的基本知识方面学习和训练得不够，因此在对西方分析哲学的理解方面存在着一些问题和困难。这大概是我写这本书的第一个潜在的动因。第二个潜在的动因是自 1994 年以来，我不断地到一些高校、研究生院和研究所做一些专题讲演和学术报告。一开始，我讲的内容主要是在逻辑和语言方面，后来我的重点转到了逻辑和哲学方面。我在讲学中发现，国内哲学界存在着一个比较普遍的问题，这就是对现代逻辑缺乏了解，而且还有一个更严重的倾向，这就是许多人不但对这个问题缺乏认识，而且对现代逻辑抱着不以为然甚至反感的态度。我常常听到这样的提问：“学习现代逻辑有什么用？”“既然现代逻辑有这样那样的局限性，为什么还要学它？”“中国哲学自古就没有西方形式逻辑这一套东西，我们今天还有必要学习吗？”等等。我始终不明白，我们思考问题的方式为什么会这样？在回答这样的问题时，一方面我感到很累，另一方面，我也深感一个逻辑工作者的责任：在我国，我们除了自己的研究工作以外，还应该积极宣传掌握现代逻辑知识的重要性，争取使它成为我国高校哲学系的基础课和必修课，从而使它逐渐成为我国哲学工作者的必备知识。

潜在的动因自然不是直接的成因，因为虽然有了以上想法，我却仍然没有动笔。1997年，我参加了张家龙老师主持的国家"九五"社科重点项目。原准备由张家龙、张清宇、李小五、邹崇理和我合作写成一本专著，但是经过反复认真讨论研究，考虑到体例问题，我们决定每人写一本书。因此有了眼前的著作。

本书的核心是"逻辑分析"。在写作过程中，心里时时想到的是国内学界的同事和学哲学的学生。可以说，这是一本为国内哲学界今天的同事和明天的同事所写的书。

也许，这是一本费力不讨好的书。首先，写它十分辛苦而且也不容易。我的目的是想使我国从事哲学研究的人，至少是使从事语言哲学研究的人认识到现代逻辑的重要性。因此我就不能简单地叙述介绍分析哲学和语言哲学的思想内容，而是要通过这些思想内容来分析其中使用的现代逻辑的方法，揭示现代逻辑的方法在形成语言哲学的思想内容的过程中所起的作用和重要性。考虑到读者缺乏甚至不懂现代逻辑的知识，我必须抛弃熟悉的符号表述方式，尽可能用非形式的方法把现代逻辑的思想讲述出来，也就是说，我必须用自然语言来进行论述，必须深入浅出，通俗易懂，同时又必须清晰准确。这实在不是一件轻松的事情。其次，尽管在对语言哲学的评价方面，在逻辑和哲学的关系方面，也许我说出了一些新的看法，但是在整体上，我是在分析论述别人的思想，而且许多思想对于我来说，几乎是常识性的，很难激发写作的热情。此外，我总是担心，由于知识结构方面的差异，也许读者不一定喜欢这本书，甚至会认为我对逻辑有些过分强调了。

就在本书初稿即将完成的时候，我看到了陈启伟先生近期的一个访谈录，其中谈到了分析哲学在我国的情况。陈先生批评了国内偏重欧洲大陆哲学而不重视分析哲学的现象。他明确地说：

> 这种畸轻畸重的现象长此以往对学术发展是不利的。如果就个人来说，我们的兴趣可有偏爱，我们的研究可有侧重，但是就整个学术研究来说，我们对西方各种重大的哲学思潮，各

个极有影响的哲学流派则应"统筹兼顾",合理安排,力求在研究上适当地平衡地发展。拿分析哲学来说,这是 20 世纪西方最大的哲学运动之一,迄今仍是英美哲学界最有势力的占统治地位的思潮。而且在旧中国哲学界也有相当的影响,如金岳霖、张申府、洪谦都是国际知名的中国分析哲学家,金先生的巨著《知识论》堪与西方分析哲学的名著相媲美。但是解放后,很长时间我们对分析哲学的研究几乎断绝,对主要由分析哲学家开拓和探讨的领域:语言哲学、逻辑哲学、科学哲学近几十年的发展几乎毫无所知。80 年代以来,这种状况虽大有改善,但分析哲学至今仍然是我们现代西方哲学研究中一个最薄弱的环节,亟待加强。而且我觉得分析哲学对意义问题的重视,对观念明确、思想清晰的强调,对科学精神的追求,正是中国哲学应向西方哲学更多地学习和借鉴的东西。也许有人说,我们现在最需要的是人本主义或人文主义的东西,君不见近年许多人在惊呼"人文精神的失落"吗?但是,请允许我反问一下:难道人文精神不应该包括科学精神吗?而且在我们这里难道没有"科学精神的失落"吗?

陈先生的话引起我的强烈共鸣!它也使我更加确信,我的工作一定是有意义的。因此,我希望读者至少要认真地读一读这本书。这里,借用英国著名哲学家达米特的话来说:我不指望读者同意我的观点,只是希望读者能够感到我的这本书有意思,并且从中获得启发,产生出自己的新思想。

写成此书,首先应该感谢德国阿登纳基金会(Konrad-Adnauer-Stiftung)!1996 年 12 月至 1997 年 3 月,在它的资助下,我在德国明斯特大学莱布尼兹研究中心进行了为期三个月的研究访问,其间翻阅收集了大量有关语言哲学方面的资料。这对本书的写作极有帮助。

本书得到国家社会科学研究基金的赞助,特此致谢!

在写作过程中,特别是关于书中一些技术性的问题,我与张清宇学兄进行过多次讨论,获益良多,他还阅读了部分章节。此外,我与王生平、徐友渔、罗嘉昌、郭世铭、李小五、周北海、江怡、李河、朱葆伟等诸位兄友也进行过一些有益的讨论。罗嘉昌和江怡还把自己的许多中译文著作和外文著作借给我使用。书稿完成以后,张尚水、张家龙、张清宇、李小五、邹崇理等诸位师友参加了定稿会，并提出宝贵意见。在此，我对他们表示衷心的感谢！

本书完成以后，陈启伟先生仔细阅读了书稿，提出一些很好的意见，并且指出和纠正了我在几个概念术语翻译方面的问题。这里，我对陈先生表示衷心的感谢！

感谢中国社会科学院哲学研究所图书资料室轾雪苓和张敏同志在图书资料方面给予的支持和帮助！

感谢出版社的同志为编辑出版此书所付出的辛勤劳动！

作者

1998 年 3 月于北京天坛东里寓所

走进分析哲学

第 1 章
导　论

在当代哲学中，对语言的关注是一个十分显著的特点。"语言转向"被称为是 20 世纪哲学中的一场革命。在相当长的一段时间里，"哲学的首要任务就是对语言进行分析"不仅是一句响亮的口号，而且成为哲学研究的指导原则。语言分析形成了一股强大的思潮。这种思潮对哲学研究的方法和哲学论著的风格，甚至对人们对哲学性质的看法都产生了深刻而巨大的影响。语言哲学应运而生，而且成为主要和重要的研究领域和方向。今天，虽然语言哲学不再像过去那样被认为是唯一重要的学科，虽然现象学、解释学、科学哲学、心之哲学等学科都得到人们的重视和研究，甚至像企业伦理学、女性主义、后现代主义这样的研究也十分火热，但是语言哲学仍然是哲学研究中一个十分重要的领域。已经去世的弗雷格、罗素、维特根斯坦、卡尔纳普等公认的 20 世纪最伟大的哲学家也都被认为是语言哲学的主要代表人物。如今在世的这一领域当中最著名的学者，比如，奎因、达米特、戴维森、斯特劳森＊等人，也是当代最重要的哲学家。今天，一方面，语言哲学的研究越来越深入，另一方面，语言哲学研究的范围越来越宽，语言哲学涵盖的内容也越来越广。本书不准备详细介绍和论述语言哲学的内容和思想，而是想结合语言哲学的一些主要内容和思想来分析和论述现代逻辑在语言哲学中所起的作用，并且由此论述现代逻辑对于哲学的意义和重要性。在做这一工作之前，简要地梳理一下语言哲学的研究现状是十分必要的。

＊　在过去的 10 年里，奎因、戴维森和斯特劳森也已去世。——再版注（凡标"＊"的，均为再版注，以下不一一注明）

1　研究现状

1.1　语言哲学和分析哲学

有些哲学家认为，语言哲学和分析哲学是没有什么区别的，或者说区别不大。比如，达米特认为弗雷格是分析哲学的创始人，他的《算术基础》是"分析哲学的第一部著作"①。但是他也认为弗雷格可以被看做语言哲学之父，其语言哲学就是意义理论。② 又比如，弗雷格、罗素、维特根斯坦等人有时被称为分析哲学的主要代表人物，有时则被称为语言哲学的主要代表人物，而这些说法所根据的几乎是这些人的相同的思想和论述。有些哲学家则认为，分析哲学的核心是语言哲学。例如，斯特劳森明确地说："语言哲学是分析哲学的中心内容"。③ 又比如，塞尔认为，"在 20 世纪分析哲学的传播中，语言哲学在整个哲学领域中占据了一个核心的（有人会说占据了那个核心的）位置"④。而且，分析哲学家一般都认为，语言哲学是其他所有哲学的基础。⑤ 这就给人一种感觉，好像分析哲学最主要的内容和最核心的部分是语言哲学。因此，归根到底，语言哲学与分析哲学是没有什么根本区别的。

与此相反，也有许多人认为语言哲学和分析哲学是不同的，应该加以区别。例如戴维指出，"语言哲学和分析哲学不应该被混淆。语言哲学是一个哲学领域，与其他哲学领域，诸如艺术哲学、宗教哲学、心之哲学并列，它们各有自己的主题，但并不分离。而分析哲学是一种从事哲学研究的方法，这种方法包括一定的语言学概念，人们用概念来分析并希望可以解决来自不同于这些领域的许多问题"⑥。按照这种观点，语言哲学是一个哲学学科，而分析哲学不是一个哲学学科，只是一种方法。这种看法与上述观点显然是不同的。

---

① 参见 Dummett：*Frege：Philosophy of Mathematics*，Duckworth，1991，p. 111。

② 参见 Dummett：*Frege：Philosophy of Language*，Duckworth，1973。

③ 参见江怡：《哲学的用处在于使人有自知之明——访斯特劳森教授》，载《哲学动态》，1996（10）。

④ J. R. Searle：*Philosophy of Language*，Oxford University Press，1971，p. 1.

⑤ 例如，参见斯鲁格：《弗雷格》，江怡译，北京，中国社会科学出版社，1989。

⑥ Steven David：*Philosophy and Language*，The Bobbs-Merrill Company，Inc. 1976，p. 2.

面对这样的观点和论述，我们自然会问：语言哲学和分析哲学到底有没有区别？有什么区别？为了说明这个问题，让我们首先稍微做一番历史的考察。

虽然语言哲学在 20 世纪二三十年代，甚至也许可以说在更早一些时候就已经出现了，但是它的蓬勃发展却是在第二次世界大战以后。应该指出的是，在 20 世纪五六十年代，学术界虽然也有"语言哲学"这个术语出现，特别是人们经常谈到牛津学派的"日常语言哲学"，但是一般来说，作为一个研究领域或一种学术思潮的表达，通常使用的却是"分析哲学"这个术语。例如，1949 年出版了费格尔主编的一部经典之作，它收集了当时发表的一些最重要的论文，书名即为《哲学分析读物》。又比如，1959 年出版的查尔斯沃斯的《哲学的还原》，该书谈的主要是分析哲学运动，但是用了一章专门讲"日常语言哲学"①；还有，美国哲学家卡普兰在 60 年代指出，分析哲学这种哲学思潮"是目前英语国家中影响最大的哲学思潮。几乎在美国各大学中，以及在英国各大学中，人们所说的哲学实际上就是指这种思潮。在青年一代的哲学系学生看来，这种思潮的观点无论如何是最令人激动和最有前途的。……在欧洲大陆的国家中，它也并不是完全没有地位的"②。

到了 60 年代下半叶，特别是进入 70 年代以后，"语言哲学"这个术语开始频频出现和使用，比如塞尔编的《语言哲学》(1971)、达米特的《弗雷格的语言哲学》(1973) 等著作都是 70 年代发表的作品。又比如，1979 年出版的弗伦奇等人主编的《当代语言哲学概观》一书开宗明义地说："分析哲学一百年来的历史的显著标志是：语言哲学作为哲学所关心的一种最根本的哲学，而且是有争议地，作为哲学所关心的那种最根本的哲学出现了。"③

以上的例证可以说是挂一漏万，但是由此大致也可以说明，"分析哲学"先于"语言哲学"，特别是，人们最初称 20 世纪这场以对语言进行分析为标志的哲学运动为"分析哲学"，而不是"语言哲学"。此外，从这些论述也可以看出，分析哲学即使不是一门学科，也绝不会仅仅是一种方法，它至少还是一种运动，一种思潮。顾名

---

① 参见查尔斯沃斯：《哲学的还原》，田晓春译，成都，四川人民出版社，1987。

② 转引自涂纪亮：《分析哲学及其在美国的发展》，上卷，1~2 页，北京，中国社会科学出版社，1987。

③ P. A. French、T. E. Uehling、H. K. Wettstein：*Contemporary Perspectives in the Philosophy of Language*，University of Minnesota Press，1979，p. 3.

思义，运动乃是形成一定规模的活动过程，思潮则是具有一定规模的思想潮流。因此，这两种描述仅仅指的是分析哲学在哲学界形成、发展和产生影响的形式，而不是指它本身所具有的内容。没有空洞的运动，也不会有没有内容的思潮。既然人们能够确确实实地看到和感到可称之为分析哲学的运动和思潮，就一定会有实实在在的分析哲学。因此，分析哲学确实是存在的。这样，说分析哲学是哲学的一门学科或一个研究领域，大概不是没有道理的。但是，如果认为这样一种哲学运动或思潮是以一种分析的方法为标志的，因此分析哲学指的只是一种哲学研究的方法，似乎也是有道理的。不管怎样，语言哲学确实是一门哲学学科。而且，一个公认的事实显然是：语言哲学是由分析哲学发展而来的，或者说，有一种哲学，开始称为分析哲学，后来称为语言哲学。因此，语言哲学和分析哲学一定有共同的东西。达米特认为，分析哲学与其他哲学的主要区别在于：分析哲学首先相信，通过对语言的逻辑分析可以达到对思维活动的哲学解释；其次相信，只有以这种方式而不是以其他方式才能够达到一种广泛的解释。① 实际上，通过对语言的逻辑分析而达到本体论和认识论方面的结果，正是分析哲学和语言哲学共同的东西。

从"分析哲学"这一名称来看，它突出和强调的是分析，而从"语言哲学"这一名称来看，它突出和强调的是语言。这里显然是有差异的。也就是说，对于20世纪的语言分析运动，人们最初突出和强调的是分析，后来则突出强调语言。所谓分析，乃是指方法。所谓语言，乃是指对象，即分析的对象。表面上看，这是分别强调了同一事物——语言分析——的两个不同的方面。因此，认为分析哲学和语言哲学没有什么区别，大概也是有道理的。但是应该看到，强调方法和强调对象，实际上是有很大差异的，而且正如我们后面将看到的那样，强调语言，把语言放到突出的位置，最终产生了令人意想不到的后果。

1.2 语言学哲学和语言哲学

在西方哲学文献中，对于语言哲学这个词有不同的表达。英文有两个，一个是"philosophy of language"，另一个是"linguistic philosophy"或"philosophy of linguistics"。德文中除了与英文相近

---

① 参见 Dummett: *Urspruenge der analytischen Philosophie*，Suhrkamp Verlag，1988，s. 11。达米特在这里说的是哲学分析，但是从他具体的论述来看，实际上是逻辑分析；而且对语言的逻辑分析是一种公认的说法。

的表达外，一般的表达是"Sprachphilosophie"或"Philosophie der Sprache"。为了区别，本书将用"语言学哲学"表示"linguistic philosophy"或"philosophy of linguistics"。

英文的上述这两个表达，在有些人的著作中没有什么区别，但是在许多人的著作中却是有区别的。例如，塞尔认为，"区别语言哲学和语言学哲学是十分重要的。语言学哲学在于企图通过分析语词的意义，通过分析自然语言中语词之间的逻辑关系来解决哲学问题。……语言哲学在于企图分析语言的一些基本特征，比如意义、所指、真、证实、言语行为和逻辑必然性。'语言哲学'是哲学内的一个主题，而'语言学哲学'主要是一种哲学方法的名称"①。塞尔虽然做出这样的区别，但是他主要从事的是语言哲学的研究，至少他自己认为是这样。而且，一般来说，哲学家要么不大区分语言哲学和语言学哲学，要么注重语言哲学的研究。与此形成对照的是，有许多语言学家，或以语言学为主要背景的哲学家特别强调语言学哲学。特别应该提到的是，在五六十年代，由于现代逻辑方法的应用，语言学领域中发生了革命性的变化，产生了乔姆斯基的转换生成语法，随后到了七八十年代，又出现了蒙塔古的语义学。这些语言学领域的成果使人们对语言和语言学的看法发生了许多根本性的变化，语言学的研究固然有了长足的进步，许多语言哲学家也都在谈论语言学哲学。

在研究语言学哲学的人中，我认为，比较有意义的代表人物是卡兹和福多尔。下面我主要以卡兹的观点变化和发展来说明语言学哲学和语言哲学的区别。在 60 年代初，卡兹认为语言哲学就是语言学哲学，是与心理学哲学、数学哲学、物理哲学相似的学科。②但是不久他就改变了观点，他在 1966 年发表的《语言哲学》这部著作中说："语言哲学是对概念知识进行哲学研究中的一个领域，而不是当代哲学的几个分支之一，比如科学哲学、数学哲学、艺术哲学等等。正是在这个领域中，人们努力从在语言中表达和交流概念知识的方式获知关于概念知识所能获知的东西。相应的，语言哲学的基本前提是在语言的形式和内容之间，在概念化的形式和内容之间有一种很强的联系。因此语言哲学的特殊任务是发掘这种关系，并且基于关于语言结构的知识做出关于概念知识的结构所能做出的推

---

① Searle：*Philosophy of Language*，p. 1.

② 参见 J. Katz："What's Wrong with the Philosophy of Language?"，in *Inquiry*，1962，vol. 5。

第 1 章 导 论

… 5

论。……这样，语言哲学是一个与语言学哲学不同的领域，因为语言学哲学是科学哲学的划分，其主要关注是检验描述语言学家的理论、方法论和实践。"① 这就说明，语言学是与科学、数学、艺术等学科相似的东西，因此正像有科学哲学、数学哲学、艺术哲学等哲学研究领域一样，也有语言学哲学这样的研究领域。而语言哲学是关于一般的语言的形式和内容、概念化的形式和内容之间的关系的。因此，语言哲学与语言学哲学是不同的。

进入 70 年代，卡兹出版的著作取名为《语言学哲学》，他批评日常语言哲学家分析语言的方法，认为他们"经过几十年这样的分析，结果是得到许许多多关于英语词句如何规范使用的非常特殊的事实，而不是使人们洞见语言结构实质的原则"②。他试图基于语言的转换理论构造语言哲学。他认为，"语言哲学的使之与其他哲学分支相区别的特殊任务在于，它努力在对使知识得以表达和交流的语言结构的洞见的基础上揭示概念知识的结构。因此语言哲学的一种构想首先是这样一些概念：（1）什么是自然语言和如何最好地学习它们；（2）语言学概念和引起哲学问题的概念之间有什么关系；（3）自然语言的研究的结果与哲学问题的解决的表述如何能够是相关的"③。在这些论述中，所谓"语言学概念"和"自然语言的研究的结果"显然是指语言学方面的东西。因此，他所说的语言哲学显然是在语言学的意义上考虑的，至少是侧重了这方面的考虑。

到了 80 年代，卡兹的观点有了更进一步的发展。1985 年，他编辑出版了一本书，书名是《语言学哲学》④。他在该书的导论中提出了一个十分有意思的观点。他认为，在 20 世纪哲学中，有过两次语言转向。在第一次，也是最值得庆贺的转向，语言成为哲学家的主要关注，由此使他们与 19 世纪唯心主义哲学分道扬镳。在第二次转向，语言学成为哲学家的主要关注，由此使他们想把关于语言的思考建立在科学的基础之上。这一时期的主要人物有奎因，但是最主要的人物是乔姆斯基。卡兹自己则企图促成第三次语言转向。他认为，在第三次转向中，语言学的基础成为哲学家的主要关注，因为他们一直试图从语言科学的观点来考虑语言。卡兹的观点显然是站在语言学家的立场

① J. Katz：*The Philosophy of Language*，Harper and Row Publishers，1966，pp. 4-5.
② J. Katz：*Linguistic Philosophy*，Redword Press Limited，London，1971，p. 182.
③ Ibid.，p. 183.
④ J. Katz：*The Philosophy of Linguistics*，Oxford University Press，1985.

上说的，他至少是非常偏向于语言学家的观点的。语言转向确实是语言哲学家都承认的。但是如果说乔姆斯基在语言学领域形成的革命也是哲学中的语言转向，对于语言哲学家来说，这就比较新鲜了。至于说在语言学家的工作的基础上还会形成哲学中的第三次转向，这种说法可能会使语言学家欢欣鼓舞，也可能会使语言哲学家更加不以为然。

卡兹的观点不论有没有道理，至少说明他主要是从语言学家的立场来考虑问题的。但是，我们还可以看到，他不仅称第二次语言转向的哲学家为语言学哲学家，而且他也称第一次语言转向的哲学家为语言学哲学家。在这种意义上，他对语言哲学和语言学哲学似乎又是不太区分的。

1.3 泛语言哲学

前面我们说过，语言哲学是 20 世纪"语言转向"的产物，是分析哲学的发展和继续。它的产生和发展虽然才只有几十年，但是它的研究成果却非常之多。如果认真翻阅一下今天有关语言哲学的文献，我们就会发现两个十分显著的特点。一个特点是语言哲学的定义五花八门，另一个特点是语言哲学史的著作纷纷问世，而且把语言哲学的历史追溯到苏格拉底时期和前苏格拉底时期。实际上，第二个特点也起因于第一个特点。而这一切，缘由都在"语言"。

语言哲学，从字面上来理解，一定是与语言有关。由于语言涉及的范围极广，而且许多学科的研究都与语言有关，比如语言学、心理学、人类学、社会学、文学批评、数学、逻辑、计算机科学，等等，因此语言哲学的研究似乎可以延伸到这些不同的学科，或者说，从不同的角度出发，似乎就可以形成不同的语言哲学。比如，阿尔斯顿认为，典型的为哲学家所探讨的与语言有关的问题构成了一种松散交织的联系体，人们很难找到任何清晰的标准，使这种联系体与语法学家、心理学家和人类学家所探讨的与语言有关的问题区别开来。因此他认为，语言哲学比哲学的大多数其他分支都不好定义，也没有它们那样的清晰的统一性原则。① 又比如，亨尼格菲尔德认为，语言的论题涉及的范围包括：从解释由语言限定的世界图像，到试图认识如何普遍地把握语言的规则；从努力提出语言是人类的特征，到试图证明动物就已经有一种语言能力；从把哲学看

---

① 参见 William P. Alston：*Philosophy of Language*，Prentice-Hall，Inc. 1964，p. 1。

做等于语言分析，到把语言哲学看做是提出哲学问题的边缘领域；等等。从不同的范围进行研究，就会有不同的语言哲学，因而他认为语言哲学是不可定义的。[①] 类似的论述我们就不多说了。实际上，认为语言哲学很难定义，很难得到完全确定的描述和说明的人绝不是少数。[②]

语言哲学既然不容易定义，那么从事语言哲学研究或撰写语言哲学著作就有很大的困难。为了明确语言哲学研究的范围，人们不得不想一些办法。例如，凯勒提出的建议是：

> 语言哲学是研究作为人类的人的语言意义的科学。通过这种科学的标榜，语言哲学与那些不系统的、不可检验的问题区别开来。语言哲学要么系统地从语言出发，通过沿着语言方向而达到澄清哲学问题，要么旨在一种语言的哲学理解本身，要么最终探讨哲学和语言的相互关系。因此形成不同方面的语言哲学形式，然而所有这些形式的语言哲学都在语言对人类的重要意义方面考察语言。[③]

他在自己的书中谈到沿着理想语言方向发展的语言哲学，沿着自然语言方向发展的语言哲学，沿着语言学方向发展的语言哲学，与人文科学有关的语言哲学，以及来自哲学传统的语言哲学。[④] 为了同样的目的，亨尼格菲尔德提出了如下必要条件：第一，语言哲学在语言与人类的本质联系中考察语言的效用和功能；这样它有一种人类学的尺度。第二，如果看到语言作为人类特有的东西，那么在研究语言哲学时也必须总是在一般和普遍的意义上探究语言。第三，有不同的提出这些任务的可能性和方式，即有不同形式的语言哲学。[⑤] 他在书中不仅讨论了艾耶尔、赖尔、斯特劳森、奥斯汀的语

① 参见 J. Hennigfield：*Die Sprachphilosophie des* 20. *Jahrhunderts*，Walter der Gruyter，Berlin，1982，s. 2。

② 例如，还可以参见 Albert Keller：*Sprachphilosophie*，Verlag Karl Alber GmbH，Freiburg/Muenchen，1979，s. 12；F. v. Kutschera：*Sprachphilosophie*，Wilhelm Fink Verlag，1975，s. 13。

③ Albert Keller：*Sprachphilosophie*，Verlag Karl Alber GmbH，Freiburg/Muenchen，1979，s. 13。参见涂纪亮：《现代欧洲大陆语言哲学》，北京，中国社会科学出版社，1994；《现代西方语言哲学比较研究》，北京，中国社会科学出版社，1996。

④ 参见上书，ss. 12-15。

⑤ 参见 J. Hennigfield：*Die Sprachphilosophie des* 20. *Jahrhunderts*，Walter der Gruyter，Berlin，1982，s. 4。

走进分析哲学

言思想，而且还讨论了舍勒、海德格尔、雅斯贝斯、梅洛-庞蒂等人的语言哲学。在我国，也有相似的情况。比如，涂纪亮在其《现代欧洲大陆语言哲学》一书中，不仅谈到洪堡和索绪尔这样的语言学家，而且谈到胡塞尔、海德格尔这样的现象学家，以及伽达默尔、利科等解释学家，此外还谈到许多思想家，包括布伦塔诺、迈农、卡西勒、狄尔泰、哈贝马斯、福科、拉康、皮亚杰等等，并把他们与语言有关的论述都称为语言哲学，而且他的这一思想在其著作《现代西方语言哲学比较研究》中得到进一步系统的阐述和发展。①

以上虽然仅仅是几个例子，但是我们可以十分清楚地看出，无论如何，今天在语言哲学这一标题下，可以说内容已经非常宽泛，甚至可以说包罗万象了。特别应该指出的是，这样宽泛的语言哲学与前面所说的那种作为分析哲学核心部分或主要内容的语言哲学，或者与分析哲学几乎没有什么区别的语言哲学是根本不同的。因此，我称本节所谈的语言哲学为泛语言哲学。

1.4 语言哲学史

在这种对"语言哲学"的宽泛理解下，语言哲学史的著作也纷纷问世。许多哲学家不仅研究语言哲学，而且还追溯它的起源。在这些语言哲学史的研究中，我们可以发现两种主要观点：一种观点认为语言哲学的来源是德国18、19世纪哲学，另一观点认为语言哲学可以追溯到苏格拉底或前苏格拉底时期。这样的结论不能不令人吃惊，因为，它们与语言哲学是20世纪，特别是语言转向以后的产物这一事实是相悖的。在这里，人们不得不打上一个问号：语言哲学到底是什么时候形成的？为了弄清这个问题，我们不得不先介绍一下以上两种观点。

持前一种观点的人主要是对英美语言哲学的研究现状不满。达米特通过自己的研究雄辩地说明，弗雷格是语言哲学的创始人。但是他还认为，弗雷格的思想没有受到外界的影响，而是他自己创造出来的。对于这一观点，斯鲁加、加布里勒等人极其不满，他们纷纷指出，弗雷格的思想来源于德国哲学，受到德国哲学传统的深刻影响；格鲁佩、车尔伯等人，特别是洛采，对弗雷格的影响极大。②

---

① 参见涂纪亮：《现代欧洲大陆语言哲学》和《现代西方语言哲学比较研究》。

② 参见 H. Sluga：*Gottlob Frege*，1980；G. Gabriel：Lotze und die Entstehung der modernen Logik bei Frege，Einleitung zur *Hermann Lotze*：*Logik*，*Erstes Buch*. *Vom Denken*. Felix Meiner Verlag Hamburg，1989。

如果说斯鲁加和加布里勒等人的观点还是仅仅局限在对弗雷格思想的研究方面，那么克罗伦和施密特则对整个英美语言哲学提出了挑战。1971年，他们编辑出版了两卷本的著作《19世纪作为语言批判的哲学资料汇编》，该书选编了19世纪一些德国哲学家与语言分析有关的论述，其中包括莱恩霍尔德（C. L. Reinhold）、格鲁佩（O. F. Gruppe）、赫尔曼（C. Hermann）、吉尔伯（G. Gerber）、米勒（F. M. Mueller）和龙策（G. Runze）等人。克罗伦在该书上卷的出版序中指出：

> 语言分析并不是一种独特的英美现象，而是一种也真正植根于19世纪德国哲学中的现象。这里选择的材料表明，在19世纪德国哲学中已经达到了一种极其复杂的批判性论证，它为维特根斯坦哲学铺平了道路。在这些材料中，不仅可以看到关于语言和思想的相互依赖性的理论，与该理论相联系的是假设所有知识在语言中都是一个先验的事实，而且可以看到通过对语言的逻辑分析来消除形而上学。①

施密特在该书下卷的出版序中指出：

> 语言哲学已经成为本世纪，特别是在英美国家中哲学研究的中心领域之一。这种普遍的关注一般很容易使下面的事实变得不可思议：这样的语言批判的思维也是从德国的一种非常广阔的历史传统中成长起来的。一般来说，哈曼、赫尔德和洪堡的贡献已多少为人们所知，然而，更为广泛被忽视的是应归功于19世纪晚期所提出的相关的主体问题和努力尝试的解答。这些问题和解答涉及语言哲学的所有基本方面。……这样发展的语言学哲学的构想具体地表明，关于语言、知识和形而上学的批判思考是必然不可分割的——而这一直是迄今所有语言哲学的特点。远远比维特根斯坦早得多，这种语言哲学就认为自己是一种彻底的"哲学中的革命"，而且米勒毕竟预见到"全部未来的哲学必然是语言学哲学"。②

克罗伦还对18、19世纪德国哲学进行了详细的研究，并在其专著

---

① H. J. Cloeren：*Philosophie als Sprachkritik im 19. Jahrhundert Textauswahl*，I，Freierich Frommann Verlag，1971.

② S. J. Schmidt：*Philosophie als Sprachkritik im 19. Jahrhundert Textauswahl*，II，Freierich Frommann Verlag，1971.

《语言和思想：18和19世纪德国对分析哲学的态度》中阐述了自己的看法。他认为，这一时期的德国哲学形成了一场与传统的思辨哲学决裂的运动，"今天，这场哲学运动值得注意，因为它提供了在18和19世纪德国思想中对分析哲学的重要态度的例证。此外，这一运动的思想家谨慎地避免了逻辑实证主义的片面结论，根据这种结论，语言分析是哲学的唯一任务，而且所有可解决的问题都留给逻辑学家和科学家"①。在这场运动中，语言分析和语言批判占据了十分重要和突出的位置，而且起着根本性的作用。比如，米勒对语言和思想的本质有十分深刻的认识，"这些洞见具有根本的重要性，以致他奇怪为什么在他以前没有哲学家认识到语言和思想的同一'意谓着一种彻底的哲学中的革命'。通过这种认识，米勒得出结论说，所有哲学不得不成为语言哲学"②。又比如，哲学家们以语言批判的方式对传统的思辨哲学进行了猛烈的抨击，而且对此评价极高，"格鲁佩大胆地宣布哲学中的革命，the 'Wundepunkt der philosophie im neunzehnten Jahrhundert' 即19世纪哲学中的转折点。在这场革命中，所有武器都使用了：从语言的逻辑分析到对形而上学对手的率直地嘲笑。……他们批判地讨论哲学基础和科学中所使用的革命性方法远远早于维也纳学派和逻辑实证主义"③。克罗伦的研究为我们提供了一些十分有意思的资料，我们显然可以看到，今天流行的一些说法和在语言哲学中使用的一些术语，比如"语言分析"、"语言哲学"、语言"转向"（"转折点"），等等，早在19世纪确实已经出现。在我看来，这些资料固然重要，但是更值得思考的是克罗伦的观点。我的问题是：有了这样的术语，是不是就有了今天的分析哲学和语言哲学的思想内容和精神实质？

与斯鲁加和克罗伦等人的研究不同，一般的语言哲学史著作和论述不是针对语言哲学，而是围绕"语言是什么"或"语言的本质"这样的问题的。比如，1994年出版了一本《语言哲学史》。该书作者亨尼格菲尔德强调指出，在重新塑造语言哲学史的过程中，起决定作用的方法论的核心问题有五个：第一，语言以什么方式成为问题并因此成为哲学反思的对象？第二，在不同的开端是否

---

① H. J. Cloeren：*Language and Thought：German Approaches to Analytic Philosophy in the 18th and 19th Centuries*，Walter de Gruyter，Berlin，New York，1988，p. 4.

② Ibid.，pp. 163−164.

③ Ibid.，pp. 78−79.

能够形成统一的基本特征？第三，语言和其他哲学知识领域有什么联系？第四，在关于语言的哲学讨论中，在什么意义上有一种连贯性？第五，哪些意义表达现象在哲学分析中受到重视？① 由此我们可以看出，尽管作者想澄清和确定语言哲学的研究范围，结果却仍然是非常宽泛的，由此语言哲学的历史也就自然而然地追溯到古希腊。还有一些人干脆直截了当地认为，自从苏格拉底开始提出"当我们说……的时候我们是什么意思？"以来，就有了语言哲学。②

　　"语言哲学"这个名称，确实不是在 20 世纪才第一次出现。而且据我所知，虽然在 19 世纪它还没有作为一门学科出现，但是它却作为书名出现了，就是说，至少在 19 世纪就已经有论述语言哲学的著作出现了。1838—1841 年出版了一部三卷本的著作《古代语言哲学——论述关于语言的相似性和相异性的争论》，作者明确地说，该书"论述一个迄今尚未研究过的对象，即按照时间顺序及其系统发展来论述古希腊和罗马关于最相似的东西和最相异的东西的争论，这个对象在许多方面涉及和解释了哲学和语法史并以此也涉及了一般的文学史"③。在古代，有些人认为在语言中只有相似性，即合乎规律性和同一性，有些人则认为在语言中只有相异性，即不合规律性和不同一性。该书探讨的就是这种争论，并把这叫做"语言哲学"。1881 年出版了一本 35 页的小册子《语言哲学的格言——从意志形而上学的观点看》，它主要在最宽泛的语言的意义上，从心理学的角度研究意志形而上学的问题，在其 18 节中，与语言直接有关的有：语言的感觉方面，进行表达的过程，语言的理解目的，"内在语言形式"的理性状态，语词和概念的交换关系，语言中的运动，心灵语言与精神语言，语言的因果方式，语言的驱动力，等等。④ 从这里我们可以看出，这些书虽然冠以"语言哲学"的称号，但是所谈论的内容主要应该属于语言学方面。这就说明，有些东西标以"语言哲学"之名，但是实际上并不一定就有语言哲学之实，就是

　　① 参见 J. Hennigfield：*Geschichte der Sprachphilosophie*，Walter de Gruyter and Co. Berlin，1994，s. 2。

　　② 例如，参见 A. F. Mackey、D. D. Merrill：*Issues in the Philosophy of Language*，Yale University Press，1972，p. 1。

　　③ L. Lersch：*Sprachphilosophie*，Georg Olms Verlag，1971，s. 1。

　　④ 参见 J. Bahnsen：*Aphorismen zur Sprachphilosophie——von Standpunkt dr Willensmetaphysik*，Theobald Grieben，Berlin，1981。

说，它们不一定有语言转向所产生的分析哲学意义上的语言哲学的内容和实质。我们看到，上述三卷本的《古代语言哲学》于 1971 年作为"符号学文献系列"第一卷重新出版，书名改为《语言学》，这显然不是没有道理的。

2　语言转向

以上我们简要概括地介绍了目前语言哲学研究的现状。我们发现，语言哲学的意思竟是非常宽泛的，既有与分析哲学同等意义上的语言哲学，也有相当于语言学意义上的语言哲学，还有一般的语言意义上的语言哲学。无论如何，既然是"语言哲学"，那么与语言沾上一点边似乎就可以说得过去。但是，我们毕竟可以看出两个比较引人注目、值得思考的问题。第一，语言哲学虽然可以在与分析哲学相同的意义上来理解，但是分析哲学却是在语言哲学之前，就是说，即使我们可以把语言哲学和分析哲学看做差不多是一回事，但是也应该看到，最初人们强调的是分析，后来人们才强调语言，而这显然是有区别的。第二，众所公认的事实是，分析哲学和语言哲学是 20 世纪的产物，是语言转向的产物，但是语言哲学的历史却已经追溯到 19 世纪，甚至古希腊。这显然有些奇怪。如果那时候就有了语言哲学，那么语言哲学显然不会是 20 世纪的产物。如果语言哲学是 20 世纪的产物，那么显然无法追溯到古代。对于这两个问题，可能有人会说，语言哲学最初确实是分析哲学意义上的东西，但是后来发展了，才形成了泛语言哲学。而从泛语言哲学的许多内容来看，显然早在古代就已经有了。也可能有人会说，语言哲学确实是 20 世纪语言转向的产物，但是语言转向乃是把语言提到首位，使语言成为哲学研究的对象，使分析语言成为哲学的主要方法。而考虑语言、分析语言，在哲学史上从来就不是什么新鲜的事情。看起来，这样的解释似乎是有道理的。但是我认为，问题绝没有这么简单。值得我们思考的是：既然语言哲学与分析哲学在某种意义上是相同的东西，或者说在发展中有一种联系，那么它们在什么意义上是相同的东西呢？它们之间的这种联系又是什么呢？既然对语言的思考和探讨在历史上早已有之，而且如前所述，甚至"语言哲学"这个名称至少在 19 世纪就已经出现了，那么为什么在 20 世纪语言哲学才成为哲学研究领域中的一门学科呢？既然语言哲学是20世纪语言转向的产物，那么显然语言转向与语言哲学有很大的关系，可是语言转向又是如何形成的呢？为了说明这里存在的问题，我们应该对"语言转向"做一番认真的考虑。

2.1 "语言转向"的由来

"语言转向"这个词的英文原文是"linguistic turn"，其字面意思也可以是"语言学转向"（或语言学转变）。这个词最初出现在20世纪50年代末60年代初，有人在文章中使用了这个词。1967年，罗蒂编辑出版了一本论文集，取名为《语言转向》。罗蒂说，他用来作这本文集名称的"语言转向"这个短语是伯格曼自己制造的。[①]这本文集后来成为语言哲学的经典文献之一，这个词也不胫而走。假定罗蒂的这种说法是正确的，那就有必要对伯格曼的论述和罗蒂的书作一下简单的考察。

伯格曼是维也纳学派的成员，也是石里克在维也纳大学时每星期四晚上举办的讨论班的成员之一。他认为自然语言有缺陷，主张建立理想语言。他在50年代末和60年代初的许多文章中使用了"语言转向"这个词。在他使用这个词的上下文里，有时候意思非常清楚，基本上有明确的所指，但是有时候意思不太清楚。我们选择几段比较清楚的论述来看一看他的思想。

1960年，他在《行为》这篇文章中谈到"语言转向"。他认为，语言如同它所表达的思想一样，也是世界的一部分。我们可以用语言表达世界，即谈论世界，也可以用语言表达我们的语言，即谈论我们的语言。因此谈论和关于谈论的谈论是有区别的。看不到这一点就会导致歧义，反过来这种歧义又会导致荒谬或悖论。许多哲学谈论中都存在这样的问题。"如果用这种方法重建这样的谈论，那么就会看到，这种谈论所特有的味道，即悖论或荒谬或无论如何有些含混的味道消失了，因为在重建这种谈论的过程中，我们已经意识到了这种区别。语言转向保证这样的意识。"[②] 在这一段话中，如果我们把"语言转向"理解为"转到语言方面来"，显然也是可以

---

① 参见 R. Rorty：*The Linguistic Turn*，The University of Chicago Press，1967，p. 9f。

② G. Bergmann："Acts"，in *Logic and Reality*，The University of Wisconsin Press，1964，pp. 7—8.

走进分析哲学

的。就是说，要考虑语言方面的问题，或者从语言方面来考虑问题。

　　但是，如何考虑语言方面的问题呢？这里更重要的显然是"重建这样的谈论"的方法。不过伯格曼没有详细地说明它。同一年，伯格曼在《斯特劳森的本体论》一文中又谈到语言转向，他认为，"所有语言哲学家都通过谈论一种合适的语言来谈论世界。这就是语言转向，即涉及方法的根本策略，在这一点上，日常语言哲学家和理想语言哲学家（OLP，ILP）是一致的。同样根本的是，什么是这种意义上的'语言'，什么使它成为合适的，他们在这一点上是不一致的"①。这里，伯格曼又谈到谈论语言，而且谈到理想语言学派和日常语言学派的区别。这里的"语言转向"似乎仍然可以在"转到语言方面来"这种意义上来考虑。但是应该注意，这里，伯格曼又谈到"方法"。这种方法到底是什么呢？在大约同一时期的另一篇论文《逻辑和现实》中，伯格曼再次谈到了语言转向，他明确地说：

　　　　人们可能用不着接受另一种涉及了专门技术的思想就会接受涉及了专门方法的语言转向这个根本思想。我二者都接受。这种专门技术对于所有目的来说都是便利的，对于有些目的来说则是必不可少的，它是在常识的意义上谈论一种叫做理想语言（IL）的模式。我所提议的这种 IL 是围绕一种叫做逻辑描述的句法二分法建立起来的。在这种 IL 中，有逻辑性质、逻辑符号和逻辑真句子。表达出类型区别的形状属于逻辑性质，联结词和量词属于逻辑符号。对于"分析"的说明依赖于逻辑真句子。②

　　如果说从前面的引文我们只能看出，语言转向指的是考虑语言方面的问题或从语言方面来考虑问题，那么在这里，我们可以看得十分清楚，所谓语言转向实际上是指依赖了一种"专门技术"，这种技术是谈论理想语言的模式。而从伯格曼的解释，即他关于逻辑性质、逻辑符号和逻辑真句子的说明，我们可以看出，这种技术显然是指现代逻辑。因此可以说，伯格曼所说的"语言转向"，乃是他所

---

　　① G. Bergmann："Strawson's Ontology"，in *Logic and Reality*，The University of Wisconsin Press，1964，p. 177. 这里，"OLP"和"ILP"分别是"日常语言哲学家"和"理想语言哲学家"的英文缩写。

　　② G. Bergmann："Physics and Ontology"，in *Logic and Reality*，The University of Wisconsin Press，1964，p. 111. 这里，"IL"是"理想语言"这个词的英文缩写。

主张的一种哲学研究的方法，这种方法就是依赖现代逻辑，建立理想语言，以此对语言进行分析，解决哲学谈论中的悖论、荒谬和含混的东西。

罗蒂借用了伯格曼创造的"语言转向"这个词命名自己编的文集，一定有赞同的意思，至少是认为这个词体现了该文集的内容。他在序中明确地说："这部论文集提供一些资料，它们表明了过去35年中语言（学）哲学家看待哲学和哲学方法的各种不同的方式。"① 他把该文集的内容分为四部分，并为每一部分立了一个小标题。第一部分是：关于哲学问题是语言问题这一论题的经典陈述。这部分表明了分析哲学家对哲学性质的看法，以及人们对分析哲学家这些看法的看法，主要有石里克、卡尔纳普、伯格曼、赖尔等人的文章。第二部分是：理想语言哲学的元哲学问题。这部分表明分析哲学家中理想语言学派的一些看法，以及与此有关的看法，主要有科比、伯格曼、布莱科、奎因等人的文章。第三部分是：日常语言哲学的元哲学问题。这部分表明人们关于日常语言哲学的一些看法，主要是关于奥斯汀的思想的介绍、评价和论述。第四部分是：再讨论、再思考和未来情景。这部分主要谈论哲学和语言分析的关系，包括斯特劳森的文章以及与此有关的谈论，有厄姆森、卡兹、布莱克等语言学哲学家的文章。如果这本书的目的确实如同罗蒂所说主要在于"提供资料让人们反思最近的这场哲学革命，即语言（学）哲学的革命"②，那么该书所选的文章应该能够反映出这场革命，该书的题目即"语言转向"也应该能够体现这场革命的性质。也就是说，不管有意还是无意，罗蒂至少是想用"语言转向"来表示20世纪所形成的语言哲学这样一场革命。而且他所得到的结果也恰恰是这样，即今天"语言转向"成为20世纪形成语言哲学这样一场革命的代名词。

2.2 语言转向的动因

语言转向是哲学中的革命，它的根本特征是对语言的关注，而对语言关注的具体表现则是对语言进行分析。我认为，今天我们仍然应该像罗蒂提请我们所做的那样，反思语言转向这场革命。但是，我认为，我们还应该比罗蒂更进一步地明确指出，我们应该反思：

---

① 参见 R. Rorty：*The Linguistic Turn*，The University of Chicago Press，1967。
② Ibid.，p. 3.

为什么哲学中会发生这样的转向？所谓语言分析是对语言进行什么样的分析？因为，恰恰是这一点，今天逐渐被人们忽略了。从伯格曼的论述和罗蒂的文集我们可以看出，语言转向带来的语言分析不是根据常识而进行的经验的、思辨的分析。相反，它是根据一种崭新的、科学的、系统的、卓有成效的方法而进行分析的。这种方法就是现代逻辑。实际上，20世纪哲学领域里的语言转向的产生和形成恰恰是由于在19世纪末和20世纪初出现了现代逻辑这种前所未有的科学理论和方法，这是语言转向的真正动因。罗蒂的文集使我们看到了一些关于哲学问题是语言问题这一论题的经典论述。但是，我认为，为了认识清楚语言转向的实质，我们还应该看一看关于语言转向的原因的经典论述。

现代逻辑的思想可以追溯到莱布尼兹（1646—1716）。他第一次提出要建立一种普遍的语言，并以此把我们的推论转变成为一种演算。一旦发生争论，我们只要坐下来，拿出纸和笔算一算就可以了。他的这一思想得到人们的高度赞赏，西方人谈到他的名字，就像"谈到日出一样"。[①] 莱布尼兹虽然提出了现代逻辑的思想，但是并没有把它具体地付诸实施。现代逻辑的真正的创始人是弗雷格。1879年，弗雷格在《概念文字》这部著作中第一次建立了一个一阶谓词演算系统，它标志着现代逻辑的诞生。这部不到80页的著作被称为"逻辑史上光辉的里程碑"。由此开始了现代逻辑发展的波澜壮阔的历程。1910年，罗素和怀特海出版了三卷本的《数学原理》，使一阶谓词系统趋于完善。他们的这部著作被称为"20世纪逻辑的圣经"。[②] 从这以后，现代逻辑，作为一种方法，特别是作为哲学家使用的一种方法，开始逐渐地、大量地、频繁地出现在哲学的研究和谈论中，出现在哲学的文献中。对于这一方法的认识和使用在很大程度上改变了人们以往对于哲学的看法，形成了一种崭新的具有革命性的或者说具有根本性变化的哲学观。

弗雷格在建立了一阶谓词演算以后，不仅把它应用于哲学的分析与讨论，而且就它对哲学的意义进行了深刻的说明，他说：

> 现在，我已经尝试用逻辑关系符号补充数学形式语言，这样由此首先出现了一种用于数学领域的、正像我描述的那样的

---

① 参见张家龙：《数理逻辑发展史》，40页，北京，社会科学文献出版社，1993。

② 参见 R. Branché：*La Logique et son Histoir*，1970。

理想的概念文字。由此并不排除我的符号用于其他领域。逻辑关系到处反复出现，人们可以这样选择表示特殊内容的符号，使得它们适应概念文字的框架。无论现在出现还是不出现这种情况，对思维形式的一种直观描述毕竟有了一种超出数学范围的意义。因此哲学家们也想重视这个问题！①

他还指出：

> 如果说哲学的任务是通过揭示有关由于语言的用法常常几乎是不可避免地形成的概念关系的假象，通过使思想摆脱只是语言表达工具的性质才使它具有的那些东西，打破语词对人类精神的统治的话，那么我的概念文字经过为实现这个目的而做的进一步的改进，将能够成为哲学家们的一种有用工具。②

弗雷格是现代逻辑的创始人，对现代逻辑当然有深厚的感情。虽然他最初建立逻辑系统是为了解决数学中的问题，但是这些论述清楚地说明，他不仅看到了现代逻辑对哲学研究的重要意义，而且非常强调这种意义。

罗素承认他在 1900 年"意识到逻辑改革对于数理哲学的重要性"③。在论述自己的思想发展过程的时候，他说：

> 在我的哲学的研究中，有一个主要的分界：在 1899—1900 年这两年中，我采用了逻辑原子主义哲学和数理逻辑中的皮亚诺技术。这个变革是太大了，简直使我前此所做的研究（除去纯数学的以外）对于我后来所做的一切，全不相干。这两年的改变是一次革命，以后的一些改变则属于演进的性质。④

这里，他说的"逻辑改革"就是引入数理逻辑，这说明他认识到现代逻辑对于哲学的重要性。他把应用现代逻辑所带来的转变称为"革命"，表明了他对现代逻辑在哲学领域中的巨大作用的高度评价和极大重视。这还说明，大约从 20 世纪开始，罗素有意识地自觉地应用现代逻辑进行哲学研究。

---

① 《弗雷格哲学论著选辑》，王路译，王炳文校，42～43 页，北京，商务印书馆，1994。

② 同上书，4 页。

③ 罗素：《我的哲学的发展》，温锡增译，57 页，北京，商务印书馆，1982。

④ 同上书，7 页。

走进分析哲学

维特根斯坦在《逻辑哲学论》中说：

> 哲学的目的是对思想进行逻辑解释。哲学不是理论，而是活动。一项哲学工作本质上是由一些解释构成的。哲学的结果不是一些"哲学句子"，而是使句子变得清晰。哲学应该使通常似乎是模糊不清的思想变得清晰并得到明确的界定。[①]

维特根斯坦没有谈到现代逻辑方法的应用，但是从他的论述可以清楚地看出，他认为哲学是一种逻辑解释活动。解释必然依循一定的方法。虽然维特根斯坦没有明确地说他所依循的方法就是现代逻辑的方法，但是我们从他这部经典之作的行文却可以看出这一点来。[②] 此外，他在该书序中只提到弗雷格和罗素并表示感谢，承认是弗雷格的伟大著作和罗素的一些工作激励了他的思想。不管他这里指的是不是现代逻辑，实际上我们都知道，弗雷格的全部著作、罗素的大部分著作，都是和现代逻辑紧密地结合在一起的。而且正如下文将看到的那样，维特根斯坦在他的《逻辑哲学论》中自觉地应用了现代逻辑这一方法。

维也纳学派的领袖石里克在 1930 年发表的论文《哲学的转变》中说：

> 我确信我们正处在哲学上彻底的最后转变之中，我们确实有理由把哲学体系间的无结果的争论看成结束了。我断言，现代已经掌握了一些方法，使每一个这样的争论在原则上成为不必要的；现在主要的只是坚决地应用这些方法。[③]

他还进一步明确地说，"这些方法是从逻辑出发的"[④]。需要解释的是，他所说的逻辑是指自弗雷格以来所产生的现代逻辑，他所说的方法是指应用现代逻辑进行语言分析的方法。他认为现代逻辑"同旧的形式相比，在其他方面也早就显示出了它的优越性，无疑将很快地完全取代旧的形式"[⑤]。这说明，石里克已经清楚地认识到现代逻辑具有极大的优越性，它必将取代传统逻辑。而哲学的转变正

---

① Wittgenstein：*Tractatus logico-philosophicus*，Suhrkamp Verlag，1984，4.112，p. 32.

② 参见本书第 2 章。

③④ 石里克：《哲学的转变》，见洪谦主编：《逻辑经验主义》上卷，6 页，北京，商务印书馆，1982。

⑤ 同上书，7 页。

是通过应用现代逻辑进行语言分析而形成的。

维也纳学派的另一个主要成员卡尔纳普则认为：

> 现代逻辑的发展，已经使我们有可能对形而上学的有效性和合理性问题提出新的、更明确的回答。应用逻辑或认识论的研究，目的在于澄清科学陈述的认识内容，从而澄清这些陈述中的语词的意义，借助逻辑分析，得到正反两方面的结论。①

他认为通过语言的逻辑分析可以清除形而上学，但是"只有在近几十年逻辑的发展给我们提供了足够锐利的武器的今天，才能采取决定性的步骤"②。他的这些论述十分清楚地说明现代逻辑对于哲学研究的重要作用。

以上是一些著名分析哲学家关于语言转向的论述。这些论述有一个共同之处，这就是谈到了哲学方式的变革和改变，而且这种变革和改变所依赖的方法正是现代逻辑。重温这些论述，我们可以考虑这样一个问题：他们为什么都要强调这一点呢？

2.3 语言转向的形成

以上我们列举了分析哲学的一些主要代表人物关于现代逻辑对哲学的重要性的论述。这是由于他们对于现代逻辑有深入的和比较深入的研究和把握（他们几乎都是现代逻辑大师），因而能够洞察这其间的关系。但是，认识到这种关系是一回事，把这种认识普及，使之成为普遍的认识，则是另一回事。实际上，现代逻辑的建立、发展、成熟和普及经历了一个比较长的发展过程，因而语言转向也不是一下子就出现了。

弗雷格是现代逻辑的创始人。为了使人们重视现代逻辑，弗雷格做出了艰苦的努力。但是应该说，当时他的努力并不是很成功的。③ 他在世的时候，知道他的思想的人并不多，接受他的思想的人则更少。因此他所在的耶拿大学并没有成为现代逻辑的中心。他对分析哲学和语言哲学的影响不是直接的，而是间接的。他主要是

---

① 卡尔纳普：《通过语言的逻辑分析清除形而上学》，见洪谦主编：《逻辑经验主义》上卷，13 页。

② 同上书，14 页。

③ 参见王路：《弗雷格思想研究》，22～23 页，北京，社会科学文献出版社，1996。

对罗素、维特根斯坦和卡尔纳普等人产生了一些直接的影响，但是这几位思想家却对当代哲学产生了巨大的直接的影响。

1910 年，卡尔纳普在耶拿大学"仅仅是出于好奇心"[①] 跟着弗雷格学习现代逻辑，在课上经常听到弗雷格提起《数学原理》，并在 1919 年前后读了这部著作。他在 1920 年读了弗雷格的《算术的基本规律》以后，才开始全力研究现代逻辑。当时，由于弗莱堡大学图书馆没有《数学原理》，卡尔纳普又买不起这部书，因此写信给罗素，希望得到一个复印本。结果他得到的是一份罗素"亲手誊抄的长达 35 页的条录，上面抄下了《数学原理》一书中所有最重要的定义"[②]。

如果说罗素和维特根斯坦通过他们个人的著作对当代哲学产生了巨大影响的话，那么可以说维也纳学派则不仅通过其主要代表人物的著作，而且通过这一学派群体的作用对当代哲学产生了不可估量的影响。著名逻辑学家鲍亨斯基对 1934 年在布拉格召开的国际哲学讨论会的情况做过一些非常生动的描述：

> 传统哲学和"维也纳学派"的争论十分激烈。维也纳学派在这里第一次全部出席，他们朝气蓬勃。[③]
>
> 至今我仍看到留着一把大胡子的老汉斯·德里施（Hans Driesch），就像一只抵御着群狼攻击的大熊。他勇气十足，但是上了年纪，只身抵抗着一群向他进攻的维也纳学派的年轻人。这作为时代转折的标志保留在我的记忆中。[④]
>
> 当时的普遍情况可概括如下：传统哲学家、康德主义者、黑格尔主义者、托马斯主义者甚至老式的实证主义者都在维也纳学派的强大攻势下感到震惊并被征服，特别是后者不断地使用数理逻辑公式并且尊敬地援引波兰学派。但是，波兰学派却相当冷静地隔岸观火，极少参与这些争论。[⑤]

从鲍亨斯基的描述可以看出几点：第一，维也纳学派以现代逻辑为工具进行哲学论证。我们知道，他们当时最主要的论题之一就是形而上学的命题是无意义的。第二，其他哲学家在当时对现代逻

---

① 参见卡尔纳普：《卡尔纳普思想自述》，陈晓山、涂敏译，4 页，上海，上海译文出版社，1984。

② 同上书，20 页。

③④⑤ 鲍亨斯基：《一个逻辑学家的回忆》，王路译，载《哲学译丛》，1987 (1)，32 页。

辑至少还是比较陌生的，因此在维也纳学派的论证面前有些不知所措。第三，所谓"感到震惊并被征服"，至少说明这些哲学家没有驳倒维也纳学派的论证。我们知道，他们绝不会相信、也不会认为形而上学的命题是没有意义的。第四，由于不是一个人两个人，而是维也纳学派这一群体应用现代逻辑这一工具进行哲学分析，因而形成了一种势不可挡的态势，产生了强烈的震撼作用，造成了深远的影响。

值得注意的是这里提到了波兰学派，而且说他们没有参与关于形而上学是否无意义的这场争论。实际上在论述分析哲学的文献中，人们一般不提波兰学派。因此这里可以多说几句。

波兰学派主要是指以波兰著名逻辑学家卢卡西维奇等人为首的华沙逻辑学派。该学派主要从事数理逻辑的研究，人才济济，硕果累累，对现代逻辑的发展做出了杰出的贡献，是国际上深受人们尊敬的著名的数理逻辑研究中心之一。比如，其主要代表人物之一卢卡西维奇深入地研究了命题演算的公理系统，建立了多值逻辑系统，独具特色地研究了模态命题逻辑，这些研究极大地推动了现代逻辑的发展。此外他还以数理逻辑为工具，对逻辑史进行了开拓性的研究，重新研究和评价了亚里士多德逻辑，把亚里士多德的三段论给以公理化，提出了新的解释，他还发掘了斯多葛逻辑，论述了亚里士多德逻辑和斯多葛逻辑之间的关系，这些研究给逻辑史的研究带来一场革命。而且他毕生从事逻辑的教学与研究，自 1907 年起，他就开始举办数理逻辑的讲座，在他周围形成了一个研究现代逻辑的团体并且培养出许多杰出的逻辑学家。许多重要的逻辑成果都是从这个逻辑团体产生的。比如，著名逻辑学家塔尔斯基就是卢卡西维奇的学生，也是波兰学派的成员，他所创建的逻辑语义学理论对现代语言哲学产生了并且一直具有重大影响。波兰学派与外界的接触不多，但是与维也纳学派却有许多交往。1930 年塔尔斯基应邀到维也纳讲学，与维也纳学派开始了学术交流。卡尔纳普认为，这次交流对于他"后来研究语言的表达问题有很大的帮助"[1]。同年 11 月，卡尔纳普在华沙进行了为期一周的访问，与塔尔斯基、莱斯涅夫斯基和科塔本斯基等人进行了交谈。他发现"波兰的哲学家在逻辑及其在基本问题的应用方面做了大量深入而富有成效的工作，尤其是在数学的基础、认识论和普通语言理论方面"[2]。在谈到这次访问

----

① 卡尔纳普：《卡尔纳普思想自述》，47 页。
② 同上书，48 页。

时，他满怀激情地说："当我离开华沙时，心中充满了感激之情，因为我获得了许多令人鼓舞的意见，并且进行了卓有成效的思想交流。"① 只要与波兰学派有过真正的学术交流，大概都会有这样的反响。美国著名哲学家奎因称他于 1932 年的欧洲（维也纳、布拉格、华沙）之行为他自己思想上的一次"新生"，肯定不是随意地说说而已。在 30 年代，波兰学派虽然与外界接触不是特别多，因而在哲学界的影响不是很大，但是它确实对维也纳学派产生了影响，特别是它对卡尔纳普产生了影响，而且对奎因产生了影响，而这两个人都是语言哲学的领袖人物。此外，塔尔斯基的研究成果对于当代语言哲学的研究是具有开拓性的，因而他对语言哲学的贡献和影响是无法估量的。

　　说到奎因，我们顺便说一说当时美国的情况。20 世纪 20 年代末和 30 年代初，正是逻辑发展的重要阶段，一批极其重要的逻辑研究成果问世。其中最具代表性的是哥德尔关于完全性和不完全性定理的证明和塔尔斯基的真之理论。虽然美国也有一些逻辑学家，但是可以说逻辑的主要活动是在欧洲，而不是在美国。1928 年奎因开始学习现代逻辑的时候，他所在的大学里没有人懂现代逻辑。1931 年当他在哈佛大学写博士论文的时候，他甚至不知道哥德尔和塔尔斯基，基本上只知道罗素的《数学原理》。因此，那时美国主要的哲学还是实用主义哲学。第二次世界大战以后，塔尔斯基，还有卡尔纳普等许多维也纳学派成员移居美国，再加上奎因和其他一些美国本土的逻辑学家和分析哲学家，终于使分析哲学的思想在美国蓬勃开展起来，使美国和英国一起成为今天分析哲学最为发达的国家。

　　应该说，鲍亨斯基的描述反映了语言转向刚刚开始的情况。那时候，现代逻辑还不普及，还没有得到普遍的认识和接受，还不是广大哲学工作者手中的工具。经过几十年的发展，今天的情况已经完全不同了。从世界哲学大会的情况，从国际学术杂志的情况，我们可以看到，人们对于现代逻辑的应用已经不是那样新奇，那样畏惧，而是习以为常，游刃有余。现代逻辑已经成为人们的一种工具，已经成为哲学家们一种共同的语言。今天，人们也许会说"语言转向"已经过时了。但是我们应该看到，导致语言转向的动因，即现代逻辑这种理论和方法，却根本没有过时。

---

　　①　卡尔纳普：《卡尔纳普思想自述》，48 页。

3　语言哲学的主要代表人物

以上我们看到，现代逻辑促成了语言转向。既然分析哲学是语言转向的一种结果，因此分析哲学与现代逻辑就有着十分密切的不可分割的联系。我认为，分析哲学中渗透了现代逻辑的思想。实际上，分析哲学研究中所应用的基本方法和主要方法是现代逻辑，分析哲学吸收了现代逻辑的许多重要成果，分析哲学的研究随着现代逻辑的发展而不断发展和深入。因此，如果说语言哲学是分析哲学发展的产物，那么在应用现代逻辑这一方法方面，语言哲学与分析哲学一定是一样的。如果说语言哲学是分析哲学的核心部分或主要内容，那么它也一定会体现出分析哲学应用现代逻辑方法的精神。因此，本书主要谈论的是分析哲学，或者在分析哲学的意义上谈论语言哲学。对于背离这种精神的语言哲学，我都称之为泛语言哲学。所以，在我看来，语言哲学强调对于语言的重视，主张应用现代逻辑的方法对语言进行分析，通过对语言的逻辑分析而达到本体论和认识论等方面的结果，从而解决哲学的根本问题。无论这样的主张是不是完全有道理，无论这样做能不能解决哲学的根本问题，都没有关系。重要的是它提出了与传统哲学完全不同的研究问题和考虑问题的方式，拓宽了人们的研究视野，形成了以意义理论为核心这样一种专门的研究范围，取得了以前的哲学所没有取得的研究成果，从而极大地推动了哲学研究的向前发展。

本书的主要目的不在于详细介绍分析哲学或语言哲学的内容，而是要分析语言哲学的主要方法，特别是探讨现代逻辑在其中所起的作用。在第 2 章、第 3 章和第 4 章，我将结合语言哲学的一些具体内容来分析论述语言哲学所体现的现代逻辑的思想。这里我想对语言哲学的一些主要代表人物作一些简单的介绍，以此说明现代逻辑对于语言哲学的作用。

3.1　主要人物

弗雷格（1848—1925）是德国的数学家、逻辑学家、现代逻辑的创始人，也被称为是分析哲学和语言哲学的创始人。他于 1873 年获得博士学位，于 1879 年发表了名著《概念文字——一种摹仿算术语言构造的纯思维的形式语言》，在这部著作中，他建立了第一个一阶谓词逻辑系统，以此开创了现代逻辑。他试图根据他的逻辑方法建立一个公理系统，从而推出全部数学，但是没有成功。在这一过程中，他关于逻辑哲学有许多创造性的研究，其中最重要的就是他在1892年发表的著名论文《论意义和意谓》中所阐述的关于意义和意谓的理论。他的这一理论，他的分析问题的方法，甚至他所使用的一系列术语，对于当代语言哲学产生了极其重要的影响。

罗素（1872—1970）是英国的哲学家、逻辑学家，被称为是分析哲学的主要创始人。他于1894年结束了大学学业，早期专门从事数学和逻辑的研究，于1903年发表了《数学原则》，并于1910—1913年发表了与怀特海合著的名著《数学原理》。此外他写了大量哲学论著，对当代哲学产生了极其重大的影响，其中他于1905年发表著名文章《论指谓》，提出了著名的摹状词理论，他的这一理论被称为哲学的典范。

维特根斯坦（1889—1951）是奥地利哲学家，被称为是分析哲学和语言哲学的主要创始人。他在上大学的时候开始是学机械工程。由于对数学感兴趣，他读了罗素的《数学原则》。从1911年开始他多次访问过弗雷格，并长期与其保持通信往来。他还接受了弗雷格的建议到剑桥师从罗素。1922年，他发表了其著名著作《逻辑哲学论》，该书对于20世纪的语言哲学从根本倾向上产生了不可估量的重要作用。1953年，他的遗著《哲学研究》发表，该书在语言哲学界同样产生了轰动性的效应。

卡尔纳普（1891—1970）是德国哲学家，是30年代至50年代分析哲学最主要的代表人物之一。上大学的时候，他对数学很感兴趣，从1910年至1914年，他多次选修了弗雷格关于《概念文字》和《数学中的逻辑》的课程，从中获得了极大的启发。在1919年左右，他学习研究了罗素和怀特海的《数学原理》。1924年，他结识了石里克，1926年成为维也纳学派的成员。1930年开始与波兰学派接触并认识了塔尔斯基。他从20年代开始，发表了一系列重要著作，包括《世界的逻辑结构》、《语言的逻辑句法》、《语义学导论》、《意义与必然性》等等。这些著作集中体现了对传统形而上学的拒斥、主张构造严格的逻辑语言来代替自然语言的思想以及在语义学方面的研究成果，在语言哲学领域产生了极其重大的影响。

奎因（1908—2000）是美国哲学家和逻辑学家，他是第二次世界大战以后美国最重要的、影响最大的哲学家。1930 年，他大学毕业，入哈佛大学研究生院，师从怀特海、刘易斯和谢佛等著名逻辑学家，1932 年获博士学位。两年后，他的博士论文经修改发表，题目是《一个逻辑斯蒂系统》。1932 年至 1933 年，他在欧洲进行访问研究，结识了维也纳学派和波兰学派，有幸与卡尔纳普、卢卡西维奇、塔尔斯基等人进行了深入的学术探讨。1940 年他出版了第一部主要著作《数理逻辑》，1941 年和 1950 年分别出版了教科书《初等逻辑》和《逻辑方法》。他于 1951 年发表了著名论文《经验论的两个教条》，并于 1953 年出版了著名的论文集《从逻辑的观点看》。1960 年，他最重要的著作《语词和对象》问世。他的这些著作和论文，不仅对于语言哲学，而且对于当代哲学的其他领域，都产生了极其重要和深远的影响。他的《语词和对象》被称为是"本世纪影响最大的两部哲学著作"之一①。

斯特劳森（1919—2003）是英国哲学家，他是继奥斯汀之后最著名的日常语言分析哲学家。他于第二次世界大战后开始从事研究工作，1952 年发表了《逻辑理论导论》，以后又发表了一系列重要论著，包括《个体：试论描述的形而上学》、《逻辑和语法中的主词和谓词》、《分析与形而上学》等等。他是第一个比较系统地比较形式语言与自然语言的差异，论述现代逻辑的局限性，主张用自然语言逻辑来补充现代逻辑，从而使语言的分析更加精确更加有效的哲学家。他的这些思想在语言哲学领域独树一帜，影响甚广。他对其他一些著名语言哲学家，比如罗素、奎因、达米特、戴维森等人的批评以及和他们的论战，极大地丰富和深化了语言哲学的研究和发展。

戴维森（1917—2003）是美国哲学家，被认为是 20 世纪下半叶最有影响的哲学家之一，在美国，其影响仅次于奎因。他于 1949 年获得博士学位。1967 年，他因发表了著名的文章《真与意义》而一举成名。他的思想主要体现在他的两本论文集中，即 1980 年的《论行为和事件》和 1984 年的《对真和解释的研究》。后一本书集中体现了他围绕真这一重要问题而形成的意义理论，他的这一思想在语

① 参见施太格缪勒：《当代哲学主流》下卷，王炳文等译，204 页，北京，商务印书馆，1992。

言哲学领域产生了重要而深远的影响。他的许多有关论文已经成为语言哲学的经典。

达米特（1925—　）是英国哲学家、逻辑学家，退休前是牛津大学逻辑教授，是当今著名的弗雷格研究专家，英国最有影响的哲学家之一。他早年从事数理逻辑的学习和研究，从20世纪50年代开始致力于弗雷格思想的研究，并同时进行语言哲学的研究。1973年，他发表了名著《弗雷格的语言哲学》，该书对于弗雷格的思想，对于语言哲学的性质、意义和特征，对于语言哲学的一些主要问题以及与之相关的一些问题提出了一系列独到而精辟的见解，在语言哲学领域和与之相关的领域引起了一系列持续不断的、深入而热烈的争论，极大地推动了这一领域的研究和发展。他本人也随之写了一系列长篇巨著，包括专著《对弗雷格哲学的解释》、《分析哲学的起源》、《形而上学的逻辑基础》和论文集《真和其他疑难》、《弗雷格和其他哲学家》、《语言之海》等等。他的著作和许多论文已经成为语言哲学的经典。

克里普克（1941—　）是美国的逻辑学家和哲学家，模态语义学的创始人之一，是目前年轻一代语言哲学家中最有影响最有代表性的人物之一。他于16岁时就写过一篇关于模态逻辑和直觉主义逻辑的语义学论文。上大学时曾跟随奎因学习。他在50年代和60年代从事模态逻辑的研究，发表了一系列重要论文，对模态逻辑语义学的研究和发展做出了重要贡献，也奠定了他在这一领域的创始人的地位。进入70年代，他发表了一系列重要论著，包括《同一和必然》、《命名与必然》、《真之理论概要》等等。特别是他在《命名与必然》一书中，分析批评了弗雷格、罗素、维特根斯坦等人关于专名和摹状词的理论，提出了一种不同的理论，即历史的因果命名理论，由此批判了康德关于先验判断和后验判断的观点，论证了先验偶然命题和后验必然命题的结论并提出了这一主张。他的这部著作在语言哲学界引起轰动，导致了十几年关于这些问题的论战。

以上我们简单介绍了9位当代最著名的语言哲学家。（当然，我们还可以再列举并介绍一些著名的语言哲学家。）我认为，大概没有人会否认这9位哲学家是语言哲学的领袖人物，他们的思想在语言哲学界和对语言哲学的发展具有非常大的影响。因此，参照他们的经历，非常有助于说明现代逻辑对于语言哲学的作用。

3.2　思想背景

上述哲学家有一个共同的特点，就是他们有很强的现代逻辑的背景或基础。除维特根斯坦、达米特和戴维森外，其他 6 位哲学家都是现代逻辑学家，他们早期的研究重点和发表的成果也都是在现代逻辑方面或与现代逻辑有密切关系。弗雷格、罗素、卡尔纳普、奎因和克里普克是现代逻辑大师，这是不言而喻的。虽然斯特劳森没有写过现代逻辑的著作，但是从他对现代逻辑和传统逻辑的比较、从他对形式语言和自然语言的比较，甚至从他对现代逻辑的批评，可以看出他不仅掌握了现代逻辑这一工具，而且在这方面具有深厚的基础。对于这样的逻辑学家来说，他们在其语言哲学的研究中，或者一般地说，他们在其哲学研究中，不可能不应用现代逻辑这一方法。实际上，现代逻辑始终是他们的一个主要和重要的分析工具。

维特根斯坦不能算是现代逻辑的大师。从他的著作来看，他的逻辑水平大概最多不会超过一阶逻辑的范围，而且他使用的逻辑工具大部分属于一阶逻辑的内容。但是应该看到，他是在现代逻辑刚刚出现的时候得到了弗雷格和罗素这样两位逻辑大师的指点和帮助，他在命题演算方面下过一番工夫，构造了他的一套真值表方法，而且他凭借自身的敏锐，天才地把握住了现代逻辑的精神实质，并且第一次比较成功地用现代逻辑的思想来系统地解释世界，因而提出了一个前所未有的理论，展示了一个全新的视野，在哲学领域中做出了开创性的贡献。

达米特是逻辑学家，也是牛津大学的逻辑教授，但是他的主要工作是依据逻辑的理论和方法从事哲学研究。* 特别是解释弗雷格的思想，并且基于这样的解释构建自己的哲学理论。从事弗雷格思想的研究，不懂现代逻辑，是根本不行的，而没有深厚的现代逻辑功底，也根本不可能达到像他那样对弗雷格整个思想全面而深刻的把握，并提出了许多富有启发性的真知灼见。

戴维森没有写过现代逻辑的著作，而且连逻辑教授也不是。我不能肯定他是逻辑学家，但是我敢肯定，他在现代逻辑方面受过良好的训练，有相当扎实的逻辑基础。他的主要思想可以说是他围绕真而形成的意义理论，而他的这个理论是基于塔尔斯基的真之语义

---

* 当初我犯了一个错误。达米特不仅是现代逻辑学家，而且有专著《直觉主义基础》（*Elements of Intuitionism*，Oxford University Press，1977）。

理论的。从他的有关论述可以看出，他对塔尔斯基的这一理论和有关思想有十分深刻和独到的理解。塔尔斯基的真之语义理论是现代逻辑的一项重要成果，不懂现代逻辑，根本不可能弄懂这一理论。戴维森在其《对真和解释的研究》的序中提到达米特在 50 年代对他的影响，谈到华莱士①与他多年"没完没了地"探讨书中的许多问题，说他"欣赏塔尔斯基关于真的这项研究的强大力量"，并且谈到奎因，说奎因在他"一生中一个至关重要的阶段"是他的老师。②这里谈到对他有影响的三个人不是现代逻辑大师，就是有深厚现代逻辑功力的哲学家。至于说"至关重要的阶段"，其时又做奎因的学生，很可能是指他进行学习和研究并逐渐建立自己的哲学基础的阶段。奎因是戴维森的老师，他的影响肯定是深刻而巨大的。作为老师，奎因大概不会不让戴维森学习他的著作，而若想读懂他的著作，掌握现代逻辑显然是一个必要条件。想一想奎因对现代逻辑的态度和在这方面所做的大量工作，我们就完全有理由相信，他一定会要求他的学生对于学习现代逻辑给予高度的重视并付出巨大的努力。

通过以上分析可以看出，以上列举的 9 位著名哲学家实际上可以说都是以现代逻辑为基础来建构他们的思想体系的。在他们的哲学著作中，现代逻辑的符号并不多见，但是，即使没有任何现代逻辑的符号，我们也应该认识到，他们的思想是建立在现代逻辑基础上的。今天，我们直接阅读他们的哲学著作，理解他们的哲学成就，探讨甚至批判他们的有关思想，但是想一想，如果没有起码的现代逻辑的知识，或者说现代逻辑的知识掌握得不够，那么我们能够正确地、深刻地理解他们的思想吗？

---

① 华莱士（John Wallace）是美国的语言哲学家，1982 年曾来我国进行为期 7 天的讲学，当时我给他做翻译。

② 参见 Davidson：*Inquiries into Truth and Interpretation*，p. xx。

第 2 章
分析哲学的领袖及其思想

最初人们一般认为，分析哲学的领袖是罗素、维特根斯坦和卡尔纳普。随着分析哲学的发展，人们逐渐认识到，分析哲学的创始人是弗雷格，而且今天这一点已经成为人们的共识。因此，对于分析哲学的研究来说，这几个人的思想是非常重要的。由于本书的主要目的不是介绍分析哲学的内容和思想，而是分析探讨分析哲学的方法，因此在这一章，我们主要不是介绍这四个人的丰富的思想，而是通过他们的思想来分析他们获得这样的思想的方法。我们从这四位大哲学家的思想当中分别选择一个思想来进行分析，它们是：弗雷格的意义和意谓的思想；罗素的摹状词理论；维特根斯坦的《逻辑哲学论》；卡尔纳普的拒斥形而上学的思想。

1 弗雷格和他关于意义和意谓的思想

弗雷格是德国数学家和逻辑学家。他是现代逻辑的创始人，并被认为是分析哲学和语言哲学的创始人。达米特认为，弗雷格在1884 年的著作《算术基础》中关于数这一概念的分析是第一个语言分析的实例。但是，弗雷格在世时并没有对分析哲学和语言哲学产生巨大的直接的影响，他本人甚至并不为哲学界所瞩目。逻辑史学家涅尔说："当他（弗雷格）去世的时候，我是个本科生，并且已经对逻辑感兴趣了，我想我应该注意到那一年是否为纪念他有任何讲话或发表了任何文章。但是我无法回忆起任何这样的事情。"① 这一段话说明了弗雷格生前默默无闻的情况。弗雷格的思想得到人们的

---

① W. C. Kneale："Gottlob Frege and Mathematical Logic", in *The Revolution in Philosophy*, ed. by Ayer, Macmillan and Co. Ltd., 1957, p. 26.

普遍重视实际上是语言哲学研究深入发展的结果，特别是达米特等重要的语言哲学家所做的工作的结果。罗素和维特根斯坦在自己的著作中都提到了弗雷格，并且说自己的思想受益于弗雷格。人们研究罗素和维特根斯坦的思想，随着研究的深入，自然会去研究弗雷格。而达米特的一项十分主要和重要的工作就是研究弗雷格的思想。他撰写了一系列著作和论文，他企图使英美分析哲学家和语言哲学家认识到，他们的分析传统，包括分析的精神、分析的方法以及许多基本和重要的思想、观点和术语，都是来自弗雷格。今天有两个特别重要的并且公认的事实：第一，弗雷格的思想对分析哲学运动的先驱罗素、维特根斯坦和卡尔纳普产生了直接的影响；第二，语言哲学的一些基本思想和重要理论主要来自弗雷格。

语言哲学家们一般认为，弗雷格的语言哲学理论即是他的意义理论。而这一理论集中体现在他的著名论文《论意义和意谓》（1892）中。如今这篇论文成为语言哲学的经典文献之一，选编率非常高，几乎无人不知，其中弗雷格所举的关于"晨星"和"昏星"的例子非常出名，可谓无人不晓。这里我们集中探讨他的这一理论。

1.1　意义和意谓的区分

弗雷格的一个重要思想是区别出意义（Sinn）和意谓（Bedeutung），他的一个著名论断是：句子的意义是它的思想，句子的意谓是它的真值。他的全部关于意义和意谓的思想都是围绕这一论题展开的。①

弗雷格认为，句子是有内容的。句子的内容区分为两个层次。第一个层次是句子的意义，第二个层次是句子的意谓。我们可以认识句子的意义，而不知道句子的意谓。但是我们也可以从句子的意义进到句子的意谓。句子的意义是它的思想，句子的意谓是它的真值。所谓思想，就是我们借以把握句子的真的东西。所谓真值，就是指句子的真和假，只有这两个真值。

弗雷格认为，句子是由句子的部分构成的。他区分出的句子的部分有：专名，概念词，谓词，从句。他认为，句子有意义和意谓，句子的部分也有意义和意谓。他对句子部分的意义和意谓分别进行

---

①　关于"意义"和"意谓"的问题，甚至包括关于这两个术语的翻译问题，比如"意义"和"所指"，等等，学术界有许多争论。对于这个问题，我在《弗雷格思想研究》一书中做了比较详细的研究和论述，因此这里不再重复，有兴趣的读者可以参考该书。

了说明。他认为，专名的意义是句子部分的意义，专名的意谓就是专名所表示的那个对象。概念词的意义是句子的部分的意义，概念词的意谓是概念。谓词的意义也是句子部分的意义，谓词的意谓也是概念。从句的意义不是思想，而只是思想的一部分。从句的意谓不是真值，而是思想。对于句子的意义和意谓，他认为，如果一个句子的意谓就是它的真值，那么将这个句子的一部分代之以另一个意义不同而意谓相同的表达式时，句子的真值保持不变。如果一个句子的真值就是它的意谓，那么一方面所有真句子就有相同的意谓，另一方面所有假句子也有相同的意谓。对于我们来说，重要的是句子的真值，"追求真就是努力从意义推进到意谓"①。在弗雷格的说明中，我们可以看到一个十分显著的特点，他对句子的意义和意谓都有明确的说明，由于从句也是句子，因此他对从句的意义和意谓也有明确的说明，但是他对专名和概念词的意谓有明确的说明，对它们的意义却没有明确的说明。"句子部分的意义"显然不如"所指的对象"和"所代表的概念"这样的说明明确，但是这从另一个方面也清楚地说明，弗雷格把专名和概念词都看做是句子的部分，因此他主要是从句子方面来考虑的。

弗雷格认为，一个句子有意谓，它的部分也有意谓。一个句子的意谓是由它的部分的意谓决定的。如果一个句子的部分是一个专名，那么这个句子的意谓就是由这个专名所表示的那个对象决定的。如果一个句子的部分是一个概念词，那么这个句子的意谓就是由那个概念词所表示的概念决定的。如果一个句子的部分是一个谓词，那么这个句子的意谓就是由那个谓词所表示的概念决定的。如果一个句子的部分是一个从句，那么这个句子的意谓就是由那个从句所表示的思想决定的。另一方面，他还认为，一个句子不仅有意义，而且有意谓。一个句子的意谓是由句子的意义决定的。一个句子是由句子的部分构成的，因而一个句子的意义是由句子部分的意义决定的，因此一个句子的意谓是由句子的构成部分的意义决定的。如果一个句子的构成部分是一个专名，那么这个句子的意谓就是由这个专名的意义决定的。如果一个句子的构成部分是一个概念词，那么这个句子的意谓就是由这个概念词的意义决定的。如果一个句子的构成部分是谓词，那么这个句子的意谓就是由这个谓词的意义决

① 《弗雷格哲学论著选辑》，97 页。

定的。简单地说，一个句子有思想，也有真假。句子的真是由句子的思想决定的。一个句子的思想是由一些部分构成的，因此句子的思想是由表达这个思想的句子部分的意义决定的，所以句子的真是由句子部分的意义决定的。

从以上论述可以看出，弗雷格的语言哲学有几个特点：第一，他强调句子的思想和句子的真值的区别；第二，他探讨句子的思想，但是他更突出强调句子的真值；第三，他对句子部分的论述使用了一系列独特的术语；第四，他探讨句子的部分的意义和意谓是紧密围绕着整个句子的意义和意谓，特别是围绕意谓而进行的。因此我们可以问：他为什么会以这样的方式来论述这个问题呢？

达米特对弗雷格的思想有一段十分精辟的概括：

　　弗雷格所进行的语言分析包含一种对语言运作（the working）的分析。弗雷格并不满足于发现一种对符号语言句子整体的特征的描述，也不满足于仅仅规定出他认为适宜采用的推理规则。相反，在描述这种语言的句子结构的时候，总是同时也说明确定它们的真值的方式，这样，就把所制定的推理规则看做是由支配指派真值的规则而证明是有道理的。①

从达米特的这段说明可以看出，他把弗雷格的语言分析归结为两部分，一部分是对句子结构的描述，另一部分是对确定句子真值的说明。我认为，这确实是抓住了弗雷格思想的精髓。下面我们就来分析弗雷格的思想。

1.2　思想与真

理解弗雷格的思想，必须明白一点，即他的全部思想都是建立在他的概念文字的基础之上的。所谓概念文字，就是他所建立的第一个一阶谓词演算系统。因此，必须结合他的概念文字来理解他的思想。

在构造逻辑系统的时候，弗雷格使用了一种他自己构造的形式语言。在这种语言中，他首先引入了"├──"这个符号。这个符号叫做判断符号。它是由一条水平线"──"和一个小竖杠"│"组成的。前者叫做内容线，后者叫做判断杠。这个符号可以与跟在后面的表示判断内容的符号，比如说"A"，联结起来。这样，就可以

---

① Dummett：*Frege：Philosophy of Language*，Duckworth，1981，p. 81.

有两种情况，一种情况是"——A"，另一种情况是"├——A"。前一种情况不表示判断，只使人想到 A 所表示的那些内容。而后一种情况则表示判断。在弗雷格的思想中，A 可以表示一个句子，"——A"表示 A 这个句子所表达的内容，"├——A"则表示 A 这个句子所表达的内容是真的。这样，一个句子，一个句子所表达的思想，与一个句子所表达的思想的真就得到了区别。这样的区分显然是十分重要而有意义的。① 我们可以十分清楚地看出，弗雷格关于句子的意义和意谓，即关于句子的思想和句子的真值的区分，显然是来自他的概念文字。也就是说，他的这种区分不是任意的，而是以他所建立的逻辑理论为基础的。

句子表达思想。人们关注的是对句子的理解，实际上，就是对思想的理解。哲学家们则更是如此。但是弗雷格却更加关注句子的真值。就是说，他虽然区别出句子的思想和真值，主要考虑的却是句子的真值。真值有两个，一个是真，另一个是假。一个句子如果是真的，就不是假的，如果不是真的，就是假的。因此，弗雷格主要考虑的是句子的真假。这种思想正是建立在他的逻辑系统之上的。他的逻辑系统有两个主要特征：一个是它是外延的，即不考虑内涵；另一个特征是它是二值的，即它只有两个值：真和假。应用这样的逻辑系统，以这样的逻辑系统为基础来分析句子，自然要强调句子的真假。这里我们可以举一个例子来更加清楚地说明这个问题。弗雷格在《论意义和意谓》中谈到专名的意谓时做了一个脚注：

> 当出现一个像"亚里士多德"这样的真正的专名时，关于意义的看法当然可能产生分歧，例如有人可能认为它是柏拉图的学生和亚历山大大帝的老师，有人可能认为那位生于斯塔吉拉的、亚历山大大帝的老师是这个专名的意义，持前一种看法的人就会以一种与持后一种看法的人不同的意义和"亚里士多德生于斯塔吉拉"这个句子联系起来。只要意谓相同，这些意见分歧就是可以容忍的，即便它们在一个进行证明的科学体系中应该避免，而在一种完美的语言中是不允许出现的。②

---

① 我在其他地方论述过这个问题。参见王路：《弗雷格思想研究》，38～39 页。
② 《弗雷格哲学论著选辑》，91～92 页。

在这个脚注中，弗雷格谈到了一个专名可以有不同的意义，谈到了人们对专名的意义可以有不同的理解，但是他强调"只要意谓相同，这些意见分歧就是可以容忍的"。这是为什么呢？实际上，在《论意义和意谓》这篇论文中，弗雷格是从他的概念文字出发而对句子进行分析的，因此在这样的分析过程中，他主要考虑的问题重点是意谓，特别是句子的意谓，即句子的真假。在含有专名的句子中，句子的意谓是由句子中专名的意谓决定的。因此对于专名的理解，在意谓上不允许出现偏差，否则就会影响句子的意谓。此外，弗雷格始终要求每个表达式必须有明确的意谓。因此专名的意谓不允许是含糊的。只要不在专名的意谓方面造成问题，那么对于专名的意义有了不同的理解，尽管有问题，但并不十分严重。对于意义，只要求它不给理解意谓造成困难，可以说这是很低的要求。可是弗雷格对意义，特别是专名的意义，恰恰只有这样的要求。由此说明，弗雷格考虑问题的重点是句子的真假，他更强调的是句子的真假。我们看到，现代哲学家一般认为弗雷格有一个专名理论，许多人还对他的这个理论提出了一些批评，但是由于没有真正理解弗雷格关于专名的意谓的论述，因此在这个问题上的一些解释和批评是不恰当的。[①]

1.3 对象和概念

我们看到，在区分意义和意谓的过程中，弗雷格使用了句子、专名、概念词、谓词等等这样的术语。如果说意义和意谓是句子内容层次方面的区分，那么可以说，句子、专名、概念词和谓词则是句子结构方面的区分。具体地说，弗雷格探讨句子的方法是把句子分析为专名和谓词。他的目的则是以此说明对象和概念。根据他的思想，专名表示对象，谓词或概念词表示概念或关系，这是不同层次的东西，后者对前者进行谓述。因此，通过对专名和谓词的分析可以达到对对象和概念的分析。而且，这种分析不是一般的分析，它主要是说明对象与概念之间的关系。根据弗雷格的说明，最基本的关系是一个对象处于一个概念之下，此外还有一个概念处于另一个概念之下的关系。

在弗雷格的分析中，最大的特点是改变了以往对于句子的分析。比如，根据以往的分析，对于"贾宝玉爱林黛玉"这样的句子，人

---

① 参见王路：《弗雷格思想研究》，158～164 页。

们的看法是，"贾宝玉"是主语，"爱林黛玉"是谓语。这个句子表达的是"贾宝玉是爱林黛玉的"。很难说这样的解释提供了什么有用的分析。而根据弗雷格的分析，"贾宝玉"和"林黛玉"是专名，"爱"是谓词，这个句子表示的是"贾宝玉"和"林黛玉"有"爱"这样一种关系，它表达的是两个对象处于一个概念之下，这是一个二元关系命题。

又比如，根据以往的分析，对于"哲学家是思想家"这样一个句子，人们会认为"哲学家"是主语，"思想家"或"是思想家"是谓语，是对思想家的表述，或者，"哲学家"是主项，"思想家"是谓项，"是"是联项，表述一个主谓判断。但是，在弗雷格看来，在这样的句子中，"哲学家"和"思想家"都是概念词，或者说都是谓词。这个句子表述的实际上是："对任何事物而言，如果它是哲学家，那么它就是思想家"。即是说，一个概念词，无论出现在主语还是谓语的位置上，都是谓词，而不是主词。这样的解释与常识的理解和传统的认识都是不同的，因此人们自然会问，弗雷格这样的思想和解释是从哪里来的。实际上，他的这种分析方法仍然是来自他所建立的一阶逻辑系统。

在他的逻辑系统中，他借助了数学方法，引入了函数这样一个概念，由此解释概念。一个函数含有一个空位，因而是不满足的或不完整的，比如 F( )，要用一个自变元补充它，使它完整，比如 F(a)。根据由这一思想而形成的逻辑系统来解释句子，就得出概念是一个函数这样的结论。这种分析所产生的结果是多方面的。

首先，它使我们看到，概念词表现出一种结构。例如：

苏格拉底是人。

柏拉图是人。

亚里士多德是人。

这三个句子有一个共同的部分，这就是"……是人"这个概念词，它表示的是一个相应于函数的概念。我们也可以把它写为：

x 是人，或者，(   ) 是人。

删节号、外文符号和括号都表明了需要补充的部分，因此说明概念是不满足的。而当我们以像"苏格拉底"这样的专名带入这些符号所表示出来的空位时，就产生完整的句子。这里，我们也就看出，为什么弗雷格把专名和谓词或概念词总是称为句子部分，因为他总

走进分析哲学

是从句子出发来考虑这些东西的。

其次，由于是从句子出发来考虑概念和对象，因此，弗雷格的考虑总是与真假紧密结合在一起的。弗雷格用过的一个例子是"恺撒征服高卢"。这个句子是真的。其中的概念词是"……征服……"。但是，如果用"庞培"带入第一个空位，而"高卢"不变，我们就得到"庞培征服高卢"，而这个句子是假的。这就说明，概念词本身没有真假，而以专名补充以后，就产生真假。同时这也体现了弗雷格所说的，当句子部分是专名时，句子的意谓是由句子部分的意谓决定的。

由于以上两个结果，我们还可以看到第三个结果，这就是这一理论揭示出句子的语法结构和逻辑结构是不同的。在句子中，从语法结构上看，表示个体的词，包括专名和摹状词，既可以作主语，也可以作谓语；表示类的词，包括表示概念和关系的词，同样既可以作主语，也可以作谓语。但是从逻辑结构来看，则不是这样。个体词永远是主词，概念词永远是谓词。我们以上面的例子来说明这个问题。在"恺撒征服高卢"这个句子中，"恺撒"和"高卢"都是专名，但是，"恺撒"是主语，而"高卢"是谓语（或者说是"征服"的宾语）。这是语法形式的分析。然而通过逻辑分析，我们可以看出，"恺撒"和"高卢"都是专名，都表示个体，因此它们都处于"征服"这个谓词所表达的概念之下。在"哲学家是思想家"这个句子中，"哲学家"虽然处于语法主语的位置上，但是根据逻辑分析，它仍然是一个谓词。因此从弗雷格以来，我们获得了对于句子中专名和概念词的一种新的分析方法，从而得到关于对象和概念的一种全新的解释。

关于弗雷格强调意谓的问题，实际上我们可以认为是他强调"真"这一问题。这一点可以从两方面来考虑。一方面，句子的意谓是真值，而真值只有真和假，同时，真就是不假，不真就是假，因此这两个值中从一个就可以得到另一个。另一方面，弗雷格自始至终强调逻辑研究真，逻辑是关于真的科学。而且他提出这一点是为把逻辑与心理学，把逻辑的东西与心理学的东西区别开。在自然语言中，逻辑的东西和心理的东西是混在一起的。若想把逻辑的东西与心理的东西区别开来，不能只是一般地泛泛地说，而是必须提出一系列方法和理论。弗雷格的方法就是区别出句子的意义和意谓，以此来探讨真。

关于弗雷格区别专名和谓词或概念词的问题，实际上我们可以认为是他对于保证句子的真的深入探讨。而这一区别和探讨正是建立在他的逻辑系统之上的。弗雷格的一阶逻辑系统，包括命题逻辑和谓词逻辑两部分。关于真这个问题，在有些句子，我们是不需要考虑专名和谓词的。比如对于一些含有命题联结词的句子，我们通过关于命题联结词的探讨就可以得到真。例如："贾宝玉爱林黛玉或者贾宝玉不爱林黛玉。"这个句子的真不是由贾宝玉和林黛玉这两个专名的所指决定的，而是由"或者"和"不"这样的联结词决定的。但是，对于像"哲学家是思想家"这样的句子，它的真也不是由专名所指的对象决定的，而是由其中的"哲学家"和"思想家"这样的谓词所适用的范围决定的，就是说，是由量词决定的。[①] 而对于像"贾宝玉爱林黛玉"这样的句子，考虑它们的真假，就必须考虑其中所出现的专名。因此，弗雷格关于意义和意谓的区分和说明，关于对象和概念的区分和说明，归根到底，仍然是关于句子的真的说明。

2　罗素和他的摹状词理论

罗素对于当代哲学的影响不仅是巨大的，而且是多方面的。限于篇幅，我们在这里不可能考察他的所有具有重大影响的理论。学术界一般都认为，罗素的摹状词理论是把逻辑方法应用于哲学分析的经典之作，是"哲学的典范"[②]。因此我们在这里主要分析他的摹状词理论。

2.1　不定的摹状词

罗素认为有两种摹状词，一种是不定的摹状词，另一种是限定的摹状词。不定的摹状词的表达形式是："一个如此这般的东西"，限定的摹状词的表达形式是："那个如此这般的东西"。应该指出，他的这种区分是从英语的语言形式得出来的。不定的摹状词指的是不含定冠词"the"的指谓词组，比如，"一个人"，"一个哲学家"，等等。限定的摹状词指的是含定冠词"the"的指谓词组，比如，

---

① 参见本书第 4 章 1.2 和 1.3。
② 参见艾耶尔：《二十世纪哲学》，李步楼等译，34 页，上海，上海译文出版社，1987。

"当今的法国国王"，"《威弗利》的作者"，等等。汉语中没有定冠词，无法从语言形式上得到清晰的区别，但是我们可以用指示词"这（个）"、"那（个）"来表示。罗素对这两种摹状词都有论述，但是主要的成就，即被称之为"哲学的典范"的摹状词理论，却是在限定的摹状词方面。为了更清楚地说明罗素的方法，我们首先看一看他关于不定的摹状词的论述。

罗素以变元作为基本概念，以"C(x)"表示含有"x"作为自身一部分的命题。在"C(x)"这个命题中，变元"x"是不确定的。因此罗素在严格的意义上称"C(x)"为命题函项。在考虑这个命题函项的真假的时候，如果"x"是不定的摹状词，就会有以下几种基本情况：

"C(每个东西)"的意思是："C(x) 总是真的"。

"C(没有东西)"的意思是："'C(x) 是假的'总是真的"。

"C(某个东西)"的意思是："'C(x) 是假的'总是真的这一点是假的"。

这里，罗素给出的三个不定的摹状词是"每个东西"、"没有东西"和"某个东西"，他称它们为指谓词组。他指出，这三个词孤立地没有任何意义，但是每一个含有它们出现的命题都有一种意义。由此他提出了关于指谓词组的原则：指谓词组本身绝没有任何意义，但是每一个含有指谓词组出现的命题都有一种意义。以上是罗素在 1905 年的著名论文《论指谓》中关于不定的摹状词的论述。[①]

后来在 1918 年发表的《逻辑原子主义哲学》中，罗素也谈到不定的摹状词。不过，他既没有使用"指谓词组"这一术语，也没有在"摹状词"的题目下探讨这一问题，而是在"一般命题和存在"这一标题下论述了这个问题。他把一般命题归为两类，一类是关于"所有"，另一类是关于"有的"。如果我们把这两篇论文的论述比较一下，我们就会看出，它们的共同之处是都论述了"所有"和"有的"这样的词组，不同之处是前者论述了"没有东西"这一词组，而后者没有论述这一词组。这些共同的论述，即关于"所有"和"有的"的论述，正是关于量词的论述。"没有东西"也是量词，不

---

① 参见 Russell："On Denoting"，in Russell：*Logic and Knowledge*，George Allen and Unwin Ltd.，1956，pp. 42-43。

过它是含有否定的量词。在《逻辑原子主义哲学》中，罗素谈到了量词可以是互为否定的，因此只论述了肯定的量词。所以，我们可以看出，所谓不定的摹状词实际上就是量词或相当于量词一类的表达式。

在1919年出版的《数理哲学导论》中，罗素的说法又有了一些改变。他在"摹状词"的标题下谈论不定的摹状词，而且不再谈论量词，即不再谈论像"所有"和"有的"这样的不定摹状词。他明确地说，不定的摹状词是这样一个词组："一个某某"。他认为，这样一个词组实际上是一个概念。比如，"我遇到一个人"，这里的"一个人"是不定的摹状词。"这样的命题所含的只是我们称之为概念的东西"①。

在罗素这些不同时期的不同论述中，我们看到了一些共同的东西，即他使用了一些专门的术语，比如，"变元"和"命题函项"，而且他的论述还涉及"真"、"假"和"存在"。他早期的有些论述似乎也有些别扭，比如他对"C（某个东西）"的意思的解释是："'C(x)是假的'总是真的这一点是假的"。他的有些说法似乎也令人费解，比如，不定的摹状词孤立的没有意义，但是含有它们出现的命题却有意义。但是，如果我们看到罗素在这些论述背后的思想，即他所依据的现代逻辑的思想，那么我们就会明白他说的是怎么一回事。

罗素关于不定的摹状词的思想是建立在他的逻辑的量词的理论基础之上的。罗素在1905年发表《论指谓》的时候，一方面，虽然他与怀特海合作的《数学原理》尚未发表，但是这正是他全力以赴研究现代逻辑并试图以此推出数学的时候。他的一阶理论已经成熟或趋于成熟。另一方面，虽然他已经有了一阶理论，但是把这一理论用于具体的分析，特别是用于像摹状词这样的东西的分析，还是首次。因此他要照顾到一般通常的说法，同时他自己对于一阶理论的应用也远远不像后来那样自如。比如，在《论指谓》中，他列出的三种情况，即"每个东西"、"没有东西"和"某个东西"，实际上是传统逻辑所表达的量词的情况，这显然有照顾当时的读者的意思，而13年以后到了《逻辑原子主义哲学》中，他就去掉了否定的表述，而且他的表达也自如多了。又比如，对于《论指谓》中的上述

---

① 罗素：《数理哲学导论》，晏成书译，158页，北京，商务印书馆，1982。

三种表达，如果用一阶逻辑的方式来表达，就会简单得多：

"C(每个东西)"的意思是："对任何一个 x 来说，x 具有 C 的性质"。

"C(没有东西)"的意思是："对任何一个 x 来说，x 不具有 C 的性质"。

"C(某个东西)"的意思是："并非对任何一个 x 来说，x 都不具有 C 的性质"。

按照罗素的解释，C(x) 是一个命题函项，本身没有真假。加上"每个"或"所有"，就有了真假，因此"C(每个东西)"的意思是"C(x) 总是真的"。这是从真假的角度的解释。同时这也说明，"每个"或"所有"这样的指谓词组本身没有意义，或者说它们没有独立的意义，而含有它们出现的命题有意义。这里的意思是说，量词这样的指谓词组是对命题函项的限定和说明，而不是对命题函项中的个体所做的限定和说明。而命题函项所表示的不过是概念。这种解释与弗雷格的说法差不多是一样的，即量词是对谓词和概念词的说明，而不是对个体的说明，或者说，谓词和概念词是以个体为自变元的，而量词是以概念词或谓词为自变元的。这样的说法都是依据一阶理论，即量词是对个体域的限定，即对谓词所应用的范围的限定。

2.2 限定的摹状词

罗素在论述限定的摹状词的理论的时候，举了不少例子，其中有两个例子非常出名，而且后来遭到了批评。一个例子是："司各特是《威弗列》的作者"，另一个例子是："当今法国国王是秃子"。我们就围绕这两个例子来探讨他的摹状词理论。

"当今法国国王"和"《威弗列》的作者"都是带定冠词"the"的词组，因而是限定的摹状词。"the"这个定冠词表示唯一性。因此含限定的摹状词的句子的首要特征和重要特征是要表示出唯一性。这就是摹状词语句的关键所在。罗素认为，一个摹状词语句，比如"《威弗列》的作者是司各特"，表达的意思有三个：

第一：至少有一个人写了《威弗列》，
第二：至多有一个人写了《威弗列》，
第三：谁写了《威弗列》，谁就是司各特。

第一个句子和第二个句子合起来就表示"恰好有一个人写了《威弗列》"，这样就表达了唯一性。因此这三个句子合起来就表达了"《威弗列》的作者是司各特"这个摹状词语句的含义。

罗素认为，摹状词与专名不同。它们的不同之处主要在于：我们一般认为，一个摹状词与它所表达的东西的专名是相等的，但是一个含有摹状词的句子和一个同样含有与这个摹状词所指相等的专名的句子是不同的。比如，"司各特是《威弗列》的作者"与"司各特是司各特"这两个句子是不同的。前者是文学史上的一个事实，后者是真的，也是显然的。认识不到这一点，我们常常会陷入困境。比如，由于我们认为摹状词与专名相等，而且我们一般都承认，把一个句子的一部分代之以与它的所指相等的另一部分，这个句子的真假不变，因此对于"乔治四世想知道司各特是不是《威弗列》的作者"这句话，我们可以用"司各特"替代"《威弗列》的作者"。虽然司各特就是《威弗列》的作者，但是我们不会认为乔治四世会对"司各特是不是司各特"感兴趣。

又比如，对于"$x = x$"这样一个以个体为自变元的句子函项，如果我们用任何专名代入 x，总是得到一个真句子。由此我们可以得出比如"亚里士多德是亚里士多德"。但是，如果我们仅仅以摹状词代入 x，且再没有其他任何说明，那么我们不会总是得到一个真句子。比如"当今法国国王是当今法国国王"就不是真句子。因为摹状词有空与不空之分，而"当今法国国王"这个摹状词就是空的，因为现在根本就没有法国之王。认识不到这一点，我们也常常会陷入困境。比如，根据排中律，我们认为"a 是 B"和"a 不是 B"必有一真。因此"当今法国国王是秃子"和"当今法国国王不是秃子"必有一真。但是我们找不到这样的法国国王。因此排中律发生了问题。这里，必须说明"当今法国国王"是存在的，这两个句子才会必有一真。

罗素认为，摹状词和专名的区别还在于：可以断定摹状词存在，但是不能断定专名存在。就是说，表示摹状词存在的句子是有意义的，或者是真的，或者是假的，比如"当今法国国王存在"是有意义的，它是假的；而表示专名存在的句子是没有意义的，比如"荷马存在"，这里"荷马"如果是专名，这个句子就是没有意义的。但是，如果把专名理解为摹状词，这个句子就是有意义的。比如，我们可以用"《奥德赛》的作者"去替代它。因此，罗素提出了他的一个著名论断：专名是缩略的摹状词。

2.3 摹状词理论的主要特点

从罗素的摹状词理论，我们可以看出主要有以下几个特点。一个是从语言形式出发，强调摹状词所表达的唯一性，另一个是论述摹状词与专名的区别。由此我们可以看出第三个特点，也是最重要的一个特点，这就是罗素总是围绕着"句子"，围绕着"真"和"假"，围绕着"存在"来谈论摹状词。因此，我们可以问，为什么罗素会以这样一种方式谈论摹状词？

我认为，罗素绝不是随意地谈论摹状词，也绝不是凭着他的天才想象和哲学思辨谈论摹状词，而是严格地依据他所建立的带等词的一阶谓词逻辑系统。应该指出，若要清晰而完整地理解他关于摹状词的思想，应该看一看他在《数学原则》和《数学原理》中所建立的逻辑系统中关于摹状词的刻画以及得出的关于摹状词的那些重要定理。可以说，他关于摹状词的所有哲学论证都可以在他的逻辑系统中找到根据。限于本书的目的，我们不详细介绍和分析他在逻辑系统中关于摹状词的刻画及其定理的证明，而仅仅从他关于摹状词的哲学论述出发分析他的思想方法。

罗素认为摹状词表示唯一性。如上所说，他把一个含摹状词的句子的含义解释为由三个句子所表达的含义。因此，一个摹状词所表示的东西的解释是"至少有一个"和"至多有一个"。二者相加表示唯一性。比如，"《威弗列》的作者"是一个摹状词，"作者"的意思是"写……的人"，因此，这个摹状词的意思是"至少有一个人写了《威弗列》并且至多有一个人写了《威弗列》"，意思是说，"恰好有一个人写了《威弗列》"。在日常语言中，我们在表示唯一性的时候，一般都用最后这句话，而不用前面两句话。但是，罗素总是用这样两句话。有时候他也用"有一个且仅有一个人写了《威弗列》"。就是说，他总是用这样两句话来表示摹状词的唯一性。由此我们看出，在罗素这里，一个摹状词的含义总是由两个句子来表示的。

上面所说的两个句子的意思是清楚的，也是比较自然的。就是说，虽然一般我们在说话时不以这样的方式表示唯一性，这两个句子本身却是符合我们的语言习惯的。但是在罗素的论述中，我们常常看到伴随着这样的表达还有另外一种方式的表达。比如：

"'x写《威弗列》'并非总是假的"并且

第 2 章　分析哲学的领袖及其思想

"如果 x 和 y 写《威弗列》，那么 x 和 y 等同"总是真的。

这种表达方式离我们的日常表达显然是比较远的。但是罗素常常用这样的方式论述摹状词，他称比较接近日常语言的那样的句子是从这样的表达方式"翻释为普通的语言"的[①]；他也常常对这种表达方式加以说明，称这样的表达是"全然清晰的形式"[②]。从这些地方我们可以清楚地看出，在罗素看来，"至少有一个"和"至多有一个"这样的表达和上述含有变元"x"、"y"这样的表达的意思是相等的，前者是由后者翻译解释而来的，而且后者是更清晰的表达。因此，后者是基础性的。实际上，这种不太自然的日常语言的解释恰恰是根据罗素在其逻辑系统中以形式语言关于摹状词的刻画，其表达方式典型地体现了其逻辑系统的表达方式。

　　一阶谓词逻辑系统主要刻画了两个量词，一个是全称量词，一个是存在量词。全称量词的表达是"对任何一个 x"，存在量词的表达是"有一个 x"。罗素关于摹状词的唯一性的表达正是根据这种量词理论做出的。"'x 写《威弗列》'并非总是假的"的意思是说，"至少有一个 x 写了《威弗列》"，这是基于存在量词的表述。而"'如果 x 和 y 写《威弗列》，那么 x 和 y 等同'总是真的"的意思是说，"对任何一个 x，对任何一个 y，如果 x 写了《威弗列》并且 y 写了《威弗列》，那么 x 等于 y"，这是基于全称量词的表述。存在量词说明最少的情况，全称量词说明最多的情况。利用它们的这一性质达到对唯一性的说明。在我们的日常语言中，分别可以找到这样的表达，即"至少有一个"和"至多有一个"，但是它们必须分别用两个句子来表达。

　　有了对摹状词的刻画，处理含摹状词的句子就比较容易了。因为一阶谓词逻辑首先主要处理的就是谓词和量词。摹状词的独特性就在于它的唯一性。在量词的表达上，这种唯一性既不是最少的情况，也不是最多的情况。但是经过利用量词的处理，唯一性得到了表达，因此再加上一个句子就可以了。用上面的例子说，前两个句子再加上第三个句子"谁写了《威弗列》，谁就是司各特"，就表达了"《威弗列》的作者是司各特"这个含摹状词的句子的含义。而这第三个句子用逻辑语言来表达，就是："对任何一个 x，如果 x 写了

① 罗素：《数理哲学导论》，166 页。
② 罗素：《论指谓》，见涂纪亮：《语言哲学名著选辑》，78 页，北京，三联书店，1988。

《威弗列》，那么 x 就是司各特"。这是典型的一阶谓词逻辑全称量词的表述。由此我们也可以看出，在日常语言中，一个摹状词在一个句子中或者处于主语的位置，或者处于谓语的位置。而在罗素的处理中，除了要以两个句子来表达它的唯一性以外，它同样被处理为谓词。因此我们也可以明白，为什么罗素说摹状词是不完整的表达式，这与弗雷格称谓词和概念词是不完整的，意思基本上是一样的。

罗素在论述摹状词的理论时，特别强调摹状词与专名不同。他以此还批评弗雷格，认为他对专名与摹状词不进行区别。而在罗素关于摹状词和专名的区别中，最特别的一点大概就是：我们可以断定摹状词存在，而不能断定专名存在。这显然是违反直观的。比如，按照罗素的观点，我们可以说"《工具论》的作者存在"，而不能说"亚里士多德存在"。谁都知道，亚里士多德是《工具论》的作者，因此人们会立即提出质疑：为什么可以说前者，不能说后者？对于这个问题，实际上，不能脱离罗素所依据的思想来考虑。我们说过，罗素的摹状词理论是建立在他的一阶逻辑的基础之上的。因此，他的有关摹状词的论述也是基于他的一阶逻辑理论的。根据他的逻辑理论，谓词是对个体的说明，存在是对谓词的说明。因此我们只能对谓词做出存在的断定，而不能对个体做出存在的断定。专名是表示个体的，因此我们不能断定专名存在。如上所说，摹状词与谓词不同，但是罗素实际上是把它作为谓词来处理的，或者说，把它处理为一种特殊的谓词，因而可以断定摹状词存在。因此，罗素把专名看做是缩略的摹状词。这样一来，就得到了以下的处理方式：对于"亚里士多德存在"这样的句子，如果把"亚里士多德"看做专名，这个句子就没有意义，因为它在罗素的系统中不是合法的句子，而如果把"亚里士多德"看做是缩略的摹状词，这个句子就是有意义的。关于这个问题，我们在下面探讨存在时还要做进一步的论述。

众所周知，罗素的摹状词理论有一个非常大的优点，就是它可以处理像"金山"这样的没有所指的专名，因而可以解决像"金山存在"这样的有关空概念存在的问题。实际上，从以上论述我们已经可以看得非常清楚为什么会是这样。因为把专名看做缩略的摹状词以后，是可以断定它们存在的。但是这样的断定的真假却依赖于摹状词本身的存在的。也就是说，只有摹状词所指的对象存在，含摹状词的句子才是真的。而所有这一切，都是基于一阶谓词理论的。

2.4 斯特劳森的批评

关于罗素的摹状词理论，人们也提出了一些批评。下面我们探讨斯特劳森等人提出的批评。

1950 年，斯特劳森发表了一篇文章《论所指》。在这篇文章中，他激烈地批评了罗素的观点，认为罗素的摹状词理论"体现了一些根本性的错误"[①]。他指出，对于一个句子，我们应该区别出三个层次，即句子、句子的使用和句子的表达。相应的，对于句子中的词，也应该区别出三个层次，即词、词的使用和词的表达。他认为，一个句子和句子中的词本身就具有意义，它们也可以被用来表示某种东西，但是句子和其中的词的意义与它们在被使用的时候所表示的东西或被用来所指的东西是不同的。而罗素恰恰混淆了这一点。他特别利用罗素关于"法国国王"这个例子来批评罗素。他认为，按照罗素的观点，断定"法国国王是聪明的"是在断定以下三点：

第一：有一个法国国王。

第二：只有一个法国国王。

第三：没有任何东西既是法国国王又不是聪明的。

斯特劳森说：

> 关于这个句子，罗素所说的至少有两点正确的东西：
>
> （1）第一点是它是有意义的；如果任何人现在会表达它，他就会表达出一个有意义的句子。
>
> （2）第二点是任何现在表达这个句子的人都会做出一个真断定，仅当目前实际上存在一个并且只存在一个法国国王，并且如果他是聪明的。
>
> 什么是罗素关于这个句子所说的错误的东西呢？它们是：
>
> （1）任何表达它的人都会做出一个真断定或假断定。
>
> （2）他断定的那部分东西将会是：目前存在一个并且只存在一个法国国王。[②]

斯特劳森的论证是从他的这些分析出发的。他认为，这些句子的真

---

① P. F. Strawson："On Referring"，in *Logical-Linguistic Papers*，Methuen and Co. Ltd.，1971，p. 2.

② Ibid.，p. 11.

假是与说出这些句子的时间有关的。由于现在已经没有法国国王，因此说出这个句子就没有真假问题。我们看到，在这四个句子中，斯特劳森用了"目前"和"现在"这样的表示时间的词，为的是解释罗素所说的"当今"，因为"当今"也是一个表示时间的词。特别是，这样的词与表示具体的某年某月的时间副词是不一样的。它们的意义随着说出它们的情景而变化。因此，斯特劳森才会说，语词的意义与语词的使用是不同的。我们看到，他为了说明他的观点，还用了"我热"，"我指的是你"，"这就是我所指的人"这样的句子作例子。像"我"、"你"和"这个"、"那个"等等这样的指示代词的确切意义显然是要依赖于表达它们的具体的语境的。因此，从表面上看，斯特劳森的批评是有道理的。

对于斯特劳森的批评，罗素进行了反驳。① 他认为，一般的陈述句与带有索引词的句子是不同的。他的摹状词理论讨论的主要是一般的陈述句，而不是讨论带有索引词的句子。"当今"这个词确实是一个索引词。斯特劳森抓住了"当今"这个词不放，而对自己的另一个例子"《威弗列》的作者是司各特"置之不理。这是因为他把这两类问题混为一谈。罗素特别说明了两点，一点是，如果把"当今"换作"在 1905 年"，那么斯特劳森的所有论证就不成立了。另一点是，他自己对索引词的问题不是没有认识，而是早就有过专门的论述。罗素说的毫无疑问是事实，因此也是有道理的。

有人认为，罗素的反驳抓住了斯特劳森的论证方式的弱点，因为斯特劳森确实是利用了索引词来批评罗素的。但是，指出这一点并不等于使摹状词理论完全免除批评。因为这一理论要能成立，"必须面对一切语言现象"，而语言中毕竟有索引词。② 对于这个问题应该怎样看呢？

我认为，罗素的反驳是有道理的。因为摹状词理论所要解决的问题是带有定冠词"the"的这种指谓词组。罗素根据一阶逻辑的思想把这样的词组解释为"不完整的概念"、"句子的一部分"，并且以"至少有一个"和"至多有一个"这样两个句子表达了它的唯一性，从而使我们能够处理含有这样的指谓词组的句子。而"当今"这样的索引词与定冠词是没有直接的和必然的关系的。正像罗素所说，把它代之以"在 1905 年"，他的摹状词理论照样成立。正像摹状词

---

① 参见罗素：《我的哲学的发展》，218～225 页。

② 参见徐友渔：《"哥白尼式"的革命》，158 页，上海，上海三联书店，1994。

是一类表达式一样，索引词也是一类表达式，而且是一类完全不同的表达式。因此，用处理摹状词的方式是无法处理索引词的。在这种情况下，以索引词来批评摹状词理论确实是不合适的。而要求摹状词理论必须面对一切语言现象，这也是不可能的。正像命题逻辑处理不了谓词，一阶逻辑处理不了模态句子一样，摹状词理论同样处理不了索引词和其他一些非摹状词。这就是说，任何一种逻辑理论都是针对某一类语言现象，而不可能处理一切语言现象。应该指出，这里所谓的处理句子、处理语言现象，是指能够从真假的角度考虑句子。一如我们已经看到的，罗素在论述摹状词的时候，总是在谈论含摹状词的句子的真假。

虽然斯特劳森的批评对于罗素的摹状词理论是不合适的，但是它本身却是有道理的。因为对于像"我"、"你"、"如今"等这样的索引词，处理的方式与摹状词确实是不同的。实际上，斯特劳森提出的问题，并不是仅仅针对摹状词的问题，而是针对整个一阶逻辑的问题。一阶逻辑最主要的特征是二值的和外延的。在它的二值性特征中，一条重要的原则是：一个句子的真值是由句子部分的真值决定的。对于一个复合句来说，它的真值是由其构成句的真值决定的。而对于一个简单句来说，它的真值是由它的构成部分所表示的东西决定的。根据这样的方式来考虑，一个简单的陈述句的真假一般是由它所包含的专名和概念词所表示的东西决定的。但是，当一个陈述句含有"我"和"今天"等等这样的索引词时，仅仅由句子中的专名和概念词尚不能决定句子的真假，确定其真假往往还必须考虑其他一些因素，比如说出句子的人，说出句子的时间，说出句子的场合等等。也就是说，在这样的句子面前，一阶逻辑的二值外延原则失效了。实际上，罗素在区别专名与摹状词的时候也涉及了差不多同样的问题。比如前面我们说过，他说专名与摹状词不同，他举的一个例子是"乔治四世想知道司各特是不是《威弗列》的作者"。他认为，虽然"司各特"就是"《威弗列》的作者"，但是以前者代入后者以后，"乔治四世想知道司各特是不是司各特"却是没有意义的。这里虽然没有索引词，但是含有从句，因而涉及了内涵语句，而在这样的情况下，一阶逻辑的二值外延原则同样失效了。这同样说明，一阶逻辑的有效性是有特定的应用范围的。超出它所应用的范围，它的原则和作用就会发生问题。

这个问题我们从克里普克的批评也可以看出来。克里普克虽然对罗素的摹状词理论提出一些批评，但是他承认罗素的这个理论依据了"一种完全成熟的理论"①，而且他明确地说，罗素出现问题，有一个原因是"他没有考虑模态问题"②。这说明克里普克没有贬低罗素所依据的那种理论，而且还认识到自己讨论的理论与罗素的理论之间是有区别的。实际上，罗素的摹状词理论与克里普克对他的批评的一个十分重要的区别就在于适用不适用于模态问题上。模态语句也可以算是一种内涵语句，因此在这样的句子面前，罗素的摹状词理论就会有问题。克里普克正是从这样一种理论观点出发对罗素的摹状词理论提出了批评，而他的理论基础即是他建立的可能世界语义学。

有人认为，摹状词理论在现实世界中是能够成立的，问题出在当涉及其他可能世界中的指称问题时。克里普克在可能世界语义学的框架内批评罗素的摹状词理论是不得要领的，因为罗素在提出摹状词理论的时候没有面临可能世界的问题，而且他还明确地说，只有一个世界，这就是"实在的"世界。③ 我认为，这种理解是有问题的。罗素和克里普克面临的是同一个世界，这就是现实世界。所谓"可能世界"并不是指一个与现实世界不同的世界，而是对"可能的"这个词的一种解释。克里普克在《命名与必然》中明确地说：

> 在本书中我反驳了对这个概念的那些误用，这些误用把可能世界看做某种像遥远的行星，像我们周围的景物，但在某种程度上存在于一种不同维度的东西，或者这些误用导致荒谬的"超世界"的同一识别的问题。此外，如果有人想避免许多哲学家由"世界"这个术语而联想到的世界恐惧和哲学混乱，那么我的建议是，用"世界的可能的状态（或历史）"或"反事实的情景"可能会好些。人们甚至应该想到，"世界"这个词常常是可以由"……是可能的"这种模态说法替代的。④

特别应该看到，可能世界语义学是随着现代逻辑的发展而形成的理论。它研究和处理像"必然"、"可能"这样的模态词和含有这样的模态词的句子。这样的理论与经典的一阶逻辑理论的主要差别之一

---

① Kripke, S.: *Naming and Necessity*, Blackwell, 1990, p. 58.
② Ibid., p. 14.
③ 参见徐友渔：《"哥白尼式"的革命》，185 页。
④ Kripke, S.: *Naming and Necessity*, p. 15.

就是一阶逻辑的外延原则在它面前失效。克里普克从可能世界语义学的观点出发，批评罗素的摹状词理论不适合可能世界，主要是说它没有考虑模态的情况，因此不适合含有模态词的句子的情况。而在涉及可能世界，即含有模态词的句子的情况时，关于严格的指示词与非严格的指示词的区别就显得有意义，所以克里普克强调这种区别。因此，克里普克和罗素所考虑的，或者说所依据的，是两种不同的理论，即模态逻辑和一阶逻辑，而不是考虑了不同的世界。

应该指出，弗雷格建立起现代逻辑是在1879年。罗素接受了这一理论大约是在19世纪末20世纪初。而他第一次发表他的摹状词理论则是在1905年。可以说，那时现代逻辑的成就主要是在一阶逻辑方面。因此罗素的摹状词理论具有明显的一阶逻辑的特征。他虽然意识到了诸如内涵语句、索引词等方面的问题，但是尚不能对这些问题进行系统而深入的考虑，因而也没有提出解决的办法。斯特劳森对罗素提出上述批评是在1950年，这时候现代逻辑已经有了很大的发展，特别是模态逻辑等非标准逻辑有了很大的发展。这些发展使人们已经能够并且开始考虑如何解决像索引词和内涵语句这样的问题。斯特劳森提出的办法是区别意义和使用，这仅仅是一种方法。差不多在相同的时候，人们提出了"语境"的问题，语义问题的研究也逐渐发展起来。这样的发展推动了逻辑的研究，并且为哲学研究提供了新的理论和手段，从而也使哲学研究更加深入。如今，对于索引词已经形成了专门的研究，一般来说，今天已经没有什么人再用斯特劳森的观点来批评罗素的摹状词理论了。

摩尔对罗素的另一个例子也提出了批评。关于他的批评我们将在后面论述摩尔的思想时再谈。

3 维特根斯坦和他的《逻辑哲学论》

维特根斯坦有两部重要的著作，一部是早期的《逻辑哲学论》（1922），另一部是晚期的《哲学研究》（1953）。许多人认为维特根斯坦早期的思想与晚期的思想有很大不同。人们甚至认为有两个维特根斯坦，一个是早期的维特根斯坦，另一个是晚期的维特根斯坦。这说明他的思想前后的变化是很大的。维特根斯坦的著作有一个很大的特点，这就是比较难懂。罗素和艾耶尔都说过他的著作有神秘主义的色彩。① 对于维特根斯坦的这两本书，人们一般认为前者对维也纳学派影响更大一些，后者对语言哲学的影响更大一些。今天，人们尤其推崇后者。但是在我看来，他的第一本书更为重要，这本书在 20 世纪哲学领域中所起的作用也更大。罗素承认受到维特根斯坦两次影响，第一次是在第一次世界大战之前，第二次是在第一次世界大战之后得到维特根斯坦寄来的《逻辑哲学论》的原稿；而维特根斯坦后来的学说，即在《哲学研究》中所讲的，对他"丝毫没有影响"②。这说明，维特根斯坦的《逻辑哲学论》对罗素也有很大的影响。因此，这里我们主要分析一下这部著作。

3.1 几个层次

《逻辑哲学论》不长，写作的方式也比较奇特。该书试图由一个一个命题组成，每一个命题都有一个编号；书中用阿拉伯数字 1—7 标出 7 个基本命题；在每一个命题下再以十进制的方式分别标出其他命题。比如，1 以下有 1.1、1.2……而 1.1 以下又有 1.11、1.12……下一个层次的命题一般都是对上一个层次的命题的解释或进一步说明。由于这部著作的基本命题只有 7 个，因此我们可以以下面这种方式来研究这部著作的基本思想。第一，我们可以列出第一层次的命题，即 1—7 个命题，看一看说的是什么。第二，我们可以列出前两个层次的命题，看一看主要说的是什么。第三，我们可以列出前三个层次的命题，看一看说的是什么。以此类推。首先我们列出第一层次的命题③：

1 世界是情况所是的那样。

2 情况所是的那样，即事实，是事物状态的存在。

3 事实的逻辑图像是思想。

4 思想是有意义的句子。

5 句子是基础句的真值函项。
(基础句是其自身的真值函项。)

6 真值函项的普遍形式是：$[\bar{p}, \bar{\xi}, N(\bar{\xi})]$。

---

① 参见罗素给《逻辑哲学论》所写的序和艾耶尔的《二十世纪哲学》。

② 罗素：《我的哲学的发展》，100 页。

③ 我在这里以及下面列出的内容是自己翻译的，Wittgenstein：*Tractatus logicao-philosophicus*，Suhrkamp Taschenbuch Verlag，1984。

　　　　这就是普遍的句子形式。

　　7　人们不能谈论什么，对它们就必须保持沉默。

如果可以把这几个基本命题看做是几章的标题，我们就可以看出，《逻辑哲学论》实际上分为 7 章。由于第 7 个命题没有解释和说明，因此可以看做是前面几章所得的结论，不算独立的一章。这样，这部著作就可以分为 6 章。其中，第 5 章和第 6 章主要是从真值函项的角度论述句子和句子的形式。真值函项理论属于现代逻辑理论，因此，这两章显然是从现代逻辑的角度来论述句子。

　　现在我们进一步考虑，即列出第二个层次的命题。限于篇幅，我们的考虑也仅到这一步为止，在解释的过程中对个别命题再做进一步的分析。同时，我们假定关于第 5、6 章的思想是清楚的，因此先列出 1—4 章的主要思想：

　　1　世界是情况所是的那样。

　　1.1　世界是事实的总和，不是事物的总和。

　　1.2　世界分解为事实。

　　2　情况所是的那样，即事实，是事物状态的存在。

　　2.1　我们为自己构造事实图像。

　　2.2　图像与所描绘的东西具有相同的逻辑描绘形式。

　　3　事实的逻辑图像是思想。

　　3.1　思想在句子中表达为意义可感知的。

　　3.2　思想在句子中是可以这样表达的，即句子符号的要素相应于思想的对象。

　　3.3　只有句子有意义；只有在句子的联系中一个名字才有意谓。

　　3.4　句子决定逻辑空间中的位置。这种逻辑位置的存在是仅由组成部分的存在保证的，是由有意义的句子的存在保证的。

　　3.5　得到应用的、思考的句子符号是思想。

　　4　思想是有意义的句子。

　　4.1　句子叙述事物状态的存在和不存在。

　　4.2　句子的意义就是事物状态得以存在和不存在的可能性相符合和不相符合。

　　4.3　基础句的真之可能性意谓着事物状态得以存在和不存在的可能性。

4.4 句子是符合和不符合基础句的真之可能性的表达。

4.5 现在似乎可以说明最普遍的句子形式：这就是说，给出任何一种符号语言的句子的描述，使得每一种可能的意义都能够通过这种描述所适合的一个符号得到表达，而且如果相应地选择了名字的意谓，那么这种描述所适合的每一个符号都能够表达一种意义。

显然，在描述最普遍的句子形式的时候，只能描述其本质的东西。否则它就不会是最普遍的。

存在一种最普遍的句子形式，这是通过以下证明的：不允许有人们不能预见（即构造）其形式的命题。这种普遍的句子形式是：事物是如此这般的。

这里我们可以比较清楚地看出《逻辑哲学论》的主要思想是什么。第1章阐述了作者对世界的基本看法和解释，即认为世界是由事实构成的，而不是由事物构成的。作者把世界看成是一个整体，把事实看成是这个整体的部分。事实构成了世界，世界分解成事实。第2章引入了"图像"这个概念，阐述了作者的一个思想，即图像是人构造的，而且图像不是任意的，而是关于事实的，并且说明图像与事实具有什么样的关系。第3章则明确地说明，关于事实的图像就是思想，并且说明思想的具体表现形式和特征是在句子上或者说通过句子体现出来的。第4章具体地论述了句子的作用和特征，并且试图说明句子的普遍形式。

应该指出，在每一章中，对这些思想还有一些不同程度的进一步论述和扩展，比如，在第2章论述了原子事实是事物的结合，因而对事物进行了一些论述；在第3章论述了表达句子的符号，因而论述了句子部分的符号及其意义；第4章论述了句子和语言的关系，因而对语言本身也进行了探讨；等等。但是以上基本上勾画了《逻辑哲学论》的主要思想。退一步说，从这里的描述至少基本上可以看出该书的思路，这就是从对世界的论述出发，经过图像的媒介，达到句子，并且试图达到对句子的普遍形式的说明。前面我们说过第5章和第6章主要是从真值函项的角度论述句子和句子的形式。这里，我们不妨再把我们前面省略的第5章和第6章重新引入，即

5 句子是基础句的真值函项。

（基础句是其自身的真值函项。）

5.1 真值函项可以按序列排列。

这是概率论的基础。

5.2 句子结构相互有内在联系。

5.3 所有句子都是以基础句进行的真值运算的结果。

真值运算的方式是从基础句形成真值函项。

（……）

5.4 这里表明不存在（弗雷格和罗素意义上的）"逻辑对象"、"逻辑常项"。

5.5 每一个真值函项都是把

（……W）（ξ，……）

这样的运算连续应用到基础句上的一种结果。

5.6 我的语言的界限意谓我的世界的界限。

6 真值函项的普遍形式是：〔p，ξ̄，N（ξ̄）〕。

6.1 逻辑的句子是重言式。

6.2 数学是一种逻辑方法。

数学的句子是等式，因而是表面上的句子。

6.3 逻辑的研究意谓所有规律性的研究。而且除了逻辑以外，所有东西都是偶然的。

6.4 所有句子都是等价的。

6.5 对于一个人们不能做出的回答，人们也就不能进行提问。

这个谜是不存在的。

如果一般来说能够提出一个问题，那么也就能够回答它。

3.2 基本思路

以上我们列出了《逻辑哲学论》的两个主要层次。从这两个层次我们可以看出，《逻辑哲学论》有一条清晰的思路，它大致可以表达如下：

世界—事实—思想—句子—真值函项—句子的普遍形式。

具体地说，这种思路就是从对世界的论述出发，而且这种论述不是任意的，它从事实出发，把事实看做是世界的基本构成，或者说看做是世界的基本要素，通过引入"图像"这一概念，把事实解释成为思想，从而进一步说明思想是句子所表达的东西，是句子的意义，这样就达到句子，运用现代逻辑工具，对句子进行处理，揭示和解释句子的普遍形式和特征，最终达到对我们能够谈论的和不能谈论的东西的规定。仔细分析一下，我们就会看出，在这个思考过程中，"世界"、"事实"、"思想"和"句子"等等这些概念一般说来是人们非常清楚的，不会产生歧义的，或者至少可以说，不会产生太多的歧义的。通过对这些清楚或比较清楚的概念的论述，应该说可以比较清楚地达到作者想要达到的目的，即清清楚楚地阐明自己的思想并使读者明明白白地理解它。但是实际上，这部著作似乎并没有完全达到这样的效果。人们称赞这部著作的思想非常新颖，所用语言与以往的哲学用语完全不同，是日常语言，但是并不认为它的思想容易把握。这显然是非常有意思的事情了。

我认为，《逻辑哲学论》的这个思路有一个最显著的特点，这就是从事实出发，即认为世界是事实的总和，而不是事物的总和。这种观点是与以往的哲学观相悖的。传统哲学习惯于认为，有两个世界，一个是物质世界，它是由具体的事物构成的，比如，日、月、山、河、人、动物、森林，等等；这些事物具有不同的性质，是变化的；另一个是我们的精神世界，它是由我们的感觉、意识、情感、决断等等东西构成的。一般说来，我们的精神世界是对物质世界的反映。我们的语言表达我们的思想，思想是对现实的反映，即对那些具体事物的反映。因此，在我们的思想中，首先形成与事物相关的概念，然后形成与事物具有什么性质相关的判断，然后形成与这样的判断相关的推论。因此传统哲学考虑问题的出发点是概念，即事物。但是《逻辑哲学论》的出发点显然不是这样。什么是事实？用维特根斯坦的话说，就是"情况所是的那样"，就是"事物状态的存在"。对于"情况所是的那样"和"事物状态的存在"，维特根斯坦没有给予更多的解释，他只是说："事物状态是对象（事物，东西）的一种结合。"① 应该说，这里的意思仍然不是十分清楚。但是根据罗素的解释，我们大致可以看出这里的意思。罗素认为维特根斯坦的《逻辑哲学论》对他有影响，他关于世界的看法和维特根斯坦的看法基本是一致的，他把这种看法称为逻辑原子论。

---

① Wittgenstein：*Tractatus logicao-philosophicus*，Suhrkamp Taschenbuch Verlag，1984，2.01.

他明确地说："世界是由种种事实组成的"①，"当我谈到一个'事实'时，我不是指世界上的一个简单的事物，而是指某物有某种性质或某些事物有某些关系。"② 如果从罗素的这些明确的论述来理解维特根斯坦的思想，而且这样的理解也是不错的话，那么维特根斯坦所说的事实就应该是指：事物具有某种性质，事物之间有某种关系。实际上，这样的理解与《逻辑哲学论》的思想恰恰是相符合的。

在明确了维特根斯坦所说的事实是什么意思以后，我们实际上应该问：事物具有某种性质和事物之间有某种关系是什么意思？这个问题应该说是显然的。众所周知，太阳、月亮、人、北京、天津等等是事物，而太阳火红，月亮明亮，人是理性动物，等等，是指事物具有某种性质，而月亮围着太阳转，廊坊在北京和天津之间，贾宝玉爱林黛玉，等等，是指事物之间有某种关系。我之所以解释这些显然的东西，是想强调维特根斯坦从事实出发的特征。因为以上列举的这些事实与事物固然不同，但是这并不是最主要的。最主要的是这些事物表达为名字，而这些事实表达为句子。维特根斯坦从事实出发，实际上就是从句子出发。这样说大概有些太简单化了，因为维特根斯坦是从事实出发，通过引入图像的解释，最终达到句子的。但是应该看到，我说这是维特根斯坦的一个思路，实际上是指这是他的一个表达问题的思路，而不是他的一个思考问题的思路。实际上，他思考问题的思路完全也可以倒过来，即从句子出发来考虑问题，而从句子出发思考世界，考虑的相对应的东西自然是事实。问题考虑清楚以后，表述当然应该以比较自然的，比较能够被人接受的方式进行。而从世界出发来探讨问题，恰恰是哲学家们习惯的思维和表达的方式。实际上，从句子出发来考虑问题，最终能够对世界和我们关于世界的看法做出一个清晰的解释，或者从事实出发来论述问题，最终达到句子，从而对世界和我们关于世界的看法做出一个令人可以把握的解释，不过是同一个问题的两个不同方面，是维特根斯坦所做的两件事。一件事，即他表达自己的看法和观点，体现在《逻辑哲学论》中，而另一件事，即他对他所论述的问题的思考过程，却没有表现出来。但是，这种思考问题的方式，从他的论述毫无疑问是可以十分清楚地看出来的。

---

① 维特根斯坦：《逻辑哲学论》序，6 页。
② 罗素：《我们关于外间世界的知识》，陈启伟译，39 页，上海，上海译文出版社，1990。

3.3 主要特征

从维特根斯坦的思路我们可以看出，他思考和探讨问题的主要特征是从句子出发，或者说，他主要是围绕着句子来考虑问题。这样就会产生一个十分自然的问题：维特根斯坦为什么要或者说为什么会从句子出发呢？我认为，这是因为他是从现代逻辑出发来考虑问题并且想根据现代逻辑的成果来描述和解释世界。现代逻辑的基础理论是命题演算和谓词演算。所谓命题演算，就是对命题本身不作进一步的分析，而研究命题联结词的逻辑性质。由此出发来考虑问题，必然会以句子为出发点。维特根斯坦与弗雷格和罗素交往甚多，深受他们的影响，他在《逻辑哲学论》中也仅仅提到这两个人表示感谢。而这两个人都是现代逻辑的大师，也是现代逻辑的创始人。除此之外，我们看到在《逻辑哲学论》中，特别是在第5章和第6章中，维特根斯坦运用现代逻辑的方法对句子进行了极其细致和深入的探讨。《逻辑哲学论》全书共75页，而5、6两章就有41页之多，约占全书的一半以上。可见全书的重点也是在这两章，即用现代逻辑的方法对句子进行探讨和分析，从而得出作者关于语言表达的界定。而1—4章不过是为这两章作准备，即把对世界的讨论引入到对句子的谈论，同时又要使人相信，就是说，要令人信服地说明，句子和事实是对应的，对句子的探讨可以解决对世界的探讨这个问题，从而可以把哲学的思考归为对语言的分析。

应该指出，《逻辑哲学论》中包含了许多清楚精辟的论述和十分深刻的思想，比如前面列出的3.3所提到的语境原则，即"只有句子有意义；只有在句子的联系中一个名字才有意谓"；又比如对上述5.6的如下解释："逻辑充满世界；世界的界限也就是逻辑的界限。"① 如此等等。我在这里只是分析了维特根斯坦在这部著作中的主要思路和他思考问题的主要出发点，而没有对他的许多具体的思想进行详细的分析和探讨。我的目的是想说明，维特根斯坦的思想是如何形成的。也就是说，我主要想指出的是，维特根斯坦在《逻辑哲学论》中是从现代逻辑出发的，他应用这种工具和方法进行思考和论证。因此，如果没有现代逻辑的知识，仅仅依靠常识去理解这部著作，一定是不得要领的。我这样的看法，实际上并不是什么

---

① Wittgenstein：*Tractatus logicao-philosophicus*，Suhrkamp Taschenbuch Verlag，1984，5.61.

新鲜的东西。卡尔纳普早就说过：

> 维特根斯坦曾在他的《逻辑哲学论》一书中对符号逻辑作
> 了有限的应用。我认为，如果对符号逻辑没有进行过研究，那
> 么，维特根斯坦哲学思想中的某些最重要的概念就既不可能被
> 他本人所发现，也不可能被其他哲学家们所接受。①

我在这里重申卡尔纳普对这部著作的评价，并且强调和卡尔纳普所
说的几乎是相同的观点，主要是因为我感到，说一说这样的理解依
然是有必要的。因为这一点并没有得到人们的普遍认识。这里我想
通过两个问题来说明这一点。

一个是关于图像的问题。我们看到，在第 2 章，维特根斯坦引
入了图像这个概念，以此把事实与思想联系起来。许多人对维特根
斯坦的图像说推崇备至，认为这个理论非常重要。不过，我实在看
不出这个理论有什么重要之处，特别是在《逻辑哲学论》中有什么
重要。我也看不出这样说有什么新鲜的道理。相反，我倒是可以提
出许多问题：比如，我们有什么理由说"我们为自己构造事实图像"
（2.1）？我们有什么理由说"图像是现实的一个模型"（2.12），甚至
说"图像是一个事实"（2.141）？我们有什么理由说"事实的逻辑图
像是思想"（3）？我们还可以提出许多问题。因为虽然维特根斯坦有
一些说明，比如"图像中的要素在图像中相应于对象"（2.13），"图像
中的要素以确切的方式相互联系，这就表明，事物是这样相互联系的"
（2.15），等等，但是这些说明都是形象的比喻和描述。实际上，"图
像"也仅仅是一个比喻而已，虽然它具有一种客观的意味，与传统的
"镜像"、"反映"等等说法不同，但也仅仅是表述上的差异。它的作用
主要是使事实与思想联系起来，从而使维特根斯坦从对事实的讨论过
渡到对句子的讨论。如果说"图像"重要，那么也仅仅在此。

为了更清楚地说明这个问题，我们可以换一种方式来表达。假定
维特根斯坦不用图像这个概念，而用别的一个什么概念，他是不是就
无法说明他想要说的东西了呢？或者，他什么比喻性的概念也不用，
干脆省略其 2.1 节（这一节不到两页半），而直接说事实是句子表达的
思想，难道就不行了吗？难道这样《逻辑哲学论》就会失去它应有的
意义吗？我认为不会。引入图像只不过是使维特根斯坦的论述更形象
一些罢了。也可以说，使用图像这个概念是一种纯思辨的表述，这是

---

① 卡尔纳普：《卡尔纳普思想自述》，109～110 页。

走进分析哲学

可以直观上相信的，却是无法证明的。因此，在我所勾画出来的《逻辑哲学论》的思路中，我省略了图像这一环节。加上它也是可以的，只是我认为，不加它才更可以看出维特根斯坦思考方式的主要特征。

另一个问题与句子的普遍形式有关。前面我们说到，通过这样一种思路，维特根斯坦达到了句子的普遍形式，而这种普遍形式即是："事情是如此这般的"。它的意思就是说：句子是真的或句子是假的。而检验句子的真假维特根斯坦是有办法的，他根据句子的结构，依据自己构造的真值表，可以明确地检验和确定句子的真假。因此他就达到了一种真正的清晰性。可见，在维特根斯坦的思考中，句子始终是核心的东西。但是，维特根斯坦所说的普遍形式是原子句的形式，他所考虑的真假是以原子句为基础的复合句的真假。因此，他只对复合句的真假进行了说明。而对原子句，他仅仅说这是句子的普遍形式，可以说它是真的，但是如何确定和决定原子句的真假，他却没有说明。如果我们仔细读他的著作，我们就会发现，他对原子句本身的结构也不是一点论述都没有，但是他的论述非常少，而且主要只限于逻辑运算方面的说明和通过原子句的结构来说明事物之间的关系①，这说明他还仅仅限于命题逻辑的范围内，借助一些谓词逻辑的知识在进行论述。特别是关于真假方面的说明，他主要集中在命题逻辑方面。关于这一点，如果我们比较一下弗雷格关于意义和意谓的论述，我们就会看得更清楚。弗雷格主要是基于谓词逻辑来说明如何确定句子的真，因此，他对句子的部分与句子的整体的关系有十分明确的论述。这就说明，依据什么样的逻辑，就会有什么样的说明。逻辑应用到什么程度，论述就会达到什么水平。因此，卡尔纳普说维特根斯坦在这部著作中对现代逻辑的应用是有限的，不是随便说的。这主要是指他使用的现代逻辑的技术手段并不多。即便如此，理解他的这部著作，没有这一点点现代逻辑的知识，对他的思想精华，也是无法理解的。

4　卡尔纳普和他的拒斥形而上学的思想

卡尔纳普是维也纳学派的主要代表人物之一，1936年到美国以

---

① 参见 Wittgenstein：*Tractatus logicao-philosophicus*，5.441，5.525，5.31~5.34 等等。

后，使逻辑实证主义的思想在美国传播开来。他创造了一套人工语言和逻辑句法，建立了一套逻辑语义学，探讨了语言和世界的关系，对语言转向和语言哲学的形成和发展起了巨大的作用。此外，他在概率逻辑和科学哲学方面也有出色的研究成果。不过，他的这些思想不在本书的研究范围之内。

逻辑实证主义的一个主要观点是：形而上学的句子是没有意义的，因此应该把它们从哲学中清除出去。卡尔纳普是这种观点的主要倡导者和支持者之一。1931 年，他在《认识》杂志上发表了一篇声讨形而上学的檄文：《通过语言的逻辑分析清除形而上学》①，比较全面地论述了他的观点。这篇文章非常出名，影响很大。其中的一些观点后来也受到人们的批评。这里我们重点分析他的这篇文章。

4.1　词的意义

卡尔纳普指出，他说形而上学的句子是没有意义的，是在最严格的意义上说的。从理论上说，只有有意义的词才可以分为富有结果的和没有结果的，真的和假的，相反，一串词如果根本构不成一个句子，那就是无意义的。但是有些词表面看起来好像是构成一个句子，但是经过分析并非如此，这样的句子就是虚句子（Schein-satz）。卡尔纳普认为，虚句子分为两类。一类是包含一些没有意义的词，但是被误以为有意义。另一类是构成句子的词虽然有意义，但是以一种违反句法的方式凑起来的，因此并不构成一个有意义的句子。形而上学的句子就是这样的虚句子。整个形而上学就是由这样的虚句子组成的。

卡尔纳普的思想无疑是非常清楚的，而且看起来似乎也很简单。语言由词汇和句法构成。词汇要有意义，句法要有规则。离开这两条，语言就不成其为语言。因此，考虑语言的语句，就可以从这两条出发。没有意义的词构不成合乎标准的句子。违反句法规则也构不成合乎标准的句子。因此这样的不合标准的句子是虚句子。由此出发，只要证明形而上学的句子都是这样的句子，就可以证明形而上学的句子是没有意义的。

实际上问题并不是那样简单。首先，我们必须有一个关于意义

---

① Carnap, R.："Ueberwindung der Metaphysik durch logische Analyse der Sprache", in *Erkenntnis*, 1931. 卡尔纳普：《通过语言的逻辑分析清除形而上学》，见洪谦主编：《逻辑经验主义》。

走进分析哲学

的标准，这样我们才能判定哪些词是有意义的，哪些词是没有意义的。其次，我们必须有一套明确的句法规则，这样我们才能判定哪些句子是合乎句法的，哪些句子是不合乎句法的。形而上学的讨论虽然有自己的一套特定的术语，但是它是与自然语言混在一起使用的，因此，怎样判定其用词的意义并不是一件容易的事情。形而上学的讨论使用的是自然语言的语法规则，因此，怎样判定其表达违反句法同样也不是一件容易的事情。卡尔纳普正是在这两点上提出了自己的看法。

卡尔纳普认为，为了确定词的意义，必须满足两个条件。第一个条件是：必须确定词的句法，就是确定词在最简单的句子形式中出现的方式。他称这种句子形式为基础句。他举例说，"石头"这个词的句子形式是"x 是一块石头"。在这种句子形式中，"x"是一个位置，占据这个位置的东西是任何事物范畴的标记，比如"这块金刚石"、"这个苹果"。第二个条件是：要为与词相关的基础句 S 回答一个问题，这就是：

(1) S 可以从哪些句子推出来，从 S 可以推出哪些句子？

这个问题可以用不同的方式来表述。用逻辑的方式表述就是：

(2) 在什么条件下 S 应该是真的，在什么条件下 S 应该是假的？

用认识论的方式表述就是：

(3) 应该如何证实 S？

用哲学的方式表述就是：

(4) S 有什么意义？

在对这个问题的几个表述中，逻辑的表述是清楚的，因为逻辑有一套检验真假的方法。哲学的表述是需要解释的，但是卡尔纳普认为，根据维特根斯坦的意见，逻辑的表述就是哲学的表述，即一个句子的意义就在于它的真之条件。这样，哲学的表述也应该是清楚的。需要解释的只有认识论的表述。卡尔纳普认为，大多数科学用语是通过化归法来确定意义的，即把一个词化归为其他几个词，以此来解释这个词的意义。例如，人们说，节肢类是具有分节的身体和有关节的腿的动物。这样通过把"节肢类"化归为"有分节的身体"和"有有关节的腿"和"动物"就得到了"节肢类"的意义。用基本句子形式表示：从"x是节肢类"可以推出"x是动物"，"x有分节的身体"，"x有有关节的腿"；从后者也可以推论前者。这样，通过对基础句的可推论性的规定，就确定了"节肢类"的意义。而像"有分节的身体"和"有有关节的腿"这样的句子是观察句或记录句。这样就把每一个词化归为观察句或记录句中的词。卡尔纳普承认，在认识论方面，人们的意见不是统一的。但是他认为，尽管意见有很大分歧，但是有一点是肯定的："只有当一串词从记录句的推论关系是确定的，这串词才有意义，不管记录句具有这样还是那样的性质。同样，只有当含有一个词出现的句子可以化归为记录句，这个词才有意义。"① 这样，卡尔纳普把认识论的表述归结为两点，一点是"推出关系"，另一点是记录句。就是说，一个句子S的证实要看词与记录句的推论关系，要看记录句的意义。

明确了逻辑的表述和认识论的表述是什么意义以后，就明确了确定词的意义的第二个条件。根据这两个条件，我们就可以确定句子的意义。卡尔纳普明确地说：

> 由于一个词的意义是通过它的标准（换言之：通过它的基础句的推论关系，通过它的真之条件，通过它的证实方法）确定的，因此，根据这些标准的规定人们也就不能想"认为"一个词是什么意思就怎么使用它。为了使一个词得到一种明确的意义，人们的说明绝不能少于这标准；但是人们的说明也不能多于这标准，因为所有其他东西都是由这标准确定的。意义隐含在标准中；需要的只是把它揭示出来。②

这样，卡尔纳普完成了如何确定词的意义的说明。确定一个词的意义是有标准的，这就是上面提出的两个条件。真之条件的方法是从逻辑的角度说的，证实的方法是从认识论的角度说的。由于从逻辑的角度考虑与从哲学的角度考虑是一致的，因此从逻辑和认识论角度的考虑是我们的基本考虑方式。正是从这两个角度出发，根据以上说明的条件，卡尔纳普说明形而上学的句子都是没有意义的。比如，形而上学家探讨世界的时候使用的"本原"这个词，他们为此提出了不同的答案，比如"世界的本原是水"，"世界的本原是数"，等等。根据卡尔纳普的观点，我们要根据以上给出的标准来确定

———————————

①② Carnap, R.: "Ueberwindung der Metaphysik durch logische Analyse der Sprache", in *Erkenntnis*, 1931, ss. 222–223.

走进分析哲学

"本原"一词的意义。根据基本句，必须说"x 是本原"、"x 是 y 的本原"，等等。根据逻辑的表述，我们要问，在什么条件下具有"x 是 y 的本原"这种形式的句子应该是真的，在什么条件下它应该是假的。但是对这样的问题是说不清楚的。因此从逻辑的角度是无法回答这个问题的。而根据认识论的表述，我们应该问，如何证实"x 是 y 的本原"这样的形式的句子。为了说明这一点，我们必须把它们化归为观察句。如果我们不能把它们化归为观察句，我们就无法从认识论的角度来回答。但是如果我们可以把它们化归为观察句，它们就是经验问题，而不是形而上学的问题，因为形而上学家绝不会承认形而上学的论题是像物理学所考虑的那样的表述经验的观察句。因此从认识论的角度也无法回答这个问题。所以，形而上学的词是没有意义的。

4.2　句法问题

解决了关于词的意义的问题，还要解决关于句法的问题。因为语言是有句法规则的。根据句法规则，我们知道哪些词是可以组合在一起的，哪些词是不能组合在一起的。但是卡尔纳普认为，仅仅依靠自然语言的语法句法，我们并不能完全消除没有意义的词。比如，"恺撒是并且"和"恺撒是一个质数"这样两个句子。第一个句子是违反语法句法的，因此根据语法句法规则，我们就可以判定它是没有意义的。而第二个句子和"恺撒是一个将军"这个句子的形式是一样的，就是说，它从语法句法的形式上说是正确的。但是它是没有意义的，因为"质数"不仅说明不了人的性质，而且根本就不能用来说明人。所以，第二个句子看上去是一个句子，其实不是一个句子，它不断定任何东西，既不真，也不假。这就说明，我们仅仅根据语法句法的规则还不能完全判定一个句子是不是没有意义的。卡尔纳普认为，"在日常语言中可以构造一串没有意义的词，同时又不违反语法规则，这就说明从逻辑的观点看，语法句法是有缺陷的。如果语法句法准确地符合逻辑句法，那么就不会产生虚句子。如果语法句法不仅从词类上区别出名词、形容词、动词、联结词等等，而且在这些词类中还做出一定的逻辑上所要求的区别，那么就不会构成虚句子。"[1] 因此，要建立逻辑句法，并

① Carnap, R.: "Ueberwindung der Metaphysik durch logische Analyse der Sprache", in *Erkenntnis*, 1931，s. 228.

根据逻辑句法对语言进行分析，而不是仅仅根据自然语言的语法来进行分析。

上述第二个句子只是一个说明自然语言的语法有缺陷的例子，并不是真正的形而上学中的例子。卡尔纳普认为，形而上学中违反句法的虚句子是这样的：通过把一个有意义的词转变为无意义的词，从而虚构了一个词，然后对这个词进行讨论。他选择了海德格尔关于"不"这个词的一段论述做例子说明了这个问题。卡尔纳普认为，首先，在日常语言中，我们可以问：

> 外面是什么？

回答是：

> 外面是什么都不是（nichts）（外面什么也没有）。

这样的问答在日常语言中是有意义的。其次，人们可以符合语法地进一步问：

> 这个什么都不是（Nichts）乃是怎么一回事？

这样，"什么都不是"就变成了一个名词，成为一个特殊的东西的名称。然后，人们还可以进一步说：

> 我们寻找这个什么都不是（不），或者
> 存在着这个什么都不是，仅仅是因为……

这里涉及语言方面的差异。我们需要多说几句。德文"nicht"的基本作用是一个副词，修饰动词，起否定作用，即"不"、"并非"，一般与"sein"（是）相对应。"是"和"不"都有确定的意义，前者表示肯定，后者表示否定。能够被"是"表达的乃是"etwas"（某种东西），与它相对应的否定是"nichts"（什么都不是、不）。但是"etwas"和"nichts"都是代词，本身没有确定的意义。中文的表达很难做到完全准确，但是有一点是至关重要，不应该忽略的，即无论是"nicht"，还是"nichts"，都是表示否定。如上所说，从日常语言过渡到形而上学语言时，"nichts"转变为"Nichts"，表示没有确定含义的代词变成了一个表示确定的特殊的东西的名词。这样，这个词已经没有日常语言中的意义。因此这样的词的意义既不能从逻辑的角度来确定它是不是真的，也不能从认识论的角度来证实，含有这样的词的句子就是虚句子。

4.3 思想特点

卡尔纳普分别从词和句子方面论述了确定词和句子的意义的标准和方法，以及如何区分真正的句子和虚句子，从而说明形而上学的句子是虚句子，是没有意义的，应该被清除出去。他认为，形而上学的句子不描述事态，而是表述人生态度的。

我认为，无论卡尔纳普的观点正确与否，即无论能不能说形而上学的句子是没有意义的，最重要的是我们应该考虑，他的那些论证对不对？他的思想依据究竟是什么？下面，我对他的思想进行分析。

应该说，卡尔纳普的论述是非常清楚的。但是，对于不懂现代逻辑的人来说，大概有一些地方是不太清楚的。比如，卡尔纳普把"x 是石头"这样的句子形式称为基础句。这是为什么呢？这是一种什么形式呢？由此出发还产生另一个问题：确定一个词的意义，为什么要确定词的句法？词怎么会有句法？考虑词的意义怎么会考虑到句法上去了呢？句法和语法有什么区别呢？又比如，卡尔纳普在论述词和句子的关系时，包括他举的那个"节肢类"的例子，他总是谈论词和句子的"推论关系"。这是为什么呢？词和句子怎么会有推论关系呢？应该指出，不明白这些地方，并不是无关紧要的。因为它们涉及对卡尔纳普的思想的准确理解，从而也与对卡尔纳普的评价有关。如果换一种方式表达，我们可以问，卡尔纳普的这些论证有没有什么根据呢？

我们看到，在《通过语言的逻辑分析清除形而上学》这篇文章中，卡尔纳普多次明确地说到用逻辑分析揭示形而上学的句子是虚句子，而且他也正是应用现代逻辑进行这种分析的。因此，我们应该从现代逻辑的思想出发来理解卡尔纳普的思想。

现代逻辑的主要特点就是建立形式语言，利用形式语言构造逻辑系统。所谓建立形式语言，就是建立一种本身没有任何意义的人工语言。建立这样的语言，首先需要给出一套人工符号（通常所说的初始符号），然后需要给出一套语法规则（通常所说的形成规则），这样，我们就可以利用给出的人工符号，根据给出的语法规则，建立起符合这套形式语言的语句（通常所说的合式公式）。给出一套初始符号，给出一套形成规则，由此构造合式公式，这就是句法。现代逻辑有不同的系统。这主要是就演算而言的。不同的系统可以使

用相同的语言，也可以使用不同的语言。现代逻辑的基础是经典的
一阶逻辑。卡尔纳普依据的基本上也是一阶逻辑。一阶逻辑的形式
语言也是由初始符号和形成规则这样两个部分组成的。初始符号一
般包括命题变元、谓词变元、个体变元、个体常元、命题联结词、
量词、括号等等，形成规则一般包括关于命题、复合命题、项、量
词的规则。有了这两部分，我们就可以得到一阶逻辑语言的语句。
在这种一阶逻辑的语言中，基本的语句有两类，一类是原子命题，
一类是复合命题。对原子命题的刻画一般又分为两类，一类是：
F(x),G(x)，另一类是：∀x(Fx→Gx)，等等。"F(x)"是一个命题
函数，它所表达的意思是："x具有F这种性质"，用弗雷格的表达
方式就是："x处于F之下"。通俗地说，就是："x是F"。这种表达
方式主要刻画了句子中的谓词，在此基础上，可以很容易刻画量词，
比如"∀x(Fx→Gx)"是一个全称量词的表述，它的意思是："对任
何一个x，如果x是F，那么x是G"。一阶逻辑主要是关于量词的
逻辑，因此，在关于量词的表述中，"Fx"可以看做是基本的句子形
式。也就是说，"x是F"可以看做是基本的句子形式。在"x是F"
中，"x"是一个个体变元，表示任一个体，"F"是一个谓词变元，
表示任一谓词。在一阶逻辑的形式语言规定中，个体变元和谓词变
元的区别是非常清楚和严格的，不会也不允许有任何混淆。所以，
当卡尔纳普说"x是石头"这样的句子形式是基础句时，他想到的，
或者说他所依据的，正是一阶逻辑的这种语言句法形式。这一点从
他关于"节肢类"的例子也可以看得很清楚。他的例子是"节肢类
是有有分节的身体和有关节的腿的动物"。根据一阶逻辑，这个句子
应该表达为：

> 对任何一个x，如果x是节肢类，那么x是动物并且x具有
> 分节的身子并且x有有关节的腿。

这样，卡尔纳普就根据基本句子形式的表述得到了"x是节肢类"，
"x是动物"，"x有分节的身体"，"x有有关节的腿"这样几个句子。
而且，这几个句子的形式是共同的，都是"x是……"，依然是基
本句。

这里，我们还看到，在一阶逻辑的这种表达中，除了"x
是……"这种基本的句子形式以外，还有一个特殊的句子结构，这就
是"如果，那么"。它表达的是一种前件和后件的推论，而这种推论
关系在这个例子本身是看不出来的。看到这一点，我们实际上也就

明白，卡尔纳普说的"推论"是什么意思，为什么他可以通过"x是节肢类"和"x是动物"、"x有分节的身体"以及"x有有关节的腿"的"推论"关系得到了"节肢类"的意义。这是因为，一阶逻辑为他提供了一种分析，从这种分析他看到了从"x是节肢类"可以推论"x是动物"，"x有分节的身体"，"x有有关节的腿"。由于这是定义，因此，反过来，也可以从"x是动物"，"x有分节的身体"和"x有有关节的腿"推论"x是节肢类"。因此，卡尔纳普可以从"推论"的角度来谈论确定词的意义。

通过以上分析，我们可以看出，卡尔纳普谈论"基本句"、"句子的基本形式"、"词与句的推论关系"绝不是任意的随便的，而是认真的，并且是有充分根据的。我们可以不同意他的分析，也可以不同意他分析所得的结论，甚至可以对他的分析和他的结论提出批评，但是我们起码应该明白，他的分析是如何来的。

众所周知，逻辑经验主义的一个十分主要的观点是认为，句子的意义就在于它的证实。后来这个观点也受到了人们的批判。从卡尔纳普的思想我们可以十分清楚地看出，无论这种观点正确还是错误，它都不是随意产生的。它的来源主要有两个，一个是逻辑，一个是经验。现代逻辑提供了一种分析意义的方法，通过这种方法，人们可以确定句子的基本句法和意义标准，以此对句子进行分析。逻辑的分析澄清了什么是有意义的词，什么是没有意义的词，从而为人们清除没有意义的词提供了标准和手段。逻辑的分析澄清了什么是真正的句子，什么是虚句子，从而为人们清除虚句子提供了标准和手段。根据逻辑的方法，一个句子可以分析为基本句，并且表现出其内含的基本句的相互推论关系。这样就使人们可以通过分析这些基本句的推论关系来确定基本句的意义。特别重要的是，经过逻辑分析所得到的基本句是可以得到经验检验的句子。这样就使人们可以通过具体科学的方法和手段对这样的句子的意义进行检验。正是基于这样一种看法，逻辑经验主义得出了上述观点。

第 3 章
语言哲学的主要特征

在第 1 章我们已经说过，可以认为分析哲学的核心是语言哲学，也可以认为语言哲学是分析哲学发展的产物，因此我们说的语言哲学就是分析哲学意义上的东西。上一章我们分别分析论述了分析哲学主要代表人物的思想特征。这一章，我们想分析论述语言哲学的一般特征。既然语言哲学是语言转向的产物，而语言转向主要是由现代逻辑促成的，既然语言哲学的主要代表人物都是现代逻辑学家或是掌握了现代逻辑这一理论工具的哲学家，因此语言哲学必然带有一些与现代逻辑紧密相关的特征。大致说来，语言哲学主要有三个特征：一个是以句子为出发点，另一个是从句法到本体和认识，还有一个是挑战常识。本章主要说明前面两个特征。后一个特征留待下一章专门论述。

1　以句子为出发点

传统哲学习惯于认为，语言表达思想，思想反映现实，现实是由个别的、具体的、客观的事物组成的，而且这些事物具有不同的性质，是发展变化的；相应的，在我们的思想中，首先形成与事物相关的概念，然后形成与事物具有什么样的性质的相关的判断，然后形成与这些判断相关的推论。因此，我们考虑问题的出发点是概念。但是在语言哲学中，句子成为人们思考问题的出发点。这种考虑问题的方式与过去是根本不同的。为了说明这个问题，我们下面分析语言哲学的一些主要思想和理论。它们是：逻辑原子论；语境原则；意义理论；指称问题。

1.1 逻辑原子论

逻辑原子论的主要代表人物是罗素和维特根斯坦。他们认为世界是由事实构成的。事实与句子是对应的，因此事实的结构与句子的结构也是对应的。前面我们讨论过维特根斯坦关于这个问题的论述，并且说明了他的考虑是从句子出发的，现在我们再简单地看一看罗素的有关论述。

罗素认为，最为显然明了的事情是：世界包含着事实，而且还有与事实有关的信念。事实乃是与我们的想象和思考没有关系的东西，无论我们如何考虑它们，它们是怎么样，就怎么样。我们的信念与事实有关，正由于与事实有关，我们的信念才有真假。[①] 他还明确地说：

> 当我谈到一个事实的时候，我不是指一个特殊存在的事物，比如苏格拉底、雨水或太阳。苏格拉底本身并不使任何陈述成为真的或假的。……苏格拉底本身，或任何特殊事物本身并不使任何命题成为真的或假的。"苏格拉底死了"和"苏格拉底活着"都是关于苏格拉底的陈述。一个是真的，而另一个是假的。我称之为事实的东西乃是由整个句子而不是由一个诸如"苏格拉底"这样的单一名字所表达的东西。[②]

他特别强调，我们所要认识的外在世界并不是完全由许多特殊的事物描述的，我们必须还要考虑他称之为事实的东西，而他称之为事实的东西就是我们"用句子表达的"那种东西，而且它们如同桌椅这样的特殊的事物一样，也"是现实世界的一部分"[③]。他甚至明确地说："世界是由种种事实组成的。"[④]

从罗素的这些论述，我们可以看得十分清楚，他强调的核心是事实，而事实是由句子表达的。因此他强调的核心是句子。我们看到，他还谈到信念，而信念也是与事实联系在一起的，因此，他的出发点仍然是句子。应该注意的是，他还谈到真假。显然，真假总是与句子结合在一起的，单个的词是没有真假之说的，因此，他的

---

① 参见罗素：《逻辑原子主义哲学》，见《逻辑与知识》，苑莉均译，张家龙校，219页，北京，商务印书馆，1996。

②③ Russell："The Philosophy of Logical Atomism"，in *Logic and Knowledge*，London，1956，pp. 182—183.

④ 维特根斯坦：《逻辑哲学论》序，6页。

这些考虑都是从句子出发的。逻辑原子论哲学还有许多思想和理论，但是它的出发点是从句子考虑的，它的其他思想也自然是这样。

1.2　语境原则

在语言哲学中，语境原则（context principle）（或整体原则）是一条非常重要的原则。这条原则是：必须在句子中考虑语词的意义。对于把语言分析放到首位的语言哲学来说，这条原则起着至关重要的作用。它说明，不能随便地任意地对语词进行分析。实际上，我们从这条原则的字面上就可以看出来，它是以句子为出发点的。为了更清楚地说明这个问题，我们说一说它的由来。

语境原则最初是由弗雷格提出来的。1884 年，弗雷格发表了著名的《算术基础》，他在该书中主要是批评了关于数的种种错误观念，并且提出了自己关于数的理论。但是为了这一工作，他首先提出了三条基本的方法论原则[①]：

> 第一，要把心理学的东西和逻辑的东西、主观的东西和客观的东西明确区别开来；
>
> 第二，必须在句子联系中研究语词的意谓，而不是个别地研究语词的意谓；
>
> 第三，要时刻看到概念和对象的区别。

其中的第二条原则，即"在句子联系中研究语词的意谓，而不是个别地研究语词的意谓"，被人们称为弗雷格的语境原则。弗雷格在书中四次提到这条原则，强调坚持语境原则是为了把心理学的东西和逻辑的东西区别开来，把主观的东西和客观的东西区别开来。[②] 弗雷格提出这条原则是为了探讨数这个概念，他利用这条原则，通过数在句子中的表现形式分析了这个概念，从而论证了数是个体对象，为人们提供了一个（正像我们后面将看到的那样）十分出色的从句法到本体的分析范例。但是，这条原则的核心思想是强调句子的作用，它表达的是：语词必须在句子中去理解。因此可以说，句子是弗雷格分析论证的出发点。句子是语言中的一个单位，强调句子的作用，表现出对语言分析的强调，正是这一点使语境原则具有超出

[①]　参见弗雷格：《算术基础》，王路译，王炳文校，8～9 页，北京，商务印书馆，1998。

[②]　关于这条原则的详细讨论，参见王路《弗雷格思想研究》。

应用于数学范围的意义。正像达米特指出的那样："在《算术基础》中阐明的语境原则体现的不仅仅是一个词的意义与含有它的语境的一般关系；它找出作为句子的整个语境的相关部分，因而使句子在语言中有一种特殊的作用"①。

弗雷格的语境原则受到人们的高度重视，它甚至被称为"很可能是弗雷格做过的最重要的哲学陈述"②。维特根斯坦在《逻辑哲学论》中几乎引用了这条原则。他说："只有句子有意义；只有在句子的联系中一个名字才有意谓"③。此外，他还在《哲学研究》中引用了这条原则，以此说明了命名和摹状词之间的区别，解释了他的著名论断："一个词的意谓就是它在语言中的应用"。通过维特根斯坦，弗雷格的语境原则终于成为一条具有普遍意义的方法论原则。

1.3　意义理论

在语言哲学中，最重要的理论是意义理论。几乎所有语言哲学家，特别是杰出的语言哲学家，包括弗雷格、罗素、奎因等人，都十分重视意义理论。几乎在所有的语言哲学著作中，都要论述意义理论。我认为，对于当代语言哲学的意义理论研究，有许多哲学家做出了非常重要的贡献。其中，有两个人最重要，或者说最有代表性。一个是英国哲学家达米特，另一个是美国哲学家戴维森。因此我这里仅以他们两个人的思想为例来进行论述。

达米特是国际著名的弗雷格研究专家和语言哲学家。1973 年，他发表了他的名著《弗雷格的语言哲学》，用艾耶尔的话说，这本书"奠定了达米特先生为当代最杰出的哲学家之一的地位"④。在这本书中，他详细地论述了弗雷格的意义理论。后来他关于这个问题又做过许多论述，并在论文《什么是意义理论》（I）（1975）和《什么是意义理论》（II）（1976）中进一步阐述了自己的思想。应该指出，达米特关于意义理论的论述不仅内容非常丰富，而且思想十分深刻。限于本书的目的，我们仅简要地阐述他的观点。

达米特的最主要的成就之一是他向人们揭示了弗雷格思想的重

---

① Dummett：*The Interpretation of Frege's Philosophy*，Harvard University Press，Cambridge，Massachusetts，1981，p. 370.

② Dummett：*Frege：Philosophy of Mathematics*，London，1991，p. 38.

③ Wittgenstein：*Tractatus logico-philosophicus*，Suhrkamp Verlag，1984，3. 3.

④ 转引自《弗雷格的语言哲学》一书的封底介绍。

要意义，特别是他以自己的研究成果告诉英美分析哲学家和语言哲学家，分析哲学和语言哲学并不是英美哲学界独特的产物，它的来源是德国逻辑学家弗雷格，弗雷格是分析哲学和语言哲学的真正的创始人。而且，弗雷格的语言哲学实际上就是意义理论。

如前所述，达米特认为弗雷格的语言分析包括一种对语言的运作的分析，而"一种关于语言运作的说明乃是一种意义理论（theory of meaning），因为知道被看做该语言部分的一个表达式如何起作用，就是知道它的意义"①。他认为，在他所说的意义（meaning）下，弗雷格区别出三种成分：sense、tone 和 force。sence 是句子中与真假有关的东西，tone 是句子中与真假无关的东西，force 是句子之外的东西。在这三种成分中，sence 是最为重要的。此外，在弗雷格的意义理论中还有一个重要的区别，这就是 sence（涵义）和 reference（所指）的区别。达米特认为，涵义是意义的一部分，而所指不是意义的一部分。"对于弗雷格来说，所指是意义理论——对语言如何起作用的说明——中所要求的一个概念，一如真这个概念是被这样要求的。但是，正像一个句子的真值一般不被理解为该句子的意义的一部分一样，一个词的所指一般也不被理解为这个词的意义的一部分。"② 不论达米特对弗雷格的思想的解释对不对，有没有道理，我们至少可以看出，根据达米特的观点，在弗雷格的意义理论中，最重要的是"真"这个概念。因为，在所区分出来的三种因素中，最重要的因素，即涵义，是与真紧密地联系在一起的。在涵义和所指的区分中，最主要的也是涉及真的问题。因此可以说，弗雷格的意义理论是以真这个概念为核心的意义理论。后来，达米特基于对弗雷格的意义理论的解释，进一步阐述了自己的意义理论：

> 一种以真这个概念为其核心概念的意义理论将由两部分构成。这个理论的核心将是一种真之理论，就是说，对语言的句子的真之条件的一种明确的归纳说明。这个核心最好叫做"关于所指的理论"，因为如果定理中有一些陈述陈述了在什么条件下一个给定的句子，或某一个特定的人在某一个特定的时间对一个特定的句子的表达是真的，那么支配个别的词的公理就把适当种类的所指指派到这些词。围绕着这个关于所指的理论将

① Dummett：*Frege*：*Philosophy of Language*，p. 83.
② Ibid.，p. 84.

走进分析哲学

有一层外壳，形成关于涵义的理论：它将规定，通过把一个说话者的特殊的实际能力与关于所指的理论的一定命题相互联系起来，能够理解该说话者关于所指理论的任何部分的知识的本质所在。关于所指的理论和关于涵义的理论一起构成意义理论的一部分，而另一个补充部分是关于力量的理论。关于力量的理论将对一个句子的表达可能会有的各类约定俗成的意义，即对可能会受到这样一种表达影响的各种语言行为，比如做出一个断定，发出一个命令，提出一个要求等等，提供一种说明。这样一种说明将把句子的真之条件看做给定的：对于各类语言行为来说，它将提出一种关于一类语言行为的一致的说明，这类语言行为可能会受任意一个假定已知其真之条件的句子的表达的影响。①

从达米特的论述我们可以看出，所谓意义理论，实际上是围绕真这个概念形成的理论。也就是说，这个理论不是任意地考虑意义，而是考虑与真有关的意义，或者说围绕着真来考虑意义。关于所指的理论阐述句子在什么条件下是真的，显然是与真有关的理论。涵义是句子中与真有关的东西，显然关于涵义的理论是与真有关的理论。因此意义理论最主要的部分是与真有关的东西。对于什么是"真"，达米特认为，真显然与一种语言行为有着最基本的联系，这种语言行为就是断定，因为"我们自然地称断定句为'真的'或'假的'"②。按照弗雷格的理论，可以把句子看做分为两部分，一部分表达了句子的涵义，即思想，另一部分表示了附加在句子涵义上的力量，比如断定、疑问、命令等等。真正应该被说成是真的的东西只有句子的涵义。由此可见，真是与句子紧密地联系在一起的东西。

关于力量的理论不是与真直接联系在一起的，但是它是一种关于语言行为的说明。所谓语言行为，指的是像断定、疑问、命令、请求等等这样的表达方式，它们涉及命题态度，因此不仅仅是与句子本身的内容有关。尽管如此，这个理论也是与句子紧密地联系在一起的。这一点从上面达米特的论述来看是显然的。

戴维森的意义理论也是十分重要和非常受人们重视的理论。他没有什么专著，而是在一系列论文中阐述了自己的思想。从 1967 年

① Dummett："What is a Theory of Meaning?"（II），in *Truth and Meaning*，p. 74.
② Ibid.，p. 83.

发表了著名的文章《真与意义》开始，到 90 年代发表长文《真之内容和结构》，他在发表的几十篇论文中不断地、反复地探讨他的意义理论，其中包括与当代许多哲学家进行论战。

如果说达米特的意义理论是以弗雷格的思想为基础，那么可以说，戴维森的意义理论是以塔尔斯基的思想为基础的。戴维森认为，以前的意义理论主要是基于弗雷格关于意义和所指的区别，利用这种区别处理句子的意义如何依赖于构成句子部分的词的意义，这使人们在得出关于句子的意义的理论的时候，不得不从句子的构成部分的意义出发。他称赞是弗雷格使人们在意义理论的研究中知道了这条探索道路，但是他认为这样的研究方法也使人们走进了死胡同。因为这样的研究依赖于所指这个概念，而所指这个概念依赖于经验，这样人们无法对句子意义如何依赖于构成句子部分的词的意义做出有效的解释。

戴维森把自己的意义理论称为真之理论，也就是说，他的意义理论是围绕真这一概念而形成的理论，或者说是关于真的理论。他认为，弗雷格的巨大贡献是使我们认识到对自然语言中量词以及和量词相关的代词如何可以进行精确的表述，这样就使我们可以为一部分自然语言设想出一种形式语义学。塔尔斯基正是在弗雷格的工作基础上明确地提出了一种形式语义学。他们的工作使我们可以认识我们的语言结构，成为当代一些爱好逻辑的哲学家和语言学家的研究基础。我们应该在这个基础上进行意义理论的研究。

戴维森认为，意义理论处理的东西似乎是具有"s 意谓 m"这种形式的句子，这里，"s"表示的是一个句子的结构描述，"m"表示的是指称这个句子的意义的单称词。这里涉及所指，而且有许多问题。比如，"意谓"是一个语义概念，而且不是外延的，这就使我们涉及了内涵语句的问题。戴维森认为，意义理论所要处理的问题应该是意义，而不是所指。因此，他提出抛弃"意谓"，从外延的方式来处理，所得到的结果是：

(T) s 是 t 当且仅当 p。

他明确地说：

我们对于一种语言 L 的意义理论所提出的要求是，在不求助于任何（进一步的）语义概念的情况下，这种意义理论对谓词"是真的"赋予足够的限制，以便可以当"s"为 L 中一个语句的结构描述语所替代，"p"为该语句所替代时，从 T 图式中衍推出所有的语句来。①

这样，戴维森把意义理论关于句子的说明限制在关于真句子的说明，这样他就在塔尔斯基的真之理论中找到了建立和发展他的意义理论即一种绝对的真之理论的基础，因为在他看来，"我们对令人满意的意义理论所提出的条件，在本质上就是塔尔斯基那种检验一种形式的真之语义定义是否恰当的约定 T"②。

塔尔斯基的真之理论虽然是 20 世纪逻辑和哲学领域中一项非常重要的研究成果，但是，正像戴维森指出的那样，它并没有普遍得到人们的正确理解。因此，戴维森的工作主要有两方面：一方面是解释和捍卫塔尔斯基的真之理论，另一方面是阐述和发展他自己的意义理论。在这样的工作中，它的核心概念就是真。戴维森认为：

> 我们能够把真看做一种特性，这种特性不是语句的特性，而是表达的特性，或言语行为的特性，或关于语句、时间和人的有序三元组的特性；而恰恰把真看做语句、人与时间之间的关系，这是最简单不过的了。③

我们看到，戴维森几十年的工作都是在探讨真之理论。在不同时期、不同的场合，他对真之理论有不同的说明。比如，在《没有所指的实在》（1977）中，他说：

> 所谓真之理论，我的意思是指一种满足像塔尔斯基的约定 T 那样的理论：它是这样一种理论，通过递归地说明真这个谓词的特征（比如说"是在 L 中真的"），它为 L 的每一个句子 s 隐含着一个从"s 是在 L 中真的当且仅当 p"这种形式以下述方式得到的元语言句子，即由对 L 的一个句子的规范描述替代"s"，并由一个给出了所描述的句子的真之条件的元语言的句子替代"p"。④

而在《真之内容和结构》（1990）中，他说：

---

① ②　Davidson，D.："Truth and Meaning"，in *Inquiries into Truth and Interpretation*，Oxford，1991，p. 23.

③　Ibid.，p. 34.

④　Davidson，D.："Reality Without Reference"，in *Inquiries into Truth and Interpretation*，Oxford，1991，p. 215.

真之理论首先与句子表达有关，就是说，无论表面的语法形式是什么，表达必须被看做是句子的表达。这个理论正是为特殊的说话者在特殊的场合所表达的句子提供真之条件，而且真也正是谓述这样的句子，这个事实说明了句子或句子表达的首要性。除非考虑用词的精妙，否则我们就没有理由在使一个句子是真的的条件下不把这个句子的表达称为一个真表达。

　　一个真之理论绝不仅仅限于描述一个说话者的言语行为的一个方面，因为它不仅给出说话者的实际表达的真之条件，而且还明确说明在什么条件下一个句子在表达出来时会是真的。这不仅适用于实际表达出来的句子，因为它告诉我们如果这些句子在其他时间或在其他环境表达出来情况会怎么样，而且这也适用于从不表达出来的句子。因此，这个理论描述了一种相当复杂的能力。①

戴维森关于真之理论还有许多论述，但是从以上说明我们可以看出，他的意义理论是围绕着真这一概念的，而他所探讨的真乃是句子的真，是与句子有关的真，因此，他的意义理论是以句子为出发点的。

1.4　意义和所指

　　在语言哲学中，关于意义和所指的问题也是一个十分重要的问题。也有人认为这是意义理论中最主要最重要的问题。这主要是关于名字的意义和它指称的对象的关系的问题。从表面上看，这个问题的探讨与句子似乎没有什么关系，至少似乎没有直接的关系。但是，如果仔细地分析一下这个理论，我们就会发现，它仍然是与句子有关的问题。

　　关于意义和所指的问题，人们一般都要谈到弗雷格和罗素，并且从他们一直谈到克里普克。这里，我们主要看一看这三个人的有关思想。

　　弗雷格提出了意义和意谓的区别。后来的人把弗雷格的意谓翻译为所指或指称，并在所指的意义上理解弗雷格的意谓，因此认为

　　① Davidson, D.："The Content and Structure of Truth", in *The Journal of Philosophy*, Vol. LXXXVII, No. 6, June 1900, pp. 309－310.

弗雷格是最先做出意义和所指的区分的。比如，塞尔称弗雷格的这一区别是在语言哲学中最重要的唯一的发现①。且不论这里存在着对弗雷格的误解和曲解②，我们至少应该看到，如前所述，弗雷格关于意义和意谓的区分的最主要和最重要的思想是：一个句子的意义是它的思想，一个句子的意谓是它的真值。在他看来，句子的意义是由句子部分的意义构成的，句子的意谓是由句子部分的意谓决定的。对于含有专名的句子来说，句子的意谓是由其中专名的意谓决定的。正是在这种意义上，弗雷格探讨了专名的意义和意谓。也就是说，弗雷格主要是围绕句子或者说从句子出发来思考的。我们前面还谈到弗雷格知道真正的专名和摹状词是不同的，但是他没有区别二者，而是认为，人们关于专名的意义的不同理解只要不影响关于句子的意谓的理解，即不影响句子的真，就是可以接受的。这就充分说明，弗雷格对于专名的意义和意谓（所指）的区分主要是从句子的角度来考虑的。

罗素认为弗雷格关于专名的意义和所指的区别可以使人们避免矛盾律，而且还表明为什么值得断定同一。但是他批评弗雷格的这种区别在遇到所指是空的时会遇到麻烦，比如，"法国的国王是秃子"这样的句子似乎不是关于"法国的国王"这种复杂的意义，而是关于这种意义指谓的具体的人。在这个句子中，"法国的国王"这个词组有意义，但是没有所指，因此有人会以为这句话是废话。但是它不是废话，因为它明显是假的。③ 鉴于这样的考虑，他认为要区别专名与摹状词，并因此建立和发展了他的摹状词理论。如上所述，在罗素探讨摹状词理论的时候，他总是围绕着句子在考虑，而且主要是考虑句子的真假。比如，他认为摹状词表示唯一性，而这种唯一性是由两个句子来表示的；他区别专名与摹状词，考虑的是用摹状词替代专名或用专名替代摹状词以后，句子的真假会不会发生变化；他认为可以断定摹状词存在，而不能断定专名存在，就是说表示摹状词存在的句子是有意义的，或者是真的，或者是假的，而表示专名存在的句子是没有意义的。十分清楚，所有这些论述都是围绕着句子进行的。

---

① 参见 Searle，J. R.：*The Philosophy of Language*，Oxford University Press，pp. 2-3。

② 关于这个问题，我在《弗雷格思想研究》中进行了详细而深入的分析和探讨，参见该书第六章、第七章。

③ 参见罗素《论指谓》，见《逻辑与知识》。

前面我们还探讨了斯特劳森对罗素的摹状词理论提出的批评。他的主要论点是罗素使用了索引词，而一个含有索引词的句子的真假不仅依赖于该句子本身，还要依赖于其他一些因素，比如说出该句子的人、时间和场合等等。显然他也是从句子出发来考虑的。

克里普克既对弗雷格和罗素的观点提出批评，也对其他一些人的观点提出了批评。他的主要观点是区别严格指示词和非严格指示词。在他看来，专名是严格的指示词，摹状词一类的指谓词组是非严格的指示词。专名没有意义，只有所指。摹状词有意义，也有所指。当我们说 a＝b 是真的时，如果 a 和 b 是严格的指示词，那么 a＝b 是真的就一定是必然真的。但是，如果 a 和 b 不是严格的指示词，那么即使 a＝b 是真的，也不能说它是必然真的。这就说明他也是围绕着句子来探讨这个问题的。

从弗雷格、罗素和克里普克关于意义和所指的论述我们可以看出，尽管他们的观点有不同之处，但是他们都是围绕着句子在谈论问题。而且，他们从来不是孤立地谈论专名的意义和专名的指称的关系，而是考虑含有专名的句子以及与此有关的问题。特别是，他们总是在考虑涉及专名的句子的真假的问题。应该承认，在语言哲学中，意义和所指的问题几乎没有人不谈，但是在谈论这个问题的时候，对于专名或摹状词与含有专名或摹状词的句子的真假关系，有一些哲学家是不太注意的，比如，维特根斯坦在《哲学研究》中有一段关于摹状词的论述：

> 如果有人说："摩西并不存在"，那么这可能意指各种不同的事。它可能意味着：以色列人在迁出埃及时并不是有一个领袖；——或者：他们的领袖不叫摩西；——或者：不可能有过一个完成了《圣经》归于摩西的一切业绩的人；——或者：如此等等。······

> 但是，当我做出一个关于摩西的陈述时，——我是否总是用这些摹状词中的某一个来代替"摩西"？我也许会说：我所理解的摩西就是那个做了《圣经》中归于摩西的那些事的人，或至少是做了其中很大一部分事的人。但是，到底做了多少？我是否已经确定，必须证明有多少为假，我才能把我的命题当做假命题而放弃？"摩西"这个名称对我来说是否在一切可能的场合都有一种确定的单义的用法？[①]

---

① 维特根斯坦：《哲学研究》，李步楼译，陈维杭校，55 页，北京，商务印书馆，1996。

维特根斯坦的这段话是很出名的，被引用率也很高。它代表了一种关于摹状词的观点。这种观点认为，一个专名可能会有许多摹状词，因此一个专名所指谓的对象不是由某一个单一的摹状词决定的，而是由一组或一簇摹状词决定的。这里，我不想探讨维特根斯坦的思想，也不想评价他的观点，只是要指出，虽然他在这里也说到"假命题"，但他主要不是考虑含有专名的句子的真假，而是考虑专名和摹状词的关系。不过，有一点是很清楚的，这就是他的论述也是围绕"陈述"或"命题"进行的，而陈述和命题显然也是指句子。

以上我们简要地说明，当代语言哲学中最重要的一些观点、原则、理论——逻辑原子论、语境原则、意义理论、意义和所指——都是从句子出发来考虑问题的。因此我们可以问：为什么要，或者说，为什么会从句子出发来考虑问题呢？而与此相对照，我们还可以问：为什么过去的哲学都是从概念出发而不是从句子出发来考虑问题呢？

我认为，这里可能会有许多原因，各种各样的原因，然而最主要的原因是：过去的哲学家使用传统逻辑方法，而语言哲学家是以现代逻辑为工具。

传统逻辑自亚里士多德创建以来，一直是哲学家手中的工具。传统逻辑的体系是概念、判断、推理。应用这样的方法进行哲学研究，自然会因循这样的次序：首先考虑概念，然后考虑判断，最后考虑推理。而且，这样的考虑方式也有它的道理，因为推理是由判断组成的，而判断是由概念组成的。因此，若想理解一个推理，必须理解构成它的判断，而若想理解一个判断，必须理解构成它的概念。因此概念被看做是思维最基本的细胞，是考虑的出发点。此外，这样的考虑与我们的认识活动在直观上似乎也是一致的。因为我们知道，世界是由一个个个体的事物构成的，比如，太阳、月亮、树木、河流、张三、李四等等，这些事物都是具有某种性质和状态并且处于一定的关系之中的。我们的认识似乎也是先认识一个个具体的事物，然后认识它们的性质、状态和关系，再进行相关的推理。相应于个体事物，我们形成概念，相应于事物的性质、状态和关系，我们形成判断，然后在判断的基础上，我们又形成推理。因此概念似乎总是最基础的，总是我们考虑问题的出发点。

现代逻辑与传统逻辑的根本区别就在于：现代逻辑使用形式语言和建立逻辑演算系统。今天，现代逻辑已经有了很大的发展，取得了许多重要的成果，建立了许多可以用于不同领域和不同方面的逻辑演算系统，但是所有这些发展和成就都是建立在弗雷格创立的、由罗素等人完善的经典的一阶逻辑的基础之上的。可以说，一阶逻辑是现代逻辑的基石。一般来说，一阶逻辑由两部分组成，第一部分是命题演算，第二部分是谓词演算。所谓命题演算，就是以简单命题为出发点，不对简单命题再做进一步的分析，建立关于命题联结词的逻辑演算系统，从而从整体上刻画命题联结词的逻辑性质。而谓词演算则是对命题做进一步的分析，它要刻画句子中的专名、谓词和量词。但是这种分析是在命题演算的基础上增加量词、个体变元和谓词，从而建立起关于谓词的演算系统。这样，命题演算就是它的基础。因此，一阶逻辑首先是从句子出发的。这样的出发点与传统逻辑显然不同，实际上它彻底地打破了传统逻辑那种概念、判断、推理的体系。

当人们应用现代逻辑来进行哲学研究的时候，一定会自然而然地从这样的体系出发来考虑问题，因此这种体系的性质和特点就会在哲学研究中体现出来。由于现代逻辑是从命题演算出发的，由于语言哲学应用了现代逻辑的方法，因此，它就是要首先从句子出发来考虑问题，或者说围绕着句子来考虑问题。弗雷格是现代逻辑的创始人，他的主要功绩就是第一次建立了一阶谓词演算系统。罗素的主要功绩之一是对于完善一阶逻辑做出了巨大贡献。因此他们都非常地有意识地把一阶逻辑应用到哲学研究当中去。维特根斯坦受益于弗雷格和罗素，把逻辑演算成功地应用到哲学研究之中，写出了《逻辑哲学论》。因此，他们的语言哲学研究都是以句子为出发点的。

应该指出，今天，语言哲学研究无疑是以句子为出发点的。这不仅是因为弗雷格、罗素和早期维特根斯坦的巨大影响，人们已经逐渐熟悉、接受并习惯于从句子出发的考虑方式，而且更主要的是因为在这个领域中，活跃着一些杰出的逻辑学家或掌握并有意识地运用现代逻辑工具的哲学家，像奎因、达米特、戴维森、克里普克、斯特劳森等等。他们的论述和探讨，无论如何是要从句子出发的。

2　从句法到本体和认识

传统哲学从外界现象出发探讨世界的本原，也从身心的关系或主客体的关系探讨我们关于世界的认识。但是，到了语言哲学家这里，他们改变了过去探讨问题的方式，这就是要从语言出发。

2.1 语义上溯

语言哲学家相信，我们关于世界的认识是通过我们的语言表达出来的。因此，关于我们这些认识的讨论，可以归结为对语言的讨论，对于我们所表达的认识的理解可以归为对我们所说的句子的意义的理解。这样，就从关于世界的探讨转为对语言的探讨。许多人把这样的观点称为"语义上溯"。这样的观点大概在奎因的著作中是最为典型的。例如，他在探讨"本体论"的问题时就谈到这种方法[①]：

> 退回到语义学水准上的另一个理由是，要找出可以进行辩论的共同基础。本体论的分歧必然包括概念结构上的基本分歧。……在我们关于本体论的基本争论能够进而翻译为关于语词和怎样使用语词的语义学争论的范围内，这个争论也许不会那么快地因窃取论点的谬误而归于失败。
>
> 因此，本体论的争论趋向于变为关于语言的争论，这是不足为奇的。

他甚至明确地说：

> 语义上溯是这样一种策略：它使讨论进入一个范围，在这个范围里，双方对于对象（即词）和与对象有关的主要术语都更容易趋于一致。词或标志着词的东西，与点、里、类和其他东西不同，相当于市场上十分常见的有形对象，而在市场上具有不同概念模式的人可以尽情交流。这种策略就是上溯到两种根本不同的概念模式的一个共同部分，从而更好地讨论这些不同的基础。难怪它对哲学有帮助！[②]

类似这样的论述，语言学家说过不少。总之，语言是人们探讨问题的共同基础。我认为，哲学研究要探讨许多问题，其中最主要和最重要的问题大概可以说是本体论和认识论方面的问题。语言哲学的显著特征是对语言进行分析，而对语义进行分析，包括语义上溯，仅仅是一种研究手段，应该说，其目的仍然是探讨和解释哲学问题，

---

① 奎因：《从逻辑的观点看》，15～16页，上海，上海译文出版社，1987。

② Quine：*Word and Object*，The M. I. T. Press，1960，p. 272.

包括本体论和认识论方面的问题。因此，尽管是像奎因这样的大哲学家，还有达米特等其他许多著名哲学家都坚持这样的观点，我们仍然会很自然地问：这样的方法行吗？也就是说，无论是谁主张应该从语言的分析出发，但是我们仍然要问：用语言分析的方法如何能够探讨和解释本体论和认识论方面的问题呢？用语言分析的方法能不能探讨和解释本体论和认识论方面的问题？

2.2 对数的分析

我认为，通过语言分析的方法是能够探讨和解释本体论和认识论的问题的，而且语言哲学家的工作是非常成功的。但是，他们的语言分析，不是任意的，而是因循一定的规矩。其中一个比较显著的特点就是从句法到本体和认识。我们可以用弗雷格关于数的探讨来说明这个问题。

什么是数，这是哲学家们一直关心和感兴趣的问题，而且他们提出了许多不同的解释。经验主义者认为，数是从外界事物抽象来的。比如，人们从一个苹果、一个杯子、一棵树等等抽象出"一"，从两个苹果、两个杯子、两棵树等等抽象出"二"。主观主义者认为，数是心灵的创造。人们的心灵以不同的方式组合观念，形成不同的单位，数就是这些单位的聚合。随着心灵的变化，单位发生变化，数就发生变化。弗雷格则认为，数既不是外界的事物，也不是心灵的产物，而是某种客观的东西。他对"客观的东西"有明确的说明：

> 我把客观的东西与可触摸的东西、空间的东西或现实的东西区别开。地轴、太阳系的质心是客观的，但是我不想把它们像地球本身那样称为现实的。人们常常把赤道叫做一条想到的线，但是若把它叫做一条臆想的线就会是错误的；它不是通过思维而形成的，即不是一种心灵过程的结果，而仅仅是通过思维被认识到的。[1]

他对数进行了进一步的说明。他认为，在我们的语言中，数的表达有两种形式，一种是作名词，比如，"2 是素数"，"2 加 2 等于 4"，一种是作形容词，比如，"三人同行"，"四朵红花开了"。当数作名词出现的时候，它们是专名，因此表示的是对象，因为我们的语言习惯就是这样，专名表示对象。而当它们作形容词出现的时候，它

---

① Frege：*Die Grundlagen der Arithmitk*，Hamburg，1986，s. 40.

们可以转化为名词，这样一来，它们依然是专名，表示对象。比如上面这个例子，表面上看，"四"和"红的"一样，都是修饰"花"的，因此似乎都是"花"所具有的性质。但是实际上不是这样。"红的"是花的性质，"四"不是花的性质。这句话的意思是说："开了的红花的数是四"。这里，"四"仍然是专名，因此表示的是对象。

弗雷格认为，每一个数表示一个具体的对象。除了数词在句子中作专名出现以外，还有一个特点，就是可以加定冠词。我们可以说"一这个数"，"二这个数"等等。他认为，"人们说'一这个数'（die Zahl Eins）并且以这里的定冠词意谓科学研究的一个确定的唯一的对象。没有不同的数一，而是只有一个。我们以 1 得到一个专名。"[1]

数词作名词出现时是专名，表达的是对象。这是清楚的，比如我们说"2 是素数"。这里"2"是一个专名，表示一个对象。但是，当数词作形容词出现时，尽管可以转变为名词，可它表达的是什么呢？在这里，弗雷格提出了他的一个著名论题：

> 数的给出包含着对一个概念的表达。[2]

这就是说，说出一个数，实际上表达了一个概念的某种情况。弗雷格举的一个例子是："皇帝的御车有四匹马拉"。这个句子的意思是"拉皇帝御车的马的数是 4"，它说明了"拉皇帝御车的马"这个概念的某种情况，即处于它之下的对象是 4 个。我们也可以用我们上面的例子来解释，"四朵红花开了"这个句子的意思是说明了"开了的红花"这个概念的某种情况，处于它之下的对象有 4 个。这样，弗雷格得出了数的一个重要性质，即数是概念的承载者。他说：

> 数被赋予的仅仅是那些把外在和内在的东西、时空和非时空的东西置于其下的概念。[3]

这一结论十分重要，它使弗雷格能够解释数的普遍可应用性。我们可以思考的任何东西，无论有没有时空位置，都处于某个概念之下，因此可以被记数或赋予数。

2.3 分析的方法和依据

在弗雷格关于数的分析论述中，我们可以看出，他使用了"专

---

① Frege：*Die Grundlagen der Arithmitk*，Hamburg，1986，s. 51.

② Ibid.，s. 60.

③ Ibid.，s. 62.

名"、"概念"、"处于其下"等等这样一些术语。即使我们觉得他的分析有道理，令人信服，但是如果深入考虑，我们就会问，他为什么会这样分析？而如果人们怀疑甚至反对他的分析，那么为了更好地批评他的观点，似乎也会深究，他为什么会这样分析？我认为，弗雷格的分析论证，完全是基于他的一阶逻辑系统之上的。

如前所述，弗雷格为了研究数这个概念，提出了三条方法论原则，其中有一条是语境原则，即必须在句子的联系中研究语词的意谓，而不是个别地研究语词的意谓。要在句子中研究语词的意谓，就必须有一套方法。推而广之，要从语言分析入手进行研究，也必须有一套方法。弗雷格的方法就是依据他的一阶逻辑对语言的基本形式进行了分析，提出一套基本的句法，根据这套句法进行分析。实际上，对数的分析论证不过是其中的一个例子而已。

根据弗雷格的分析，句子的最基本的构成部分是专名和谓词。他把谓词有时候也称为概念词。因此也可以说，句子的基本构成部分是专名和概念词。

一个句子可以含有一个专名或相应于专名的表达式。比如，"晨星是行星"，"发现行星轨道是椭圆状的那个人死于贫困之中"。一个句子也可以含有两个专名或相应于专名的表达式。比如，"恺撒征服高卢"。当然一个句子还可以含有三个、四个专名或相应于专名的表达式。

一个句子可以不含有专名，而只含有概念词。比如"哲学家是思想家"。

一个句子也可以不仅含有概念词，而且含有量词。比如"所有哺乳动物都有红血"。

弗雷格认为，专名意谓对象，概念词意谓概念，因此谓词意谓概念。这样，我们可以通过在语言的层面上分析专名和谓词，而达到对对象和概念的探讨。前面我们说过，弗雷格借助了数学中函数这个概念。他认为，函数是不满足的，自变元是满足的，用自变元补充函数就成为满足的或完整的。用这一思想去分析句子，得到的句子的基本结构是谓词和专名。谓词是不满足的，需要补充的，专名是满足的，可以补充谓词，从而形成一个满足的整体。满足的东西是对象，不满足的东西不是对象。这实际上是弗雷格的本体论对象的一个重要标志。数是满足的，因此数是对象，数不是函数。谓词是不满足的，谓词的意谓是概念，因此概念是不满足的。

引入函数的概念,可以对量词进行刻画。弗雷格指出,一个概念是一个以对象为自变元的,而量词是以含有对象为自变元的概念为自变元的。通俗地说,对象是第一层次的,概念是第二层次的,量词是第三层次的。概念是关于对象的表达,量词是关于概念的表达。有了这样一个理论基础,现在弗雷格关于数的分析就十分清楚了。

　　既然是从语言出发来分析对象,因此必须明确什么是表达对象的句法范畴。具体地说,对象是满足的,因此必须明确什么是表达满足的东西的句法范畴。根据弗雷格的思想,专名就是这样的一个句法范畴。而且我们说过,他并不区别真正的专名和摹状词,而是把人名、地名、带定冠词的词组等等都称为专名。我们可以简单地说,专名表示对象。因此,数词既然在句子中表现为专名,当然表示对象。而当数词作形容词出现的时候,通过转换为名词,我们依然可以看出数是个体。另一方面,数这种对象与客观外界的对象又是不同的,它是一种抽象对象。它们是概念的承载者,即表示某一概念的某种状况。因此弗雷格说,数的给出包含着对概念的表达。这里,他实际上是根据他关于量词的刻画这样说的。他刻画了全称量词和存在量词:"对任何事物而言"和"至少有一个事物"。在语言中,无论是像"所有"、"每一个"、"有些"这样的量词,还是具体的数,比如1、2、3等等,当它们与概念词结合使用时,都表达了对概念的断定。它们是比概念高一个层次的东西。通过这样的分析,弗雷格说明了数的独特的性质。

　　从弗雷格的分析我们可以看出,句法范畴是基本的,本体论的范畴是导出的。从语言出发来达到对象,确定句法范畴以明确所表达的对象,实际上说明,语言中的句法范畴决定了它们所表达的对象。因此对象的确定依赖于句法范畴。比如,数依赖于数词,个体依赖于专名,概念依赖于谓词或概念词,等等。正是通过对句子,特别是通过对专名和谓词这样的句法范畴和结构的具体分析,弗雷格达到了对对象,比如数,这样的本体论范畴的说明。

第4章
挑战常识

在哲学中，有一些基本和重大的问题是人们一直讨论的，甚至称得上是永恒的问题。比如，存在、真、必然、可能、先验、后验、分析、综合等等。在这些经历过长期讨论的问题中，对有些问题人们形成了通常的一致的看法，有的看法几乎成为定论，而对另一些问题却总也说不清楚，更无法形成一致的看法。但是到了 20 世纪，语言哲学也对这些问题进行了讨论。由于使用了现代逻辑的方法，这些问题得到了比以前更加深入的研究，得到了更加严格的刻画和更加明确的说明，人们的一些常识性的看法受到了挑战，一些错误的看法得到了澄清和纠正。这些现象充分显示了语言哲学所取得的成果。在这一章，我们主要以 20 世纪在关于"存在"的研究、关于"分析和综合"的区别以及关于"真"的探讨这几个方面的研究成果为例，进一步说明现代逻辑在语言哲学中所起的作用。

1　存　在

说到"存在"，任何一个稍微有一点哲学史知识的人马上就会想到"上帝存在"的本体论证明，因为这个证明不仅非常出名，而且关于它的讨论持续的时间非常长。因此在进入正式讨论以前，即在讨论 20 世纪关于存在的争论之前，有必要对于它的背景知识做简要的说明。

1.1　康德的反驳

"上帝存在"这个问题的争论产生于中世纪。关于这个问题，中世纪进行了大量的本体论证明和讨论。限于篇幅和我们的主要目的，这里不对中世纪关于"上帝存在"的本体论证明作详细的介绍和论述。但是应该指出一点，中世纪哲学家讨论这个问题的出发点是"上帝是"（God is）这个命题，即上帝对摩西所说的一句话："我是我之所是"（拉丁文"Ego sum qui sum"；英文"I am who (I) am"；德文"Ich bin der Ich bin"）。关于这里的"是"，中世纪哲学有许多争论，即这应该是表示系词，还是表示存在？许多哲学家认为，这里的"是"就是表示存在（existence），并由此展开了关于"上帝存在"（God exists）的本体论证明。

关于"上帝存在"的本体论证明，许多哲学家提出了不同的批评意见。在传统哲学家中，康德提出的反驳意见最为出名。康德认为：

> 是（Sein）显然不是真正的谓词，即不是一个关于任何某种能够加在一事物概念上的东西的概念。它纯粹是一事物的位置，或是某种自身的规定。在逻辑使用中，它仅仅是一个判断的系词。"上帝是全能的"这个句子包含两个带有对象的概念：上帝和全能；"是"这个小词并没有引入一个谓词，而仅仅引入了使谓词与主词联系起来的那种东西。如果我现在把这个主词（上帝）与它的全部谓词（全能也属于此）合并起来并且说："上帝是"，或者"这是上帝"，那么我为上帝这个概念没有增加任何新的谓词，而仅仅增加了这个主词本身与它的全部谓词，并且增加了与我的概念相联系的对象。[①]

从康德的论述，我们仍然可以看出，他是在论述"是"，或者说从"是"的意义上来进行关于上帝的本体论证明的反驳的。在这里，我不想对关于"是"和"存在"的区别进行详细的探讨，仅想指出以下几点：

第一，在我国哲学文献中，把"Sein"（德文）或"Being"（英文）翻译为"存在"是一种普遍现象。这种翻译存在着比较严重的问题，并且由此产生了对于西方哲学中与此有关问题的论述和探讨的严重误解。下面我在说到海德格尔的泛语言哲学时还会谈到这个问题。

第二，西方人在翻译中，尽管也会存在着翻译的不确定性的问题，但是，无论是以"Being"来翻译"Sein"，还是以"Sein"来翻

---

① Kant：*Kritik der reinen Vernunft*，Suhrkamp Verlag，Band 2，1974，s. 533.

译"Being"，一般不会造成理解上的问题。

第三，现代哲学家在讨论"上帝存在"的问题时，往往所探讨的"存在"是"existence"，而不是"Sein"或"Being"。① 以下我在探讨存在包括关于"上帝存在"的证明时，主要是在"existence"的意义上来理解的。

1.2　存在不是一个谓词

在现代哲学家中，第一个对"上帝存在"的本体论证明提出批评的大概是弗雷格。弗雷格从语言和逻辑两方面进行了说明。他认为，从语言方面说，德文"Es gibt"（存在）后面只能跟一个概念词，因此当我们说"上帝存在"的时候，"上帝"是一个概念词，因而它表示的不是一个个体，而是一个概念。从逻辑方面说，"存在"是一个二阶概念，只能作用于一个概念词，因此当我们说"上帝存在"时，"上帝"不是一个个体，而是一个概念。而一个概念只是一个函数，是不满足的，需要补充的。因此"上帝"不可能是一个个体。所以"上帝存在"的本体论证明是不成立的。弗雷格对于语言方面的说明显然是清楚的，即从德语的语言习惯上说，跟在"存在"这个词后面的表达式表达的不是个体，因此当人们说"上帝存在"时，并没有表达出一个作为个体的上帝存在。而对于弗雷格从逻辑方面所作的说明，我们还需要进一步分析。

从表面上看，弗雷格提出的逻辑说明的核心是把"存在"说成是一个二阶概念，因为由此才得出它只能作用于一个概念词的结论，而这恰恰是说明"上帝存在"中"上帝"表示的是一个概念而不是一个个体的根据。因此值得分析和询问的是：为什么"存在"是一个二阶概念？也就是说，弗雷格凭什么说"存在"是一个二阶概念？实际上，弗雷格的这种说法并不是凭空杜撰的，而是建立在他所建立的一阶逻辑理论的基础之上的。根据他的这一理论，"存在"是一个量词，而不是一个谓词；它表达的是一种作用于一个个体域的性质，而不是某一个个体的性质；它是以含有个体为变元的谓词为变元的；因此它是比谓词更高一级的概念。在弗雷格的逻辑理论中，个体是第一层次的东西，概念是第二层次的东西，而像"存在"这

---

① 例如，参见 D. F. Pears 和 J. Thomson："Is Existence a Predicate?"，in F. Strawson：*Philosophical Logic*，Oxford University Press，1967；Kneale："Is Existence a Predicate?"，in Feigl：*Readings in Philosophical Analysis*，Appleton-Centur-Crofts，Inc. 1949。

样的量词则是更高一个层次的东西，或者说是第三层次的东西。正是根据这样一种理论，弗雷格论证了"上帝存在"的本体论证明是不成立的。应该说，弗雷格的论证是有充分的根据的，也是十分有道理的。当然，对于弗雷格的这个论证，人们也可以提出批评，但是首先应该明白，他的论证是怎么得出来的，就是说，首先应该理解他的论证，然后才能对他的论证提出批评。而理解他的论证，就应该首先理解他的一阶谓词理论。

依靠现代逻辑为分析手段的现代哲学家在反驳"上帝存在"的本体论的证明的时候，或者说在探讨"存在"是不是一个谓词的时候，有些人提到了弗雷格的这个证明，比如罗素、卡尔纳普，更多的人则没有提到弗雷格的这个证明，而是提到罗素的证明。也许有些人知道，有些人不知道弗雷格的这个证明，但是有许多人的观点与弗雷格的观点差不多是一样的，比如罗素、涅尔和斯特劳森等人的观点。根据这种观点，存在不是一个谓词；存在是一个量词。奎因甚至明确地说，存在就是其变元的值。这里我们应该对这些论述进行深入细致的分析和讨论。

说存在不是一个谓词，隐含着几层意思。在一种意义上，它表示，当说某某个体存在的时候，这样的表达式是不合乎语法规则的。例如，"亚里士多德存在"，"苏格拉底存在"等等是不合语法规则的句子。这样的解释与我们的直观是有一定距离的。但是如果我们分析一下它的原因，就会明白它为什么会有这样的解释了。现代逻辑的基础是一阶理论。根据经典的一阶谓词理论，存在不是一个谓词，它表示的不是某个个体的性质。就是说，它不能断定某个个体存在，因为这样会导致悖论。比如，如果可以说某个个体存在，那么也可以说它不存在，这样就会得出下面的悖论："存在某个个体，这个个体不存在"。根据经典的一阶逻辑理论，存在是一个量词，它表示的是一个个体域的性质。它假设这个个体域是不空的，而且假定句子中出现的个体变项和个体常项指称个体域中的一个个体。通俗地说，就是句子中表示个体的符号是有所指的，或者说，句子中表示个体的符号所指的对象是存在的。因此，根据这样的理论，断定了某个个体有某种性质，就可以断定具有这种性质的这个个体存在。根据这样的理论，如果"上帝存在"是一个合乎语法规则的句子，那么"上帝"就不是一个个体，而是一种性质，如果"上帝"是一个个体，那么"上帝存在"就不是一个合乎语法规则的句子。因此"上帝存在"的本体论证明是不成立的。实际上，人们一般都认为"上帝存在"是合乎语法规则的句子，因此，这里的解释是：存在一个个体，这个个体是唯一的，并且具有上帝这种性质。显然，根据这里的解释，"上帝"不是一个专名，而是一个摹状短语。一个摹状短语与一个专名是不同的，它可能有一个所指的对象，也可能没有一个所指的对象，即它可能是一个空专名。因此"上帝存在"的本体论证明是不成立的。这种解释与弗雷格的解释虽然有所不同，但是本质上是一样的。因为它们都是基于经典的一阶谓词理论。由于在这种逻辑理论中，存在是作为量词来处理的，是个体域的性质，因此它不能作用于个体，不是个体的性质。我们同样也可以对这种解释提出批评和质疑，也可以不同意它，但是我们首先应该明白这种解释是怎么一回事，是怎么形成的。

1.3 存在与个体

不熟悉现代逻辑的人一定会问，"存在是个体域的性质"、"存在不作用于个体"等等，这些表达是什么意思呢？而且一定还会有人引用奎因的话来问，"存在是其变元的值"是什么意思呢？这些问题提得好！需要我们再做进一步的说明和解释。

根据现代逻辑的理解，简单的句子表达的一般是某个东西具有某种性质，或者某些东西具有某种关系。一般来说，在句子结构中，总有一些共同的成分，也有一些不同的成分，其中所表达的"性质"和"关系"就是共同的成分，而所表达的具有这些性质和关系的东西则是不同的成分。比如，"亚里士多德是哲学家"，"弗雷格是哲学家"，"罗素是哲学家"，等等。在这些句子中，"是哲学家"是这些句子共同的成分，而"亚里士多德"、"弗雷格"和"罗素"则是不同的成分。这种共同的成分叫谓词，我们可以用一个谓词符号"F"来表示，这种不同的成分叫做个体名称或专名，我们用"x"来表示，这样，简单句子的结构就是

$$Fx。$$

我们分析句子的结构，是为了更好地理解和说明句子，而且从逻辑的观点看，是为了从真假的角度来说明句子。就是说，我们所关心的是"Fx"（"某物具有某种性质"）在什么情况下是真的。考虑这样的问题，必须限定一个范围。否则我们就无法考虑它的真假。当我们限定一个范围以后，对于"Fx"的真假的说明就有两种情况。为

走进分析哲学

了比较直观、比较清楚地说明这个问题，我们分两步进行。

首先，让我们假定一个范围，这个范围里面只有 a、b、c 三个东西。在这种情况下，我们考虑"Fx"的真假可以有两种方式。一种方式是：对 a、b 和 c 而言，只有在 a 是 F、b 是 F 并且 c 是 F 的情况下，"Fx"才是真的。这里实际是说明，必须所考虑的范围的所有东西都具有 F 性质，"Fx"才是真的。另一种方式是：对 a、b 和 c 而言，如果 a 是 F，或者 b 是 F，或者 c 是 F，那么"Fx"就是真的。这里实际上是说明，在所考虑的范围中，只要有一个东西具有 F 性质，"Fx"就是真的。我们举一个例子。假定有一间屋子，里面有 a、b 和 c 三个人。我说："所有人是哲学家"，我又说："有一个人是哲学家"。听了我的话的人不知道屋子里的人是谁，但是他可以以上述两种方式来考虑我说的话对不对。根据前一种方式，我的前一话是真的，当且仅当 a 是哲学家，b 是哲学家，并且 c 是哲学家。而根据后一种方式，如果 a 是哲学家，或者 b 是哲学家，或者 c 是哲学家，我的后一话就是真的。

以上对考虑句子真假的方式的说明是清楚的。但是我们会发现，这种考虑有一个缺点，就是我们假定了一个确定的范围。而通过"Fx"这种结构来考虑句子的真假，假定一个确定的所考虑的范围显然是有问题的，因为我们无法证明我们所假定的范围穷尽了实际可能的情况。比如上面我说的那句话，显然不能仅仅限于那间屋子。因此这样的考虑是有很大的局限性的。现在我们打破这个范围，来进行第二步的说明。即我们重新设定我们所考虑的范围，把它定为无限。这样的一个范围有 x_1，x_2……个东西。在这种情况下，我们依然可以以上述两种方式来考虑"Fx"的真假。根据第一种方式，我们的考虑是：对于 x_1，x_2……而言，只有在 x_1 是 F，x_2 是 F……的条件下，"Fx"才是真的。根据第二种方式，我们的考虑是：对于 x_1，x_2……而言，只要 x_1 是 F，或者 x_2 是 F……"Fx"就是真的。这种考虑问题的方式就是现代逻辑的量词理论对句子结构的基本考虑和解释。

现在我们可以进一步考虑有关存在的问题了。我们知道，上述两种考虑问题的方式即是全称量词和存在量词。这是两种限定个体范围的考虑方式。但是它实际上是规定了谓词所应用的范围，说明谓词表示的情况在什么样的情况下是真的或假的。根据上述理论，当我们说"某物存在时"，我们实际上是说："存在这样一个东西，它是某物并且具有某种性质。"这里的"存在"实际上是给"具有某种性质的某物"指派了一个范围，或者说确定了它所应用的一个范围。在语法形式上，"某物"是主语，"存在"是谓语。但是在逻辑解释中，"某物"是谓词，而"存在"是量词，而且是对谓词的限定说明。因此根据现代逻辑的观点，人们才说，存在说明的是个体域的性质，存在作用的是谓词。

有了以上说明，我们实际上也就比较容易明白，为什么奎因要说存在就是其变元的值。这是因为，根据以上的说明，一个表示存在的句子实际上表达的是：至少有一个东西满足一定的条件。就是说，根据这样的语言表达方式，我们实际上是把一个词解释为有一个所指称的东西，因而存在的表达是由这个所指称的东西决定的。

这里，我想简单地指出一个问题。以上的说明虽然可以使我们理解奎因的这句话，但是中文对这句话的翻译却是有问题的。这句话的原文是："to be is to the value of a variable"，亦即"是乃是变元的值"。奎因在论述存在和本体论承诺的问题时，总是谈论"约束变元"，是通过量词来刻画的。量词有两个，一个是全称量词，另一个是存在量词。它们都限定谓词所作用的范围，也就是说，它们都可以对变元进行约束，因此，虽然根据现代逻辑的思想，"存在就是变元的值"这句话本身没有什么问题，也很容易理解，但是对于理解奎因本人的思想来说，它却造成了曲解。依据一阶逻辑的哲学家完全相信，一阶逻辑理论对于量词的描述是十分有效的，尽管它只刻画了两个量词。奎因认为，一阶逻辑的量词理论虽然没有刻画和说明变元在言语中可能会出现的所有方式，但是"变元的量词使用在某种意义上是穷尽的，因为变元的所有使用都可以化归为这种使用。每一个含有变元的陈述都能够根据已知的规则翻译成相等的、其中的变元只有量词用法的陈述。变元的所有其他使用都可以被解释为一些缩小的语境，在这些语境中，变元仅仅表示量词的变元"[①]。而我们都知道，量词不仅有存在量词，还有全称量词。正是根据这样的理解，奎因才明确地说：

> 一个变元"x"一般被认为是与一个实体范围，即所谓的变

---

① Quine："Designation and Existence"，in Feigl：*Readings in Philosophical Analysis*，Appleton-Centur-Crofts，Inc. 1949，p. 50.

元的值域联系在一起的。这个值域不能与替代物的域混淆起来。名字是替代物，被命名的实体是值。数字、数的名是算术变元的替代物，而这些变元的值是数。变元可以被大致认为是它们的值的含混的名。含混的名这个概念并不像它初看上去那样神秘，因为它本质上是关于一个代词的概念。"x"这个变元是一个与量词"（x）"或"（∃x）"相联系使用的关系代词。①

有了以上的分析，再看这里的论述，应该说，奎因通过变元的值来说明本体论承诺的思想是十分清楚的。

1.4　自由逻辑

对于依赖于现代逻辑的理论所做出的这些解释，包括对奎因的解释，人们当然可以提出批评和质疑。但是，最重要的是首先应该理解这种理论和这样的解释，这样才不会使我们的讨论不着边际。其实，在逻辑学家中也是有许多讨论和不同看法的。比如，艾耶尔就对奎因的解释提出了批评。他认为，奎因的下述说法，即我们能够涉及本体论承诺的唯一方式就是使用约束变元，是引人误解的。"因为这样似乎会使人以为，我们可以仅仅通过改变我们的记号用法就能完全摆脱这些承诺。由于约束变元的作用，如同罗素使用的那样，是给谓词指派一个应用范围，因此最好是说我们仅仅在以下程度上涉及了本体论的承诺，即我们使用被断定为应用于某种东西的谓词。至于谓词应用到什么东西上，则只能说是任何满足这些谓词的东西……"② 从艾耶尔的批评我们可以看出，他不仅理解了奎因的基本思想，而且与奎因的基本思想，特别是关于量词和个体变元的思想，基本上是一致的。他只是不同意奎因在这个问题上的表达方式。这样的讨论对于问题的深入研究和精确表达显然是有好处的。

但是在现代逻辑理论中，也有不满意一阶逻辑关于存在的处理方式的，由此形成了自由逻辑。根据这种逻辑理论，存在可以作用于个体，即可以说"亚里士多德存在"这样的句子，或者，这样的句子是合乎语法的。这种理论刻画了存在作用于个体的性质。表面上看，一种逻辑理论认为存在不能作用于个体，另一种逻辑理论

①　Quine：Designation and Existence，in Feigl：*Readings in Philosophical Analysis*，Appleton-Centur-Crofts，Inc. 1949，p. 50.

②　Ayer："On What There Is"，in *Philosophical Essays*，Macmillan and Co. Ltd. 1954，pp. 218-219.

认为存在能够作用于个体，这两种理论似乎是对立的，似乎人们也可以问，哪一种理论是正确的？具体地说，似乎还可以问，根据自由逻辑的解释，"上帝存在"的本体论证明是不是有效的？实际上，问题远远没有像看上去那样简单。若要弄明白这个问题，必须明白自由逻辑是怎么一回事。

前面我们已经扼要地说明了经典的一阶谓词理论关于"存在"的处理。这种处理办法具有很大的优越性。它揭示了"存在"这个词在日常使用中往往是有歧义的，即这个词往往表示的不是个体的性质，而是个体的类的性质，从而使我们认识到句子中语言的语法结构和逻辑结构是不一样的，语言对于个体和概念的表达是有层次方面差异的，因此使我们可以避免导致"存在"悖论。但是经典的一阶谓词理论关于"存在"的处理也是有缺陷的。许多逻辑学家也对它提出了批评。[①] 其中最主要的批评如下。这种关于"存在"的解释将专名分为空专名和不空的专名，并将空专名解释为摹状词。但是，区别空专名和不空的专名必须依赖于语义，而这是经典的一阶逻辑理论本身无法做到的。此外，采用摹状词的解释还会引起另一个问题。比如我们希望能够说"柏伽索斯（飞马）有翅膀"是真的，也能够说"柏伽索斯（飞马）是河马"是假的。如果把这两句话中的"柏伽索斯"作为摹状词来解释，就得到下面两个句子："那个唯一具有柏伽索斯这种性质的东西有翅膀"，"那个唯一具有柏伽索斯这种性质的东西是河马"。而这两个句子都是假的。因为"那个唯一具有柏伽索斯这种性质的东西"是不存在的。当然，人们也可以不用摹状词的解释，而用一般的量词方式来解释。比如，可以得到下面两个句子："对于任何一个事物来说，如果它是柏伽索斯，那么它有翅膀"；"对于任何一个事物来说，如果它是柏伽索斯，那么它是河马"。但是这同样解决不了问题，因为这里虽然把"柏伽索斯"解释成为谓词，但是找不到可以满足这个谓词的东西。因此这两个命题都是假的，而且是空的。于是，现代逻辑学家寻找新的解决办法。自由逻辑正是在这样的背景下产生的。

在这里，我们实际上可以看得很清楚，自由逻辑主要是为了解决空专名所带来的问题。因此它的主要措施也是针对空专名而定的。经典的一阶逻辑的一条重要原则，如上所述，是假定个体域是不空

[①] 　参见王雨田主编：《现代逻辑科学导引》下册，195～197 页，北京，中国人民大学出版社，1988。

的，而且每一个个体变项和个体常项都指称个体域中的一个个体。在这样的原则指导下，由于空专名没有所指称的对象，因此被处理为摹状词。自由逻辑想要解决的是空专名的问题，因此它首先就要修改或者说抛弃经典的一阶逻辑的这条规则。这样做的结果是严格地区分个体变项和个体常项的作用。在自由逻辑中，对个体变项的要求与经典的一阶逻辑相同，即每一个个体变项必须指称个体域中的一个个体，但是对个体常项的要求则与经典的一阶逻辑不同。自由逻辑区分出两种个体常项，一种指称个体域中的个体，另一种不指称个体域中的个体。这后一种个体常项显然就是空专名。自由逻辑是在经典的一阶逻辑的基础上发展起来的，因此它不可能与一阶逻辑完全不同。实际上，在自由逻辑中，定义语言的方式，包括它的初始符号和形成规则与经典的一阶逻辑是完全一样的。特别是，如同在一阶逻辑中一样，存在也是作为量词符号引入的。但是在这里出现了差异。由于在自由逻辑中有不指称个体域中的个体的常项，因此存在量词对这样的常项就失去了作用。为了解决这个问题，必须采取新的措施。一种具体的办法是假定一个指称量化域的初始谓词，即表示存在的初始谓词。有了这样一个谓词，就可以处理那些不指称个体域中的个体的常项了。我们举一个例子来说明这个问题。在经典的一阶逻辑中有一条重要的存在概括规则。根据这一规则，如果断定某个事物有某种性质，那么就可以断定存在一个有这种性质的东西。而在自由逻辑中，根据经过修改的存在概括原则，如果断定某事物有某种性质并且这个事物存在，那么就可以断定存在一个具有这种性质的东西。就是说，自由逻辑必须先断定某事物存在，然后才能断定存在一个具有该事物所具有的性质的东西。

经过对经典逻辑的修改，自由逻辑断定了存在可以作用于个体，这样就符合了我们自然语言的直观表达。但是我们看到，自由逻辑的这一结果是有代价的。由于它允许有空专名存在，而且它引入存在假定也是为了解决空专名的问题的，因此，虽然它说明存在可以作用于个体，但是它并没有说明这样的个体存在，而只是假定了这样的个体存在。以"上帝存在"为例。即使把"上帝"看做是一个专名，而不是像经典逻辑那样看做是一个摹状词，也是可以的，就是说，是合乎语法的。但是这并没有证明作为个体的上帝存在。如果要对"上帝是全能的"这个句子进行本体论的证明，那么根据存在概括，就可以说："如果上帝是全能的并且上帝存在，那么就有一个东西，它是全能的。"这里我们可以看得十分清楚，自由逻辑刻画了存在可以作用于个体的性质，但是没有约定存在所作用的个体都有所指。因此它只是说明我们可以说"上帝存在"，但是并没有证明"上帝"存在。而且更重要的是我们应该看到，自由逻辑虽然克服了经典逻辑不允许说"某个体存在"的缺陷，却削弱了经典逻辑的量词理论。

此外，由于自由逻辑区分出有指称的个体常项和没有指称的个体常项，并且允许含有没有指称的个体常项，因此它对与个体有关的规则不得不进行修改，从而也产生了一些不同的结果。比如等价规则。根据经典的逻辑理论，我们可以断定，如果两个个体 a 和 b 相等，那么就可以得出，如果 a 有什么性质，则 b 也有什么性质。但是根据自由逻辑，我们可以断定，即使两个个体 a 和 b 不存在，如果 a 和 b 相等，那么就可以得出，如果 a 有什么性质，则 b 也有什么性质。由此可以看出，根据自由逻辑的这种解释，人们就必须承认，没有指称的个体也是有性质的，否则，断定两个没有指称的个体相等或不相等，断定一个没有指称的个体具有某种性质与另一个没有指称的个体具有某种性质有什么等价关系，就没有任何意义。在这一点上，人们的争论是非常多的。

1.5　摩尔的分析

应该指出，以上我们仅仅从"某物存在"并主要以"上帝存在"为例论述了现代逻辑对于"存在"的处理和理解。实际上这只是现代逻辑对"存在"的理解的一部分。但是由此我们已经可以看出，现代逻辑关于"存在"的处理是与量词联系在一起的。人们可能要问，这样的处理有什么意义？

我认为，它至少有以下几点意义。首先，它对"存在"提出了一种解释。根据现代逻辑，"存在"的意思乃是："（至少）有一个事物（它如何如何）"。应该看到，"有什么什么"和我们一般所说的"存在"或以"存在"所要表达的是符合的。其次，根据这种解释，我们可以处理自然语言中表示存在的句子。而且我们会发现，这样的句子有许多，不仅像"存在某某事物"这样的句子表示存在，而且像"有某某事物"这样的句子也表示存在。特别是像"一些事物具有某某性质"这样的句子也表示存在。比如，"一些哲学家是爱国者"，这个句子是说："（至少）有一个事物，这个事物是哲学家，并且这个事物是爱国者。"这就说明，在我们的自然语言表达中，表达存在不一定要把"存在"两个字说出来。再次，当自然语言中出现"存在"这个词时，"存在"并不是它修饰的那个词所表达的事物所具有的性质。这一点非常重要。它清楚地说明，句子的语法形式和逻辑形式是不一样的。比如，当人们说"上帝存在"时，它表达的是："有一个事物，这个事物是上帝"。就是说，在这个句子中，"上帝"是语法主语，但是在逻辑上是谓词，而"存在"是语法谓语，但是在逻辑上是量词，是修饰谓词的东西。最后，由于揭示了"存在"在句子中逻辑结构与语法结构上的差异，因此有助于我们进行与此有关的正确的推理。

理解"存在"可以有多种途径。现代逻辑的方法仅仅是一种途径，也就是说，它不是唯一的途径。问题是要看这样的方法为我们理解存在带来了哪些好处，使我们的有关研究取得了哪些发展。以上关于"上帝存在"的分析仅仅是应用现代逻辑方法的一个微不足道的结果。但是由此也足以说明应用现代逻辑方法的重要性。下面我想谈一谈日常语言哲学学派的代表人物摩尔关于存在问题的探讨，从另一个方面来说明这个问题。

摩尔探讨存在的方法与上述方法不同，他主要是从对日常语言的理解出发。他的论述和分析非常冗长，我们仅简单地分析探讨他的几个步骤。他首先比较"驯虎咆哮"（S_1）和"驯虎存在"（S_2）这两个句子的意义。他认为，S_1是有歧义的，可以有以下三种含义：

    （1）所有驯虎咆哮，

    （2）大多数驯虎咆哮，

    （3）一些驯虎咆哮。

这三种意思是清楚的，而且互不相同。无论是哪一种含义，S_1如果是真的，就必须确实有一些驯虎咆哮。在真这种条件的意义上说，S_2也是同样的，就是说，必须有一些驯虎确实存在，"驯虎存在"这句话才是真的。但是S_2没有S_1那样的歧义。摩尔认为，"驯虎存在"与"一些驯虎存在"的意思是一样的，它们"只是表达完全相同的命题的两种不同方式"[1]。因此，"驯虎存在"只有

---

① Moore，G. E.："Is Existence a Predicate?"，in Moore，G. E.：*Philosophical Papers*，London，1959，p. 117.

一种意思，这就是与上述（3）的表达方式相应的含义，而不可能有与（1）和（2）表达方式相应的含义。S_1 隐含着上述三种意义是正常的情况，而 S_2 若也隐含着上述前两种表达方式所表达的含义，就会是非常奇怪的。因此，"存在"与一般的谓词是有差异的。

然后，摩尔又进一步比较"一些驯虎不咆哮"（S_3）和"一些驯虎不存在"（S_4）这两个句子的意义。他认为，无论是真的还是假的，S_3 的意思是清楚的。同样，与它相应的肯定形式的句子，即（3）的意思也是清楚的。而且 S_3 与（3）可以都是真的。但是，S_4 的意思是不清楚的，实际上"根本没有意义"①，而与它相应的肯定形式的句子，即"一些驯虎存在"不仅有意义，而且意思也是清楚的。因为，后者的意思是"有（存在着）一些驯虎"，而 S_4 如果有意义，则会是"有（存在着）一些驯虎，它们不存在"，这显然是荒唐的。如果 S_4 有意义，那么其中使用的"存在"一词的含义与"一些驯虎存在"中"存在"的含义必然不同。在这种情况下，与（1）和（2）相应的表达"所有驯虎存在"（1'）和"大多数驯虎存在"（2'）也会根本没有我们所考虑的那种意义。摩尔认为，（1）等价于下面这个句子：

一些驯虎咆哮并且没有（不存在着）不咆哮的驯虎（H）。

这个句子是有意义的，因为"至少有（存在着）一只不咆哮的驯虎"是有意义的。因此，如果"至少有（存在着）一只不咆哮的驯虎"没有意义，那么（1'）就会没有意义。这是因为，如果"有（存在着）一只不咆哮的驯虎"没有意义，那么"没有（不存在着）一只不咆哮的驯虎"也就没有意义。这就说明，在"咆哮"和"存在"前面加上否定词"不"以后是有区别的。在"咆哮"的前面加上"不"，不用改变这个词的意思，我们可以得到一个有意义的句子。而在"存在"前面加上"不"，如果不改变这个词的意思，我们就得到一个没有意义的句子。因此，"存在"与一般的谓词是有差异的。

除此之外，摩尔还有许多讨论，比如，在"存在"的前面加上"不"以后，不改变"存在"的含义，也可以得到有意义的句子。

---

① Moore, G. E.: "Is Existence a Predicate?", in Moore, G. E.: *Philosophical Papers*, London, 1959, p. 117.

他认为，在这种情况下，S_4的意思是："一些驯虎是想象的"。因为这可以指神话寓言中的驯虎。还有，"一些"这个表达是复数，而罗素的解释是单数，摩尔认为其间是有差异的，因而罗素的解释严格地说是不对的。此外，还有单数指示代词加上"存在"的用法，等等。如果想了解和研究摩尔关于存在的看法，则应该仔细分析所有这些论述。但是这不是我们这里的目的。我们主要是看一看摩尔的分析方法，因此，以上的内容就足够了。

从摩尔的分析，我们可以看出，他的方法主要是分析例句，通过比较"存在"和"咆哮"作谓词的句子，得出"存在"和"咆哮"这样的谓词是有区别的。如果仔细分析一下，我们就可以更清楚地看出，摩尔在他的句子分析中依据了传统逻辑。比如，他说S_1有三种含义，这是因为S_1没有量词，根据传统逻辑，加上量词以后可以得到（1）和（3），（2）可以算是他的发挥，但是传统逻辑中也有这样的讨论。又比如，他认为S_3和（3）的意思都是清楚的，而且可以都是真的。这显然是根据下反对关系所做的论述。还有，他关于在"咆哮"和"存在"前面加上"不"这个否定词的论述显然是依据传统的对当方阵，有时候加上假设主项存在的讨论。应该看到，虽然他说出"存在"和"咆哮"的一些区别，但是他的说明是经验性的，使人感到以"咆哮"作语法谓词与以"存在"作语法谓词是有差异的，他并没有能够明确地说明这样的差异究竟是什么。特别值得注意的是，他在区分时所用的例句及探讨涉及量词"所有"、"大多数"、"有些"和否定词"不"，还涉及"真"和"假"，这说明他感觉到造成"存在"这个谓词与其他谓词不同的差异所在，但是非常遗憾，他没有能够从理论上说明存在与一般谓词的区别究竟是什么。

我认为，在这个问题上，日常语言学派的另一位主要代表人物斯特劳森对摩尔的评价是非常正确的。他在探讨存在的时候，借用摩尔的例句来阐述自己的思想，说明了量词在存在句子中的逻辑作用，因此最终说出了摩尔所没有能够说出来的东西，这就是，量化形容词在存在句中所起的作用和在非存在句中所起的作用是不同的。[①] 他明确地说，看到这一点"有助于我们看到呈现出量化形容词的句子的奇特或不奇特的地方是如何与存在不是谓词这一学说相

---

① 参见 Strawson, P. F.: "Is Existence Never a Predicate?", in *Freedom and Resentment*, Methuen and Co. Ltd., 1974, p. 193。

联系的"①，而"摩尔从来没有真正阐明这些例句和这种学说之间的联系是什么"②。在摩尔和斯特劳森的讨论中，出发点都是日常语言，例句也是一样的，但是所得结论却不同。这是因为摩尔不懂现代逻辑，他虽然探讨了存在，涉及了量词，但是无法认识它们的本质，因此只能停留在经验说明的表面上。而斯特劳森则不同，他具有很高的现代逻辑修养。虽然他没有使用符号，但是从他的论述可以清楚地看出，他应用了现代逻辑方法，借助现代逻辑关于量词的理论，通过对日常语言中量词的分析，对存在进行了说明，并且说明了摩尔所无法说明的东西。这也说明，在对"存在"的分析论述上，懂不懂现代逻辑并不是无关紧要的。

2　分析和综合

在哲学的讨论中，关于分析和综合的区别与讨论由来已久。这样的讨论也许可以追溯到休谟关于依赖于观念的真和依赖于事实的真之间的区别，也可以追溯到莱布尼兹关于理性的真和事实的真之间的区别。但是无论如何，自康德明确地提出他那个关于分析判断和综合判断的著名区别以来，人们基本上都相信，真命题分为两类，一类命题（分析命题）的真仅仅依赖其构成的词的意义，另一类命题（综合命题）的真不能仅仅依赖于其构成的词的意义，就是说，与非语言的事实有关。

1951 年，奎因发表了著名的论文《经验论的两个教条》。在这篇论文中，他对传统的这种关于分析和综合的区分提出了挑战。他认为，分析性这个概念是不清楚的，因此依赖于这个概念所做出的关于分析命题和综合命题之间的传统区别是不存在的。他的观点在学术界引起了强烈的反响，有支持者，更有反对者，结果在十几年的时间里，形成了关于这个问题一系列深入细致的讨论和激烈的争论，使分析性这个重要概念得到了比以前更加明确的刻画和说明。下面我们就来看一看奎因的论证。

2.1　奎因的质疑

奎因的出发点是分析性这个概念。因此他从分析句入手进行讨

①　Strawson，P. F.："Is Existence Never a Predicate?"，in *Freedom and Resentment*，Methuen and Co. Ltd.，1974，p. 194.

②　Ibid.，p. 195.

论并展开他的论证。他认为，哲学上所说的分析陈述一般有两类。一类是可称为逻辑真的陈述，典型的例子是：

(1) 任何未婚男子都不是已婚的。

另一类是通过同义词的替换可以转换成为逻辑真的陈述，典型的例子是：

(2) 任何单身汉都不是已婚的。

他认为关于第一类分析陈述没有什么问题，不论如何解释"男子"和"已婚"，(1) 都是真的，因此它是一个分析陈述。问题在第二类分析陈述。一般认为，"未婚男子"与"单身汉"是同义词，因此通过"未婚男子"替代"单身汉"，(2) 就变成 (1)，因此 (2) 也是一个分析陈述。但是奎因指出：

> 对这第二类分析陈述，因而一般来说对分析性的特征，我们仍然缺乏一种专门的说明，因为在上述说明中我们依靠了"同义性"这样一个概念，而这个概念与分析性自身是同样需要解释的。①

显然，奎因的分析有两点是清楚的。第一，例 (1) 和例 (2) 所表达的陈述是不同的。第二，例 (2) 向例 (1) 的转化依赖于同义性这个概念。有了这两点，他就可以进一步探讨分析性这个概念，这就是把对分析性这个概念的探讨转变为对同义性这个概念的探讨，因为它是分析性这个概念所依赖的基础。

人们认为例 (2) 之所以可以转变为例 (1)，一种理由是我们可以以定义为依据，而"单身汉"的定义就是"未婚男子"。奎因区分出三种类型的定义。一种类型是字典式的定义。字典里通常是以定义的方式给出解释。但是，字典是由人编的，而编撰者是经验科学家，他们需要依据以前的事实，需要依赖词的用法，根据词的同义性来编撰字典。因此奎因认为，这种类型的定义是"字典编撰者对一种观察到的同义性的记录"②，不能把它看做是同义性的根据。另一种类型是解释式的定义。哲学家和科学家通常进行这样的解释活动。为了说明一个词的意义，就要用其他的词来解释。在这样解释

---

① Quine："Two Dogmas of Empiricism", in *From a Logical Point of View*, Harvard University Press, 1953, p. 23.

② Ibid., p. 24.

的过程中，目的并不仅仅是把被定义项解释为一个完全的同义词，实际上是进一步明确和说明被定义项的意义。但是，奎因认为，"尽管解释并不仅仅是报告被定义项和定义项之间预先存在的一种同义性，它确实依然依赖于其他预先存在的同义性"①。被定义项一般有清晰严格的应用语境，进行解释的目的是为了保留这些语境，同时使其他一些语境清晰明确起来。因此，用定义项来解释被定义项是为了使被定义项的语境与定义项的语境是同义的。第三种类型的定义是缩写。这是纯粹为了引入一些新符号而进行的定义。奎因认为，只有这种类型的定义是"一种真正明显的定义创造出同义性的情况"②，而其他类型的定义是"依赖于同义性而不是解释它"③。由于是定义依赖于同义性，而不是同义性依赖于定义，因此依靠定义无法解释同义性的问题。

人们认为例（2）可以转换为例（1），另一种理由是我们可以依据保真互换性。所谓保真互换性简单地说就是：在一切语境中，用一个词替换另一个词，句子的真保持不变。这样，用"未婚男子"和"单身汉"进行替换，例（2）的真不变。因此，例（2）可以转换为例（1）。但是，奎因认为，"bachelor"（单身汉）与"未婚男子"并不是在任何地方都是可以互换的，因为它不仅有"单身汉"的含义，而且还有其他意思，比如"学士"、"小的果味饼干"等等。因此，有时候用"未婚男子"替换"bachelor"就会改变句子的真假。即使人们再对保真互换性做一些规定，比如规定它只能用于整个一个词，而不能用于一个词的片段，这种关于同义性的说明确实还是有一个弊病，这就是"诉诸一个在先的'词'的概念，而这个概念反过来又一定会给表述造成困难"④。应该看到，奎因虽然指出这个问题，却并不认为它有多么重要，他在进一步讨论保真互换性的问题时甚至根本不考虑这种情况。他认为，重要的是应该考虑：保真互换性是不是同义性的充分有力的条件？

为了回答这个问题，奎因首先对同义性进行了澄清。他指出，这里所谓的同义性，不是心理联想方面和诗性方面的同义性，而是认识同义性。根据前面论述分析性的讨论，这种认识同义性不过是

---

① Quine："Two Dogmas of Empiricism"，in *From a Logical Point of View*，Harvard University Press，1953，p. 25.

②③ Ibid.，p. 26.

④ Ibid.，p. 28.

指："用同义词替代同义词，任何一个分析陈述都可以变成一个逻辑真陈述"①。明确了同义性以后，奎因利用了如下三个例子，对保真互换性进行了说明：

> (3) 所有并且只有单身汉是未婚男子。
> (4) 必然所有并且只有单身汉是单身汉。
> (5) 必然所有并且只有单身汉是未婚男子。

首先，既然"单身汉"和"未婚男子"是同义词，说它们是认识同义的，实际上就等于说例（3）是分析的。因为如果它们是同义的，就可以互换，这样，经过替代，例（3）就可以转变为"所有并且只有未婚男子是未婚男子"，这显然是一个分析陈述。

其次，例（4）显然是真的，因为，"单身汉是单身汉"是一个分析陈述，无论"必然"怎么理解，例（4）总是真的。

然后可以分析例（5）。如果"单身汉"和"未婚男子"可以保真互换，那么把例（4）中出现的一个"单身汉"替换成"未婚男子"，就得出例（5）。由于例（4）是真的，因此例（5）也是真的。但是，我们也可以只看例（5），而不看例（4）。在这样的情况下，如果我们说例（5）是真的，这是因为我们认为"单身汉"和"未婚男子"是同义词，经过替代，例（5）可以转变为"必然所有并且只有未婚男子是未婚男子"。这里，除多了一个词"必然"之外，与例（3）的分析是一样的。因此，这实际上也就等于说，例（3）是分析的。

从这些分析我们可以看出，如果对例（3）进行保真互换，那么我们得到的结果是："例（3）是分析的。"如果对例（4）进行保真互换，我们得到的结果是："例（5）是真的。"如果对例（5）进行保真互换，得到的结果依然是："例（3）是分析的"。也就是说，"单身汉"和"未婚男子"的保真互换性并没有使我们得到认识的同义性。特别是，"例（3）是分析的"这一结果实际上预设了分析性这个概念。它使我们明显地感到，与其说分析性依赖于同义性这个概念，不如说同义性依赖于分析性这个概念。因此，通过保真互换性来说明同义性也是有问题的。但是，以上分析虽然有道理，似乎仍然不够清楚。

---

① Quine："Two Dogmas of Empiricism"，in *From a Logical Point of View*，Harvard University Press，1953，p. 28.

第 4 章 挑战常识

奎因指出，谈论保真互换性一定要考虑语言应用的范围，否则就没有意义。我们可以在一种外延语言中谈论保真互换性，也可以在一种非外延语言中谈论保真互换性。奎因对外延语言有明确的说明。所谓外延语言是指："任何两个外延一致（即对于相同的对象是真的）的谓词都是可以保真互换的"①。奎因对非外延语言没有明确的说明。从他的论述来看，所谓非外延语言是指含有"必然"这样的副词的语言。实际上，在上面的例句和分析论述中，这两种语言没有得到十分清晰的区别。但是在这些例句和分析的基础之上，现在已经可以进一步更清楚地说明，保真互换性是否为我们提供了认识同义性的充分条件。奎因基于以上分析明确地说：

> 在一种外延语言中，保真互换性绝不保证人们得到那类欲想的认识同义性。"未婚男子"和"单身汉"在一种外延语言中是可以保真互换的，这不过是向我们保证（3）是真的。这里绝没有保证"单身汉"和"未婚男子"的外延一致依赖于意义，而不是仅仅依赖于偶然的事实，一如"有心脏的动物"和"有肾脏的动物"的外延一致仅仅依赖于偶然的事实。②

这里，我们应该明确，奎因所说的外延语言，实际上是指经典的一阶逻辑的语言，而非外延语言是指与一阶逻辑不同的语言。根据一阶逻辑，如果"单身汉"与"未婚男子"可以保真互换，则例（3）是真的，因为它等于"所有并且只有未婚男子是未婚男子"，而后者是一个重言式。但是，它只保证例（3）是真的，而不考虑是什么东西决定"单身汉"和"未婚男子"的外延是一致的，就是说，在外延语言中，考虑的只是真，与同义性没有关系。因此，在外延语言中，谈论保真互换性无法解决同义性问题。

但是在一种非外延语言中，比如像例（4）和例（5），谈论保真互换性可以提供认识的同义性的充分条件。但是，如上所说，它们预设了"分析性"这个概念。因此，虽然说明了同义性，但是依然没有说明分析性。用奎因的话说："只有预先已经理解了分析性这个概念，这样一种语言才是明白可理解的"③。这样，奎因就说明，通过保真互换性说明不了同义性。因此用同义性无法说明分析性。

---

① Quine："Two Dogmas of Empiricism"，in *From a Logical Point of View*，Harvard University Press，1953，p. 30.

②③ Ibid.，p. 31.

除了通过意义方面的分析说明分析陈述和综合陈述之间的区别是站不住脚的以外，奎因还通过语义规则方面的分析说明了这一点。（对于这方面的内容，我们就不论述了。因此我们下面的讨论也仅限于以上内容。）他的结论是："分析陈述和综合陈述之间的界限一直也没有划出来。认为确实可以得出这样一种区别，乃是经验主义者的一个非经验的教条，一条形而上学的信念。"[①]

2.2 传统的区分

对于奎因的观点，人们提出了许多批评。但是"在这场争论中，奎因似乎多少占了一些上风"[②]。值得注意的是：人们无法否认奎因的分析论证，然而就是不接受他的结论。最主要的批评是认为奎因根本否定分析和综合的区别是不对的。这种批评往往不是针对奎因的具体论证，而是针对奎因的结论。比如，一些批评者认为：

> 人们有理由要问：这样一种区别存在的假设是否不成立。这种区别无疑是存在的；因为，且不说莱布尼兹、康德，特别是逻辑实证主义者使用这种区别这个纯粹的事实，人们可以清楚地看到，使用这种区别一般来说是哲学家们在下述含义上所一致赞同的事情，即哲学家们在哲学用法中以在很大程度上一致的方式应用"分析"与"综合"这两个词项，并且，这种应用可同样地扩展到新情况上，这一点是很重要的，这也就等于说，这种应用不会限于哲学家们可能一目了然地看清的一个封闭的情况表列，而是可以创造性地和一致地推广到新的陈述范围上。[③]

很难说这种批评没有道理，不是吗？人们一直在使用分析和综合这一对概念，而且基本上不会造成混淆。怎么能说它们之间的区别不存在呢？

我认为，分析和综合的区别确实是比较直观的。就是说，这是自然可接受的。因此，奎因的结论可以说是违反常识的。但是这样

---

① Quine："Two Dogmas of Empiricism"，in *From a Logical Point of View*，Harvard University Press，1953，p. 37.

② 周北海：《分析性概念的严格定义与哲学考察》，载《哲学研究》，1997（12），64页。

③ 格雷林：《逻辑哲学引论》，牟博译，涂纪亮校，73页，北京，中国社会科学出版社，1990。

一来，我们首先就应该考虑一个问题：为什么像奎因这样一位杰出的逻辑学家和哲学家会得出这样一个结论呢？他难道是故意对常识进行挑战？或者他难道是无中生有吹毛求疵吗？从上面论述可以看出，奎因的结论不是凭空得出来的，而是建立在他对分析性这个概念的分析的基础之上的。因此我们应该考虑，从他关于分析性的探讨，是不是一定会得出这样的结论？此外，上述引文所表达的反对意见，颇有些诉诸权威的味道。莱布尼兹、康德和逻辑实证主义者都是些有名的哲学家。问题是他们这样使用这个区别，这个区别就一定存在吗？我认为，这个问题应该具体分析，因此需要多说几句。

人们在谈到莱布尼兹和休谟的看法时，一般是如奎因所说，"预示了"康德的区分。换一个说法，就是在莱布尼兹和休谟的著作中可以找到康德的说法的影子。这是一个比喻的说法，就是说，莱布尼兹和休谟没有做出关于分析和综合的区别。我们看到，他们所做的区别是依赖于理性的真和依赖于事实的真，依赖于观念的真和依赖于事实的真。这种区别大体上可以说是清楚的。但是康德的区别完全是另一种说法：

> 在所有可以考虑主谓关系的判断中（我仅考虑肯定判断，因为以后这很容易应用于否定判断），这种关系可以有两种方式。要么谓词 B 作为某种在 A 这个概念中包含的东西而属于主词 A，要么 B 完全在 A 这个概念之外，尽管它与这个概念相联系。在前一种情况，我称判断为**分析的**，在后一种情况，我称判断为**综合的**。因此，分析判断（肯定判断）是这样的判断，其中谓词与主词通过同一性相联系，而另一些判断，即其中考虑谓词与主词的联系不通过同一性，应该叫做综合判断。前一种判断可以叫做**说明性判断**，后一种判断可以叫做**扩展性判断**，因为前者通过谓词为主词概念没有增加任何东西，只是通过剖析使主词概念分解为在主词概念中已经（**尽管**含糊不清地）考虑了的部分概念；而后者为主词概念增加一个谓词，这个谓词是在主词中根本没有考虑过的，而且是通过对主词概念的任何剖析也不可能产生的。①

康德的区别表面上似乎是清楚的，谓词的意思包含在主词中，就是

---

① Kant：*Kritik der reinen Vernunft*，s. 52.

分析的，谓词的意思不包含在主词中，就是综合的，或者说，谓词为主词增加了东西，就是综合的，没有增加东西，就是分析的。但是，什么是"包含"在主词中或"增加了东西"，实际上是不清楚的。康德明确地说，经验判断都是综合的①，数学判断都是综合的②，因此"7＋5＝12"是综合判断。但是他似乎无法明确地说出哪一类判断是分析判断。他举例说，"所有物体都是有广延的"是分析判断，而"所有物体都是有重量的"是综合判断。因此，从康德的区分来看，无论对错，综合判断的含义似乎比分析判断的含义更清楚一些，分析判断其实是需要我们去体会的。不管怎样，康德关于分析和综合的区分至少不是关于依赖于语言的判断和依赖于事实的判断的区分。

艾耶尔认为，康德的区分标准有两个很大的问题。一个问题是他把句子限于主谓形式。另一个问题是它使用了两个标准。一个是逻辑标准，一个是心理学标准。康德把"所有物体都是有广延的"看做分析判断是根据逻辑标准，他把"7＋5＝12"看做综合判断则是根据心理学标准。但是这两个标准不是等价的，因此一个判断按照前一个标准是综合的，按照后一个标准很可能是分析的。因此艾耶尔提出新的区分标准：

> 如果一个命题的有效性仅仅依据它所包括的那些符号的意义，我们就称它为分析命题，如果一个命题的有效性依赖于经验事实，我们就称它为综合命题。③

艾耶尔关于分析和综合的区分标准比康德无疑是清楚的，即依赖于语言还是依赖于事实。简单地说，凡依赖于经验事实的就是综合命题，而依赖于语言的就是分析命题。虽然艾耶尔自称是保留了康德的分类的逻辑意义，但是他与康德的分类是不同的。此外，艾耶尔使用了"有效性"这个概念。这一点与康德是不同的。康德是通过考虑主词和谓词的关系来说明分析和综合的区别，而艾耶尔是通过命题的有效性来说明分析和综合的区别。但是，什么是"有效性"，却是需要说明的。根据艾耶尔的解释，"有些蚂蚁建立了一个奴役制度"是一个综合命题，因为我们不能仅仅依靠观察构成这个命题的

---

① Kant：*Kritik der reinen Vernunft*，s. 53.

② Ibid.，s. 55.

③ Ayer，A. J.：*Language，Truth and Logic*，Victor Gollancz，1946，p. 78.

符号的定义，而必须通过实际观察蚂蚁的行为"来决定这个命题是真的还是假的"①，而"或者 p 是真的，或者 p 不是真的"这样形式的命题是分析的，因为它们"不用依赖于经验就是有效的"②。由此可见，他说的有效性是指命题的真。因此，艾耶尔区分分析和综合的标准实际上是看命题的真假。命题的真假仅仅依赖于语言的就是分析的，命题的真假依赖于事实的就是综合的。这一点与康德的分类显然是不同的。

2.3　成功之处

奎因的批评不是针对依赖于经验，而是针对依赖于语言。如上所述，他认为，哲学上的分析陈述有两类。一类是可称为逻辑真的陈述，另一类是通过同义词的替换可以转换成逻辑真的陈述。他认为第一类陈述没有什么问题，问题出在第二类陈述。这类陈述依赖"同义性"这样一个概念。而他认为"同义性"是一个和"分析性"同样需要解释的概念。他认为人们对同义性的解释一般有两种方式：定义的方式和保真互换的方式。他证明，定义的结果是依赖于经验，保真互换的结果是要么说明真而没有说明同义性，要么说明同义性预设了分析性，因而解决不了问题。所以，人们实际上没有给同义性提供一个有效的解释。因此"分析陈述和综合陈述之间的界限一直也没有划出来"。我认为，奎因得出这样一个结论是自然的，也是有道理的。因为他证明，做出分析陈述和综合陈述之间区别的标准或基础是不成立的，因此这种区别也是不成立的。

在奎因的一些批评者看来，说分析和综合的界限不清楚，定义不完善不精确，都是可以接受的，但是"如果暂时未得到令人满意的定义，这并不意味着这种区别不存在"③。有些人认为，奎因指出不存在狭义的分析性是正确的，"仅就这一点来说，奎因向传统观念的挑战是成功的。但是，不存在绝对的狭义分析性并不等于不存在严格的分析性概念，不等于不存在分析命题和综合命题的严格界限"④。这些批评似乎是有道理的，但是，我对它们也存有疑问。我们区别两类不同的东西，是因为我们有把它们区别开来的标准，如

---

① ②　Ayer, A. J.：*Language, Truth and Logic*，Victor Gollancz, 1946, p. 78.

③　徐友渔：《"哥白尼式"的革命》，319 页。

④　周北海：《分析性概念的严格定义与哲学考察》，载《哲学研究》，1997（12），70 页。

果我们没有这样的标准，我们也就无法把它们区别开来。如果我们的标准有问题，不清楚，我们就无法把东西清清楚楚地分为两类。因此，东西尽管可以分，但是正如奎因所说，"界限一直也没有划出来"。对于说不清楚的东西，可能有人相信它，有人不相信它，孰是孰非，只能依靠证明。好比有人说特异功能是科学，有人说它不是科学。持肯定态度的人有一个十分冠冕堂皇的理由，即科学是在发展的，现在说不清楚的东西怎么能说它就不是科学呢？

我不想讨论分析和综合的区别究竟是不是存在的问题，而是想讨论另一个问题。批评者承认奎因的挑战是成功的。那么究竟成功在哪里呢？前面已经说过，他把分析陈述分为两类，一类是逻辑真的陈述，另一类是通过同义词的替换可以转变为逻辑真的陈述。通过对第二类分析陈述的分析，他令人信服地指出"同义性"这个概念有问题，因此我们并没有得到一个清晰明确的分析性概念。这就是他的成功之处。我的问题是：为什么他会获得这样的成功呢？

简单地说，奎因的成功在于他对同义性这个概念的分析和论证。但是实际上，这个问题并不是那样简单。首先，我们可以问，为什么奎因能够看出在同义性这个概念上存在着问题？其次，我们还应该考虑，奎因为什么能够令人信服地证明这里存在的问题？前一个问题可以说是眼界的问题，后一个问题可以说是方法的问题。但是在我看来，二者都是与现代逻辑分不开的。

奎因主要从两个方面，即从定义和保真互换性方面论证了同义性的问题。有人认为，"在奎因对于分析与综合概念的区别的挑战中，最值得注意的是他反驳了同义性来自词典定义的主张"[1]。我不同意这种看法。如上所述，奎因关于定义的论述包括三个方面，词典定义只是其中之一，而且在其中占很小的一部分。他仅仅指出词典是由人编撰的，而编撰者是根据经验把同义词记录下来，因此同义词与人的言语行为有关，是依赖于经验的。奎因似乎认为这是显然的，因此他这方面的论述只有几行。在定义方面，他把精力主要放在缩写定义上，因为他认为这种定义真正是与同义性有关。因此，在奎因的论述中，关于词典定义大概是最不重要的方面。

在我看来，在奎因对关于分析和综合的区别的批评中，最值得注意的是奎因关于保真互换性的论证。这不仅因为他专门用了一节

① 徐友渔：《"哥白尼式"的革命》，320 页。

论证这一点，而且因为其中包含了十分丰富的思想内容。如上所说，奎因认为，保真互换性的有效性与语言应用的范围有关，因此他区别出两种语言，一种是外延语言，一种是非外延语言。在外延语言中，保真互换性只与真假有关，而与同义性没有关系。在非外延语言中，保真互换性与同义性有关，但是预设了分析性。因此保真互换性解决不了同义性的问题。通过奎因的分析，我们可以看出，他是依据一阶逻辑的思想在进行论证。经典的一阶逻辑的基本特点有两个，一个是二值的，另一个是外延的。保真互换性在这里是完全适用的。但是超出一阶逻辑的范围，保真互换性这条原则就不一定起作用了。比如，在一阶逻辑中，有一条基本原则，这就是一个句子的真假是由其构成部分的真假决定的。但是在模态逻辑中，这样一条原则就失效了。考虑句子的真假除了要考虑其构成部分的真假以外，还要考虑模态词的含义。因此，当我们使用像"必然"这样的概念时，并不是可以像以为的那样随便。奎因非常谨慎地谈论语言范围，明确地使用"外延语言"这个概念，却没有使用"内涵语言"这个概念。这是因为在 50 年代初期，模态逻辑已经有所发展，人们对于外延逻辑和外延语义的局限性已经有所认识，对于外延逻辑和非外延逻辑的区别已经有所认识，但是内涵逻辑还没有真正发展起来。尽管如此，奎因依然正确地指出了含有"必然"的句子与不含有"必然"的句子是不同的，指出保真互换性不是可以随便应用的，而是有一定的应用范围的，从而说明了在以保真互换性论证同义性方面存在的问题。

还有一点值得注意，这就是奎因没有对综合陈述进行说明，而只对分析陈述进行了说明。特别值得注意的是他对两类分析陈述的说明。一类是逻辑真的陈述。另一类是通过同义词的替换可以转换为逻辑真的陈述。他强调的是逻辑真，或者说他强调的是真。我们看到，他的讨论往往也是围绕着真进行的。实际上，保真互换性和语义规则的讨论都是围绕着真进行的。应该说，真乃是一个比较清楚的标准。而且奎因从现代逻辑的角度出发，可以比较严格地围绕这个概念进行讨论，说明与此有关的一些问题，比如逻辑真、分析性、同义性与必然性等等。

奎因的说明是重要的。实际上，由于分析性这个概念不清楚，由此产生的哲学讨论中的混乱是很多的。康德虽然区别了分析判断和综合判断，但是一方面，他把分析判断看做是先验的和必然的，

走进分析哲学

而把综合判断看做是偶然的和后验的，另一方面，又把数学判断看做是综合的。逻辑实证主义者虽然修改了康德的区分标准，从而使数学命题归为分析的一类，特别是使这一区分与他们的证实原则基本相符，但是他们依然把分析命题和综合命题的区分与必然命题和偶然命题、先验命题和后验命题的区分等同起来。这里显然是存在着问题的。今天我们都知道，根据克里普克的分析和说明，分析性是一个语义概念，必然性是一个形而上学的概念，先验性是一个认识论概念，它们是不同范围的概念，不能混为一谈。奎因虽然没有像克里普克那样明确地做出这样的说明，但是在他的论述中，真、分析性、同义性、必然性这些概念是没有混淆的。他的论述是清楚的，因此，即使人们不同意他的结论，对他的论证一般来说还是接受的。

3 真

关于"真"这个概念的探讨由来已久。亚里士多德早就说过，对真的考虑，一方面是困难的，另一方面又是容易的。亚里士多德的论述可以说体现了在真这个问题上的特点。我们都会应用它，而且都明白它的意思，但是真正说清楚什么是真，就不那么容易了。亚里士多德在《形而上学》中关于真有一段非常出名的论述：

> **否定是的东西或肯定不是的东西就是假的，而肯定是的东西和否定不是的东西就是真的**；因而任何关于任何事物是或不是的判断都陈述了要么是真的东西要么是假的东西。[①]

这段话的意思是说，一事物或情况是如此这般，则否定这一点就是假的，而肯定这一点就是真的；一事物或情况不是如此这般，则否定这一点就是真的，而肯定这一点就是假的。后来人们把这段话称为真之符合论的起源。

语言哲学家关于真也有许多讨论，形成了许多理论。比如真之符合论、真之融贯论、真之冗余论等等。但是，在所有关于真的讨论中，众所公认最重要的理论是塔尔斯基的真之理论。1931 年 3 月，塔尔斯基通过卢卡西维奇向华沙科学学会提交了一篇论文，两年以

---

① *Aristotle's Metaphysics*，1011b24-28.

后该文用波兰文发表，1936年，该文的德译文发表在《哲学研究》杂志上，从此蜚声国际学术界。这篇文章就是《形式化语言中的真这个概念》。在这篇文章中，塔尔斯基利用现代逻辑的手段对真这个概念进行了刻画和说明，得出一系列重要的成果，建立了逻辑语义学。以后在不同场合，塔尔斯基又多次阐述了自己的有关思想。特别是1944年，塔尔斯基在《哲学和现象学研究》杂志上发表了《真这个语义概念和语义学基础》，用非形式的方法解释了自己在前一篇论文中的思想，并且为自己的观点作了进一步的辩护和说明。关于塔尔斯基这个理论的巨大影响，菲尔德做过一个生动的说明：

> 30年代初期，在有科学头脑的哲学家中间盛行一种观点，认为像真和指谓这样的语义概念是不合法的：不能或者说不应该使它们融入一种科学的世界构想。但是，当塔尔斯基关于真的研究被人们知晓以后，一切都变了。波普尔写道："由于塔尔斯基的教导，我不再迟疑谈论'真'和'假'"，而且，波普尔的反应得到广泛的赞同。①

一句简单的"一切都变了"和一声平凡的"不再迟疑"，说明了塔尔斯基的真之理论的开创性和不同凡响。下面我们就来看一看这个理论。

3.1 塔尔斯基的论述

在《形式化语言中的真这个概念》这篇文章中，塔尔斯基一开始就明确地说，他几乎只探讨一个问题，这就是"关于真的定义"，这篇文章的任务是参照一种给定的语言，"为'真句子'这个术语构造一个实质适当和形式正确的定义"②。他还用斜体表示强调这两句话。他的工作大致可以分为两部分。首先，他分析了日常语言中真这个概念，得出一个结论，在日常语言中无法定义真这个概念。然后他试图在形式语言中构造一个关于真句子的语义定义。应该指出，他的这一部分工作是最重要的。这里大致也可以分为几步。首先是准备工作：他区别了对象语言和元语言，以类演算的形式语言作对

---

① Field, H.: "Tarski's Theory of Truth", in *Reference*, *Truth and Reality*, ed. by Mark Platts, Routledge and Kegan Paul, 1980, p. 83.

② Tarski, A.: "The Concept of Truth in Formalized Languages", in *Logic*, *Semantics*, *Metamathematics*, Oxford, The Clarendon Press, 1956, p. 152.

象语言，然后构造了元语言和元语言的公理系统，这样他可以在元语言中对类演算的语言进行说明。实际上，这是在元语言的层面上展开类演算，以此来说明"真句子"的定义。其次，塔尔斯基在类演算的语言中给出了关于真句子的定义，即著名的 T 约定。最后，他把这个成果推广到一般的形式语言，并且说明它也适用于日常语言。他把他的主要结果总结如下：

A. 对每一种有穷阶的形式化的语言来说，一个形式正确和实质适当的关于真句子的定义能够在元语言中如下构造出来：只使用一般的逻辑表达式、语言的本身的表达式以及属于语言构词法的术语，即语言学表达式的名字和这些表达式之间存在的结构关系的名字。

B. 对无穷阶的形式化的语言来说，构造这样一个定义是不可能的。

C. 另一方面，即使对于无穷阶的形式化的语言来说，一致和正确地使用真这个概念也被表现为是可能的，因为可以把这个概念包括在元语言的初始概念系统中，并且借助公理方法来确定它的基本性质。[①]

塔尔斯基的这篇论文很长，将近 130 页，技术性非常强。限于本书的目的，我们不对塔尔斯基在论述真这个问题的过程中的技术细节作详细介绍，仅简要地介绍他关于以日常语言来定义真所存在的问题的分析，以及他的分析中的主要思想和结果，并讨论几个与它有关的问题。

塔尔斯基认为，在日常语言中真句子的语义定义可以表达如下：

（1）真句子是这样一个句子，它说事物状态是如此这般的，而事物状态确实是如此这般的。

塔尔斯基认为，从形式正确性、清晰性和其中出现的表达式没有歧义性的观点看，这个表述显然不尽如人意。但是它的直觉意义和一般意向似乎是比较清楚的，也是可以理解的。"使这种意向更明确，给它一种正确的形式，恰恰是语义定义的任务"[②]。他开始考虑"x 是

---

① Tarski, A.："The Concept of Truth in Formalized Languages", in *Logic*, *Semantics*, *Metamathematics*, Oxford, The Clarendon Press, 1956, pp. 265–266.

② Ibid., p. 155.

一个真句子"这类句子。他认为，这类句子的一般模式可以描述如下：

(2) x 是一个真句子当且仅当 p。

这并不是一个真句子的定义，而仅仅是这样一个定义的模式。其中，"p"这个符号表示任何一个句子，"x"这个符号表示这个句子的任何个体名字。用一个句子代入"p"，用一个表示这个句子的名字代入"x"，就可以得到一个具体的定义。同样，如果有了一个句子的名字，那么我们若是能够写下这个名字所指谓的句子，就可以构造一个具有（2）这种模式的关于这个句子的解释。应该注意，句子的名字和名字指谓的句子本身是不同的。塔尔斯基说，引号名字由左右引号和引号中的表达式组成，而这个表达式本身就是这个名字指谓的对象。例如：

(3)"正在下雪"是一个真句子当且仅当正在下雪

就是与"正在下雪"相应的具有（2）这种模式的解释。除了这种句子名字外，塔尔斯基还描述了一种句子名字，即所谓的"结构描述名字"。这种名字是通过逐一描述句子用语的每一个字母来表示的，比如"snow"（雪）的名字可以是"由 s、n、o 和 w 组成的表达式"。塔尔斯基认为，表示句子的最重要最普通的名字是引号名字。因此我们只考虑他说的（3），而不考虑与结构描述名字有关的（4）以及与（4）有关的问题。①

塔尔斯基认为，表面上看，与（3）类似的句子是清楚的，而且也完全符合（1）中所表达的"真的"这个词的意义。就这类句子的内容清晰性和形式正确性来说，一般也不会引起人们的怀疑。但是在有些情况下，比如说谎者悖论，这类句子会导致明显的矛盾。为了简便，让我们以"c"这个字母作为

印在本页倒数第 3 行的那个句子

的缩写。现在我们考虑下面这个句子：

c 不是一个真句子。

---

① 我不考虑这个问题是因为它与自然语言的讨论，特别是与本书的讨论没有直接的关系，也是为了想省省篇幅。如果从全面准确地理解塔尔斯基的思想出发，还是应该考虑它的。特别是在后来关于类演算的说明中，他还专门论述了这种结构描述语言的元语言表达方式，并构造了相应的公理系统。

考虑到"c"这个符号的意义，我们可以经验地确定：

(α)"c 不是一个真句子"等同于 c。

对句子 c 的引号名字，可以建立一个具有模式（2）的解释：

(β)"c 不是一个真句子"是真的当且仅当 c 不是一个真句子。

而（α）和（β）这两个前提加在一起，立即产生一个矛盾：

c 是一个真句子当且仅当 c 不是一个真句子。

塔尔斯基指出：

> 这个矛盾的根源是很容易揭示的：为了构造（β）这个断定，我们把模式（2）中"p"这个符号代之以一个自身含有"真句子"这个词的表达式（由此这样得到的断定——与（3）和（4）相比——就再也不能用作关于真的一部分定义）。然而，人们无法提出任何合理的根据来说明为什么原则上应该禁止这样一种替代。①

说明了这个问题以后，塔尔斯基又把（3）这类解释加以概括，即把（3）中的句子变元代之以出现两次的"正在下雪"这个表达式，然后确定所得表述适合于该变元的每一个值，这样就构造了下面这样一个真句子的定义：

(5) 对于所有 p 来说，"p"是一个真句子当且仅当 p。

但是（5）不能用作"x 是一个真句子"这个表达式的一般定义，因为在这里，对"x"这个符号所有可能的代入都限于引号名字。为了消除这种限制，必须诉诸一个著名的事实，这就是：相应于每一个真句子，而且一般来说相应于每一个句子，都有一个指谓这个句子的引号名字。这样，就可以把（5）概括为：

(6) 对所有 x 来说，x 是一个真句子，当且仅当，对某一个 p，x 等同于"p"并且 p。

表面上，我们得到一个关于真句子的一般定义，但是实际上，这里仍然有问题。首先，我们可以把引号名字当做语言中的单个的词来处理，

---

① Tarski, A.："The Concept of Truth in Formalized Languages", in *Logic*, *Semantics*, *Metamathematics*, Oxford, The Clarendon Press, 1956，p. 158.

因此可以把它们当做在句法上是简单的表达式来处理。这样，根据最自然的解释，而且也是完全符合惯用法的解释，一个引号名字是一个整体，它所包含的引号和引号中间的表达式是不能分开的，就是说，它们没有独立的意义。所以一个引号名字是一个确切的表达式的恒定的个体名字，从本质上说，与一个人的专名是一样的。例如，"p"这个名字指谓字母表上的一个字母。通俗地说，"p"与 p 是不同的，我们可以对 p 进行代入，丝毫也不影响"p"。认识到这一点，也就说明，从（3）那样的部分定义无法进行任何有意义的概括，而且也无法接受（5）和（6）是（3）的概括。因为，我们从（5）既可以得到

(a)"p"是一个真句子当且仅当正在下雪，

也可以得到

(b)"p"是一个真句子当且仅当并非正在下雪。

由此可以看出，（5）和（6）不是我们想要表达的思想表述，而且显然，从（5）得出矛盾。从（6）虽然得不出矛盾，但是却得出显然没有意义的结论，即"p"这个字母是唯一的真句子。

以上说明我们不能把引号名字看做是在句法上简单的表达式。那么能不能把它们看做是句法上复合的表达式呢？塔尔斯基的结论同样是否定的。因为这也会导致矛盾。比如，当我们把（5）和（6）中出现的"'p'"看做是一个引号函项的时候，虽然它的自变元是一个句子变元，它的值是恒定的句子的引号名字，但是在这种情况下引号变成属于语义范围的独立的词，在意义上近似于"名字"这个词，而从句法的角度看，它们起函项的作用。这样就产生新的复杂情况。塔尔斯基再一次利用说谎者悖论说明了这个问题。我们用"c"这个符号作为

印在本页倒数第 8 行的那个句子

的缩写。现在我们考虑下面这个句子：

对于所有 p，如果 c 等同于句子"p"，那么并非 p。

显然，如果我们接受（6）为关于真的一个定义，那么这里就断定 c 不是一个真句子。我们还可以经验地确立下面两个句子：

(α)"对于所有 p 来说，如果 c 等同于句子'p'，那么并非 p"这个句子等同于 c。

(β) 对于所有 p 和 q 来说，如果句子"p"等同于句子

"q"，那么 p 当且仅当 q。

塔尔斯基指出，根据基本逻辑定律，从（α）和（β）很容易得出矛盾。这样，他就证明用以上方法都不能构造正确的真句子的语义定义。他对以上分析论证作了如下一段总结说明：

> 我们的讨论至此使我们无论如何都能够说，**企图为"真句子"这个表达式构造一个正确的语义定义遇到了非常现实的困难**。我们不知道有哪一种一般的方法会允许我们定义"x 是一个真句子"这类任意一个具体表达式的意义，这里，在"x"的位置上，我们有一个表示某个句子的名字。①

后来，他还论述了人们解决这些问题的企图，主要谈论的是一种结构定义，并且说明这种定义也不行。② 最后他得出结论："没有令人满意的解决这个问题的方法"③，他对此的解释是：

> 日常语言（与各种科学语言相对照）的一种典型特征是它的普遍性。如果说在其他某种语言中会出现一个不能翻译为日常语言的词，那么这与这种语言的精神就会不相符合了；人们可能会说，"如果我们确实能够有意义地谈论任何东西，那么我们也就能够用日常语言来谈论它"。如果我们坚持日常语言与语义研究相联系的这种普遍性，那么为了一致，在这种语言中除了它的句子和其他表达式以外，我们还必须允许有这些句子和表达式的名字，含有这些名字的句子，以及像"真句子"、"名字"、"指谓"等等这样的语义表达式。但是，很可能正是日常语言的这种普遍性是所有诸如说谎者悖论或非自指词悖论这样的语义悖论的主要根源。这些悖论似乎提供了一个证明：在上述意义上是普遍的而且也是规范的逻辑定律所适用的日常语言一定是不一致的。……如果我们分析以上表述中的这种悖论，我们就会形成一种信念：不存在任何一种为通常的逻辑定律所适用的而且同时还满足以下条件的一致的语言：（I）对在这种语言中出现的任何句子来说，这个句子的一个确切的名字也属于这种语言；（II）通过以这种语言的任何句子替代"p"这个符

---

①   Tarski, A.："The Concept of Truth in Formalized Languages", in *Logic*, *Semantics*, *Metamathematics*, Oxford, The Clarendon Press, 1956, pp. 162−163.

② ③   Ibid., pp. 163−164.

号并且以这个句子的一个名字替代"x"这个符号而从（2）形成的每一个表达式都应该被看做是这种语言的一个真句子；（III）在所说的这种语言中，一个经验建立的具有与（α）相同意义的前提可以被表述和接受为一个真句子。

如果这些观察是正确的，那么与逻辑规律和日常语言的精神相符合的那种一致地使用"真句子"这个表达式的可能性似乎就是非常有问题的，因此对于那种给这个表达式构造一个正确表达的可能性也有同样的问题。①

3.2　真还是真理

在塔尔斯基对自然语言的分析中，我们可以看到这样几个步骤。其一，他的（1）与亚里士多德对真的说明差不多是一样的，因而他是从亚里士多德关于真的定义开始的。也可以说，他是从人们关于真这个概念的一般所公认的没有问题的定义出发的。其二，他根据（1）给出了一个一般模式，即（2），这是为了讨论的缘故。然后他又回到自然语言，即（3），这是（2）的一个直观、显然、自明的自然语言实例。他的（4）我们省略了。其三，他重点是分析和讨论（2）。我们看到，塔尔斯基在论述这个问题的时候，一个最显著的特点是他没有停留在自然语言方面，虽然（1）和（3）都是用自然语言表述的，但是他的主要论述不在这里，而是在（2）。因为（1）是出发点，（3）是（2）的一个例子。他的方法就是借助现代逻辑来进行分析。虽然可以说，即使没有现代逻辑的方法，从（1）过渡到（2）大致也是可以做到的，因为这只是刻画出（1）的一个一般形式；虽然可以说，没有现代逻辑的方法，大致也可以说明（3）会导致矛盾，比如借助说谎者悖论，但是应该看到，没有现代逻辑的方法，从（2）的扩展是不可能的，即从（2）到（5）和（6）是不可能的，而且证明（5）和（6）会导致矛盾也是不可能的。实际上，在塔尔斯基的说明中包含着十分深刻的现代逻辑的思想。

在国内关于塔尔斯基的真之理论的论述中，存在着一些问题。在我看来，最主要的问题有两个：一个是对真这个一般概念的理解，另一个是认为塔尔斯基的真之理论是符合论。下面我们就来分析这

---

① Tarski, A.："The Concept of Truth in Formalized Languages", in *Logic*, *Semantics*, *Metamathematics*, Oxford, The Clarendon Press, 1956, pp. 164−165.

两个问题。

在我国哲学讨论中，我们有关于真理的讨论，而且也有相应的思想体系和内容。但是我们一直用"真理"这个概念去翻译和理解西方人所说的"truth"（英文）或"Wahrheit"（德文），由此造成了许多理解方面的问题。① 对塔尔斯基的真之理论的曲解就是一个典型的例子。从上面的论述我们可以看出，塔尔斯基的真之理论实际上是关于真这个概念，它说的显然是"真的"或"是真的"这种意义上的东西。西方人在谈论他的这个理论时还常常使用"真之概念"（真这个概念）和"真之谓词"（真这个谓词）这样的术语。即使不懂这一理论的技术细节，仅从字面上看，"真"这一谓词也是十分容易理解的。塔尔斯基探讨的是"x 是真的当且仅当 p"。"是真的"当然是谓词。而"真"是"真的"的名词形式，就是说，塔尔斯基探讨的就是"是真的"是什么意思这样一个十分简单而重要的问题。但是我们一直把塔尔斯基的这一理论译为"真理理论"②，我们一直使用"真理理论"和"真理谓词"这样的译名并形成术语。应该说，"真理谓词"是十分令人费解的。实际上，我们在对塔尔斯基的解释上也一直存在着十分严重的问题。比如，一种流行的错误观点认为，塔尔斯基关于真理的定义是错误的，因为它仅从形式方面来考察真理，而排斥了真理的客观内容和检验真理的客观标准。有人对这种观点提出了一针见血的批评，并且正确地指出这些错误的看法与塔尔斯基关于"真值"的定义是风马牛不相及的，"根据马克思主义的认识论，真理是对客观事物及其规律的正确认识。这种认识，即思想或理论，是观念性的东西，需要用带规律性的真语句来表达。但对什么是真语句，逻辑语义学和哲学认识论则是从不同方面，用不同方法来进行研究的，因此，真值的语义定义和真理的认识论定义是根本不同的"③。逻辑学家有时候愿意用真值来谈论真假，这里就是如此。真值有两个，一个是真，一个是假。虽然用"真值"不是非常准确严格地表达出"真"，但是这段论述十分清楚地指出了塔尔斯基所讨论的"truth"是在真假意义下的东西，与"真理"是不同的。

塔尔斯基的真之理论是西方当代语义学和意义理论的基础。因

---

① 参见王路：《论"真"与"真理"》，载《中国社会科学》，1996（6）。我在这篇文章中对这个问题进行了详细的分析和论述，并且提出了尖锐的批评。

② 参见涂纪亮主编：《语言哲学名著选辑》。

③ 张家龙：《数理逻辑发展史》，395 页。

此，不能正确地理解前者，同样不可能正确地理解后者。前面我们说过，当代极有影响的戴维森的意义理论就是基于塔尔斯基的真之理论。但是我们以"真理"去翻译和理解"truth"，就会产生许多问题。下面我们看一看戴维森的两段十分重要的话的译文：

> 我们能够把真理看做一种特性，这种特性不是语句的特性，而是话语的特性，或言语行为的特性，或关于语句、时间和人的有序三元组的特性；而恰恰把真理看做语句、人与时间之间的关系，这是最简单不过的了。①

> 我所关注的是我所认为的（至少从历史角度来看）那个语言哲学的中心问题，即如何对诸如（语句或话语的）真理、（语言的）意义、语言规则或约定、命名、指称、断定之类的语言概念做出具体解释……②

这两段话说明了戴维森关于"真"的性质及其在语言哲学中的地位的看法。但是，由于这里的翻译用的是"真理"，而且又不是在谈论"真的"的上下文里，就给我们的理解带来很大的困难。由于我们对于"真理"已经有固定的习惯的理解，这就是主观对客观的规律性的正确反映，因而我们很难理解："真理"怎么能够成为一种性质呢？它怎么能够成为话语的性质呢？它怎么能够成为句子、人和时间之间的关系的性质呢？它成为这样的关系怎么可能是最简单不过的呢？它又怎么成了与意义、语言规则或约定、命名、指称、断定等等并列的东西呢？有了这样的概念，读这样的译文，肯定是会造成曲解的。而如果我们把"真理"改为"真"，这两段话的意思就变得非常清楚了。③ 我们甚至还可以看到一些根据我们关于真理的理解而对西方语言哲学家提出批评。这些批评认为，西方哲学家"没有从认识发展的角度研究获得真理的全过程，没有对真理问题进行动态的研究，没有研究真理的来源和人们发现真理与认识真理的能力和条件以及真理和谬误的转化等问题，没有研究社会实践在发现真理和检验真理中的决定性作用，没有研究相对真理和绝对真理之间的辩证关系等等问题。忽视对这些重大问题的研究，就不能深入

---

① 戴维森：《真理、意义、行动与事件》，牟博译，23 页，北京，商务印书馆，1993。
② 同上书，156 页。
③ 参见 Davidson，D.：*Inquiries into Truth and Interpretation*，Oxford，1991。此外，前面在论述意义理论的时候，我引用过前一段话，那里我是根据原文自己翻译的，读者可以将两段译文对照起来看。

了解人们发现真理、认识真理和检验真理的全过程，不能提高人们发现真理和辨别真理的能力。可见，现代西方语言哲学家对真理问题的研究是有很大局限性和片面性的"①。这样的批评显然是错误的。其原因主要在于没有理解西方语言哲学家关于"truth"的研究究竟是怎么一回事，而仅仅把它误当成是关于"真理"的研究。这实际上是一种重大误解。

在我国学术界，有人认为，塔尔斯基的真之理论"的基本倾向是唯物主义的，因为它强调一个语句的真理性取决于它是否与客观实际相符合"②。有人则明确地说："塔尔斯基的真理观完全是一种符合论"③。持这种观点的人一般是根据两点。第一，塔尔斯基论述真之理论的出发点是亚里士多德的观点。亚里士多德是真之符合论的创始者，因此塔尔斯基的观点也是真之符合论。第二，塔尔斯基的 T 约定表达的是"x 是真的当且仅当 p"。这里，p 表示任意一个句子，x 是这个句子的名字。举例说："'雪是白的'是真的当且仅当雪是白的"。带引号的"雪是白的"是句子或句子表达的思想，不带引号的"雪是白的"是事实。因此他表达的仍然是一种符合论。我认为，这两点看法都是对塔尔斯基的思想的曲解，都是由于没有理解他的思想而造成的。

如上所述，塔尔斯基在论述真之理论的时候，确实是从亚里士多德的观点出发的。但是，他这样做是因为亚里士多德的观点是人们比较普遍接受的，用塔尔斯基的话说，这种表达"也许最自然"④。因此，他从亚里士多德的观点出发并不是因为他赞同亚里士多德的观点，而是因为他的最终目的是要揭示一个十分重要的问题：在自然语言中，真是无法定义的。而从人们一般认为天经地义的真之定义出发来进行探讨，无疑会大大突出和增加这个问题的重要性，而亚里士多德的表述恰恰可以起这样一种作用。

3.3　T 约定

理解塔尔斯基的真之理论，T 约定是非常重要的内容。关于 T

---

① 涂纪亮：《英美语言哲学概论》，289 页，北京，人民出版社，1988。

② 同上书，286 页。

③ 徐友渔：《"哥白尼式"的革命》，294 页。

④ Tarski, A.：'The Concept of Truth in Formalized Languages", in *Logic*，*Semantics*，*Metamathematics*，Oxford，The Clarendon Press，1956，p. 155.

约定，我们还应该弄清楚几个问题。首先，塔尔斯基在论述自然语言中关于真的定义的问题时就谈到"x 是真的当且仅当 p"，即他的(2)。但是他最终认为这是有问题的。因此，仅仅说"x 是真的当且仅当 p"，并不是塔尔斯基的 T 约定。其次，有人认为，在 T 约定中，"'p'属于对象语言，而整个（T）语句'x 是真的，当且仅当 p'则属于元语言"[①]。这是不对的。还有人认为，T 约定是塔尔斯基关于真而提出来的定义。这也是错误的。为了说明这些问题，我们看一看塔尔斯基的 T 约定。

塔尔斯基在区别了对象语言和元语言之后，在建立了关于类演算的元语言公理系统以后提出了对真句子的一般表述方式的刻画。他用"Tr"指谓所有真句子的类，给出了 T 约定：

> 约定 T：在元语言中所表述的关于"Tr"这个符号的一个形式正确的定义将被称为一个适当的真之定义，如果它有以下推论：
>
> （α）所有如下得到的句子：从"x∈Tr 当且仅当 p"这个表达式出发，以所考虑的语言中任何句子的一个构造描述名字替代"x"这个符号，并且以这个句子在元语言中形成的翻译表达式来替代"p"这个符号；
>
> （β）下面这个句子："对任何 x 而言，如果 x∈Tr，那么 x∈S"（换言之，"Tr⊆S"）。[②]

在（α）和（β）中，最重要的是前者，因为只要元语言已经有了满足条件（α）的"Tr"这个符号，就很容易定义一个满足条件（β）的新符号"Tr"。因此，后来人们在谈论 T 约定的时候一般只考虑（α）。这部分内容主要是对"x 是真的当且仅当 p"这种表达进行了刻画。而"x 是真的当且仅当 p"只是自然语言表述真的一般形式。这种语言表述是不清楚的，因此要对它进行限制，这里的限制即是（α）中关于"p"和"x"的规定。所以，谈论 T 约定绝不能不考虑（α）。如果不考虑（α），就不知道约定在什么地方，如何约定。而且，T 约定只是对表述真的刻画，而不是对真的定义。塔尔斯基的真之定义实际上是后来在 T 约定的基础上用"满足"这个概念做

---

① 徐友渔：《"哥白尼式"的革命》，296 页。

② Tarski, A.: "The Concept of Truth in Formalized Languages", in *Logic*, *Semantics*, *Metamathematics*, Oxford, The Clarendon Press, 1956, pp. 187–188.

出的。①

在 T 约定中，"x"和"p"都是元语言，这是塔尔斯基在元语言的层面上对类演算这种形式语言进行的说明。而且他说得十分清楚，他给出的 T 约定是"在元语言中所表述的"东西。此外，关于"p"的说明是：用所考虑的语言中的句子"在元语言中形成的翻译表达式来替代'p'这个符号"，所以 T 约定中的"p"绝不是对象语言。区别对象语言和元语言是非常重要的。塔尔斯基的约定 T 是想向人们指出，在关于真的一般语言描述中，对象语言和元语言是混在一起的，无法区分清楚，因此才会有问题，才会产生悖论。如果想形成关于真的适当的定义，必须有一些限制。定义一般可以表述为一个等值表达式，而限制就是对等号两边的东西做出一些规定。这样，等值表达式和限制都是在同一个层次上的。因此，这里的问题是，既然 T 约定本身并没有区别出对象语言和元语言，那么 T 约定说明的是什么呢？

我认为，T 约定实际上是告诉我们，在一般关于真的定义表述中，我们实际上表达了一个等值表达式，但是这种表达是不清楚的。如果我们所想表达的思想是合适的，就必须明确等值式两边是什么东西。"x"和"p"从直观上看就是不同的，但是究竟区别在哪里呢？用塔尔斯基的话说，区别在于"p"是一个句子，而"x"是这个句子的名字。这似乎是一个非常简单的区别，但在自然语言中却是不容易发现的区别。比如当我们用自然语言表述时，"'雪是白的'是真的当且仅当雪是白的"似乎是显然的。两个"雪是白的"的区别仅仅在于前一个有引号，后一个没有引号。人们甚至可以说，前一个表达的是句子或命题或思想，后一个表达的是事实，因此这表达了真之符合论的思想。但是，正像塔尔斯基指出的那样，这样的表达是有问题的，它会导致矛盾。

有人也许会说，不论塔尔斯基的思想如何解释，决定真假的最终不还是要依靠事实吗？因为"雪是白的"是不是真的，最终还是依赖于"雪是白的"这一事实。我认为，这里至少应该区别两个问题。第一，塔尔斯基本人没有这样的思想。他虽然区别出真之等值表达式的左边与右边的东西是不同的，但是他并没有说左边的东西是句子或句子之类的东西，而右边是事实。而且最重要的是他根本

---

① Tarski, A.: "The Concept of Truth in Formalized Languages", in *Logic*, *Semantics*, *Metamathematics*, Oxford, The Clarendon Press, 1956, p. 193.

就没有这样的思想。第二，人们完全可以把去掉引号以后的"雪是白的"解释为事实，并且认为这是确定引号里的"雪是白的"的最终依据。但是，应该清楚，首先，这样的看法并不是什么新鲜的东西。其次，即使这种解释能够成立，也应该感谢塔尔斯基，因为是他为我们提出了一个真之理论。正像波普尔和许多人所承认的那样，有了塔尔斯基的真之理论，我们才能够"不再迟疑"地谈论真。最后，塔尔斯基的成果并不是很容易得到的。没有现代逻辑的方法，这是根本不可能的。

走进分析哲学

第5章
日常语言学派

在 20 世纪的语言哲学研究中，有两个学派十分出名。一个是理想语言学派，另一个是日常语言学派。这两个学派都主张通过语言分析来解决哲学问题。但是，理想语言学派认为日常语言有歧义，主张抛弃自然语言，构造形式语言，通过构造形式语言来解释世界的结构，其主要代表人物是罗素、早期维特根斯坦和卡尔纳普等人。而自然语言学派认为形式语言反映不了日常语言，主张分析日常语言，通过分析日常语言而澄清其混乱和谬误，其主要代表人物是摩尔、奥斯汀、赖尔、斯特劳森和后期维特根斯坦等人。

1 摩　尔

摩尔和罗素是同时代人，1892 年到剑桥读书时，他比罗素低两届。由于罗素在《数学原则》一书的序中向他致谢，所以许多人误以为他是罗素的老师。摩尔在上中学的时候，古希腊经典著作学得很好，因此刚进剑桥的时候也是以此为专业。念了一年以后，他认识了罗素，并在罗素的极力劝说下改学了哲学。用他自己的话说，"如果他（罗素）没有极力劝说我，我不知道会不会这样做。实际上，几乎是直到那一年我才知道有哲学这样一个专业"①。摩尔学习了伦理学、古希腊哲学和德国古典哲学。后来罗素还曾"强烈地极力劝说他"② 上怀特海的数学课，特别是学习微分演算，不过他没有听。1911 年，剑桥大学给摩尔提供了一个教逻辑或心理学课的讲

---

① P. A. Schilpp（ed.）：*The Philosophy of G. E. Moore*，Tudor Publishing Company，New York，1952，p. 13.

② Ibid.，p. 16.

师的位子，但是在这两个专业方面，他"从未学过任何东西"①。最后他选择了教心理学课，因为对于逻辑课，他"立即感到确实没有能力教"②。摩尔无疑是一个悟性极高的哲学家，而且非常注重学习。他说，在维特根斯坦的《逻辑哲学论》发表以后，他对它"读了一遍又一遍，试图向它学习"③。1929 年当维特根斯坦回到剑桥大学以后，摩尔连续几年去听他的课。他公开承认维特根斯坦使他感到，解决令他困惑的哲学问题所要求的乃是一种方法，这种方法维特根斯坦"本人使用得很成功"，而他自己"从来也没有能够清楚地理解它从而使用它"④。维特根斯坦关于语言的论述，摩尔不会理解不了。而作为一种方法使摩尔的理解产生了困难，以致反复地读同一本书和听课也不解决问题，这显然是维特根斯坦所应用的现代逻辑的方法。因为从摩尔的知识结构看，他缺乏的正是逻辑（甚至传统逻辑）方面的基本知识和训练。20 年代初期，拉姆塞听过摩尔一学期的课。摩尔对拉姆塞的评价极高，认为他和维特根斯坦一样，比自己聪明得多，摩尔说：

> 所以我在他面前讲课明显感到紧张：我担心他会在我说的东西里面看到某种严重的荒谬性，而我对此又毫无意识。⑤

从这里可以看出，摩尔是一位非常谦虚的学者。但是，我不相信仅仅因为聪明程度的差异就会使摩尔在讲自己擅长的东西时"明显感到紧张"。拉姆塞是出色的数学家和逻辑学家，据我猜测，与拉姆塞相比，摩尔的声望、资力、地位都是显赫的，大概只有现代逻辑是摩尔所缺乏的东西，因此很可能是拉姆塞运用现代逻辑的思考方式使摩尔感到紧张。

1.1 捍卫常识

摩尔以擅长分析而闻名，被许多人称为分析哲学的领袖之一，并被称为日常语言学派的主要代表人物之一。他的分析方法是独特的，正像玛尔科姆指出的那样，"摩尔反驳哲学陈述时所使用的技术的本质就在于指出这些陈述违反日常语言"⑥。简单地说，摩尔主要

---

① ② P. A. Schilpp（ed.）：*The Philosophy of G. E. Moore*，Tudor Publishing Company，New York，1952，p. 28.

③ ④ Ibid.，p. 33.

⑤ Ibid.，p. 35.

⑥ Malcolm，N.；"Moore and Ordinary Language"，in *The Philosophy of G. E. Moore*，ed. by P. A. Schilpp，Tudor Publishing Company，New York，1952，p. 349.

是对日常语言进行分析，并且主张捍卫"常识"。下面我们通过几个非常出名的例子来说明摩尔的分析。[①]

第一个例子：有人说："没有物质的东西。"

摩尔反驳说："你肯定错了，因为这里是一只手，这里是另一只手；因此至少有两个物质的东西。"

第二个例子：有人说："时间是非现实的。"

摩尔反驳说："如果你的意思是说，任何事件都不会在另一个事件之后或之前，那么你肯定是错的；因为我在午饭之后散了一会儿步，散步之后我洗了澡，洗澡之后我喝了茶。"

第三个例子：有人说："任何人都感知不到物质的东西。"

摩尔反驳说："如果你的所谓'感知'是指'听'、'看'、'感觉'等等，那么不会有比你说的更错的东西了；因为我现在既看见又感觉到这支粉笔。"

以上三个例子有一个共同的特征，这就是违反一般的常识，而摩尔的反驳恰恰是利用我们的常识，并且捍卫我们的常识。捍卫常识有一个基本的出发点，即认为日常语言中有一些常识性的概念是自明的、正确的、不容置疑的，它们是我们理解和交流的基础，没有它们我们就无法进行理解和交流。以上三个例子的反驳充分显示了这一特点。像"手"、"饭后"、"散步"、"洗澡"、"喝茶"、"看见"、"感觉"、"粉笔"等等这样的概念，都是我们日常生活中经常使用的，意思是十分明确的，没有歧义的，因此没有人会怀疑它们的含义。

以上三个例子都是哲学命题。但是从摩尔的回答我们可以看出，他是以日常语言中的句子来回答这些问题的。对第一个问题他是依据常识直接回答的，对第二和第三个问题，他是通过解释而进入日常语言用语的范围，从而依据常识性的句子来回答问题的。而在他的解释过程中涉及了语言分析。这种分析基本上是一种经验的对词的意思的分析。应该说，在这些例子中，摩尔的捍卫常识的特征表现得比较突出，但是语言分析的特征表现得不是特别典型和突出，我们甚至可以说，在这里似乎还无法清楚地看出摩尔在语言分析方面的主要特征，因此我们还需要借助其他的例子。

---

① 参见 Malcolm, pp. 345–348。玛尔科姆列出了 12 个哲学陈述，并且分别给出摩尔本人的回答和他认为摩尔会赞同的回答。作为例子，我仅给出其中第一、第二和第四个陈述，因为对这三个问题摩尔不仅做出了回答，而且他的回答非常出名。

1.2　分析摹状词

在摩尔的著作中，语言分析的例子俯拾皆是。前面我们说过，他在探讨"存在"的时候用了一个例子"驯虎咆哮"，他试图通过这个例子与"驯虎存在"的比较分析来说明"存在"的性质。这是一个比较典型的语言分析的例子。这里我想举另一个例子，也是他的一个非常出名的分析。这就是他对罗素的摹状词理论的批评，即他对"《威弗列》的作者是司各特"这个例子的分析。

前面我们说过，罗素把"《威弗列》的作者是司各特"这个句子分析为下面三个句子：

(1) 至少有一个人写了《威弗列》，
(2) 至多有一个人写了《威弗列》，
(3) 谁写了《威弗列》，谁就是司各特。

摩尔在列出这三个句子以后，又摘录了罗素的一段话：

> 所有这三个命题都被"《威弗列》的作者是司各特"蕴涵。反过来，这三个命题一起（而不是其中任何两个命题）蕴涵《威弗列》的作者是司各特。因此这三个命题一起可以被看做是定义"《威弗列》的作者是司各特"这个命题是什么意思。

摩尔认为罗素的论述有四点是不清楚的，他对这四点逐一进行了批评。他的分析十分冗长烦琐。这里仅择其精要。摩尔认为，第一个不清楚的地方是（3）。他认为，对于"谁写了《威弗列》，谁就是司各特"这个句子的理解"最自然的方式，甚至唯一自然的方式"①是它表达了一个命题，除非有人确实写了《威弗列》，否则这个命题就不能是真的。就是说，（3）所表达的意思是这样的："谁写了《威弗列》，谁就是司各特，但是没有人实际上写了《威弗列》"这个命题是自相矛盾的。但是，这样一来，（3）就会蕴涵（1），因此（3）和（2）就会蕴涵（1）、（2）和（3）一起所蕴涵的东西。所以，罗素所说的"这三个命题一起（而不是其中任何两个命题）蕴涵《威弗列》的作者是司各特"就会是假的。因此摩尔认为，罗素的意思

① Moore，G. E.："Russell's 'Theory of Descriptions'"，in *The Philosophy of Bertrand Russell*，ed. by P. A. Schilpp，The Library of Living Philosophers，Inc. 1951，p. 180.

不是这样的，（3）的意思一定是：

> （4）从来也没有一个人，他写了《威弗列》而不是司各特。

摩尔认为，（4）不蕴涵（1）。因此他在（1）、（2）和（4）的意义上继续探讨罗素的摹状词理论。

第二个不清楚的地方是罗素关于"蕴涵"（imply）的使用。他认为，这里罗素不会是在"实质蕴涵"的意义上谈论"蕴涵"，否则就会出问题。他分析了"蕴涵"的几种可能的含义，认为"蕴涵"这个词是有歧义的，因此他建议用一个同义词，即"推出"（entail）来代替它。这样，罗素的意思是说："《威弗列》的作者是司各特"这个命题与（1）、（2）和（4）的合取命题是相互推出的，或者它们是逻辑等价的。

第三个不清楚的地方是罗素所说的"可以被看做是定义……是什么意思"。这里，摩尔着重分析了"被看做"和"定义"这两个表达式在日常语言中的意思。

第四个不清楚的地方是罗素所说的"命题"。摩尔认为，命题与句子是不一样的，应该区别清楚，否则会产生严重的问题。他认为，罗素在谈论"可以被看做是定义'《威弗列》的作者是司各特'这个命题是什么意思"的时候，所说的是句子，而不是命题。

经过对这四个方面的详细分析，摩尔认为罗素关于那三个句子的论述实际上是断定了两点：（a）《威弗列》的作者是司各特这个命题与（1）、（2）和（4）的合取命题是相互推出的或逻辑等价的。（b）"《威弗列》的作者是司各特"这个句子的意思恰恰就是（1）、（2）和（4）的合取；谁这样说，谁就是给出了这个句子的定义。这样，摩尔进而考虑这两点有没有问题。

在这里，摩尔对"是……的作者"这个表达式进行了分析。他的分析包括两部分，第一部分是"是……的作者"这个表达式包括不包括性别。因为从（1）、（2）和（4）看不出与作者的性别有关。所以，如果"是……的作者"包括性别，那么（a）和（b）就会有问题。但是摩尔对（a）和（b）的反驳主要不是依据这部分，而是依据他分析的第二部分。

摩尔认为，罗素对于"作者"一词的使用是不恰当的。"……的作者"与"写……"是不等价的。因为，写某一个文学作品固然是这个文学作品的作者，但是一个人没有写某一个作品，不一定就不是这个文学作品的作者。比如，一个诗人在文字创作之前构思了一首诗,这首诗在没有写下来之前,我们不能说这个诗人写了这首诗,但是我们无疑可以说他是它的作者。因此,某人是某作品的作者这个命题与这个作品从来没有被写下来不一定是不一致的。根据这样的解释,(a)和(b)都是有问题的。①

从以上摩尔的分析我们可以看出,他主要是从字面或语词的意思方面来进行分析的。他所说的"最自然的"或"唯一自然的"理解方式显然是常人在日常语言中的理解。正是根据这样的理解,他探讨了"蕴涵"、"看做"、"定义"和"作者"的含义。这显然是语言分析。但是我要问的是:这是什么样的语言分析?它的作用何在?

对于自己的语言分析方法,摩尔作过比较明确的说明。他认为,对于一个言语表达式,比如"x 小于 y",人们可以说,它含有字母"x"和"y",还有"小于"这个词,它以"x"开始,后面跟着"小于",最后是"y"。这样的分析叫做言语表达式的分析。而他自己的分析绝不是这样的分析。他明确地说:

> 当我谈论分析任何东西的时候,我所谈论的分析的东西总是观念或概念或命题,而不是一个言语表达式;这就是说,如果我谈到分析一个"命题",那么我总是在某种意义上使用命题,从而使任何言语表达式(比如句子)在这种意义上都不能是"命题"。②

应该指出,摩尔对于分析还有许多说明和论述,比如他认为同义解释(例如:"兄弟是男同胞")不是分析,为此他还给出了三个分析条件。③ 但是我认为,我们可以不考虑他的那些说明,而仅考虑这一段引文就够了,因为它充分体现出摩尔的分析特征,即他主要是一种概念分析。

摩尔并不否认"为了做出分析,必须使用言语表达式"④,但是他认为十分重要的是避免使用"意思是"这个词,因为一使用这个词,就隐含着这样一层意思:被分析项是一个言语表达式。他承认自己在进行分析的时候,也常常使用"意思是"这个表达,从而给

---

① Moore, G. E.: "Russell's 'Theory of Descriptions'", in *The Philosophy of Bertrand Russell*, ed. by P. A. Schilpp, The Library of Living Philosophers, Inc. 1951, pp. 188−189.

② P. A. Schilpp (ed.): *The Philosophy of G. E. Moore*, Tudor Publishing Company, New York, 1952, p. 661.

③ Ibid., pp. 662−663.

④ Ibid., p. 664.

人们造成一种错误的印象。他甚至认为，这是因为他在很长的时间里没有把定义一个词或其他言语表达式与定义一个概念清楚地区别开来。他认为："定义一个概念与对它进行分析是同一回事；但是定义一个词与对这个词进行分析就不是一回事，与对任何概念进行分析也不是一回事。"① 概念要通过言语表达式来体现，因此分析概念要通过言语表达式。既然强调是概念分析，而不是言语表达式的分析，那么就必须能够清楚地把言语表达式和它们所表达的概念区别开。而如何发现并做到这一点，这显然是一个问题。摩尔承认"无法清楚地看出"② 这一点，因此"无法给出任何清晰的答案"③。但是，他认为，他在进行分析的时候，有三个要点：如果做出一个陈述，而且可以恰当地说是对一个概念给出一个分析，那么第一，被分析项和分析项都必须是概念，而且如果这个分析是正确的，那么被分析项和分析项必须在某种意义上是相同的概念；第二，用来表示被分析项的表达式与用来表示分析项的表达式必须是不同的表达式；第三，用来表示被分析项的表达式必须不仅与用来表示分析项的表达式不同，而且必须有如下区别：即用来表示分析项的表达式必须明确提及一些没有被用来表示被分析项的表达式所明确提及的概念。他明确地说前两点是明显的事实，而第三点似乎是他刻意强调的。我们举一个例子。比如"x 是一个兄弟"，我们的分析可以是"x 是一个男同胞"。因为后者明确地提及"男"和"同胞"这两个概念，而前者没有明确提及这两个概念。此外，后者不仅提及两个概念，还提及它们的联结方式，因此联结方式也要考虑在内，而且是进行分析的必要条件。

1.3 对比罗素

从摩尔的分析我们可以看出，他主要是进行概念分析。虽然他试图给出一些分析的要求和条件，但主要仍然是一些经验的说明。这样的分析可能会澄清一些概念的含义，也会使问题的讨论深入一些，但是很难相信它会形成一套系统的方法。除了摩尔这样的分析以外，我们似乎很少看到有谁这样做。但是，我认为这些并不重要。关键是摩尔的方法对我们会有多大的帮助。为此，我们再回到他对罗素的摹状

---

① P. A. Schilpp（ed.）：*The Philosophy of G. E. Moore*，Tudor Publishing Company，New York，1952，p. 665.

②③ Ibid.，p. 666.

词理论的批评上来。这一次，我们看一看罗素对他的批评的反映。

在《罗素哲学》一书中，罗素对一些作者的批评和不同观点进行了答辩。在罗素整整 60 页的答辩中，有一个非常显著的现象，这就是罗素对摩尔长达 48 页的文章仅用了一页纸作答。对于这一现象，我们可以做许多遐想，当然也可以认为它不说明问题。但是鉴于摩尔的身份和地位，特别他的批评的分量，考虑到摹状词理论的重要性，似乎罗素无论如何不应该如此轻描淡写。因此，我们还是先看一看罗素的答辩。罗素说：

> （1）摩尔关于我的摹状词理论的论文几乎没有提出任何我有什么要反驳的问题。（2）我一如既往地钦佩他对歧义和可能的解释的差异一追到底的耐心，而且我不得不为自己漫不经心地使用日常语言感到懊悔。（3）然而，关于这一点，我要说，我的整个摹状词理论包含在《数学原理》第 14 节开始的定义之中，而且使用人工符号语言的原因就在于为日常目的而使用的任何语言都必不可免地是含糊的和有歧义的。……（4）总的来说，如此出色地通过了这样一个仔细和彻底的检查，我感到宽慰。（5）我最严重的错误似乎是假定如果司各特是《威弗列》的作者，那么他一定写了《威弗列》，而荷马（或无论谁是《伊利亚特》的作者）很可能从来也没有写下《伊利亚特》。我心平气和地承认这个错误。①

引文中的序号是我加的，完全是为了便于下面的讨论，同时说明我们可以理解罗素有五层意思。（1）说明摩尔的文章没有什么值得讨论的问题，或者罗素对摩尔的批评不感兴趣，否则对于长达 48 页充满批评和论战性的论文罗素怎么竟然会没有什么要说的呢？（2）说明的究竟是罗素对摩尔的语言分析表示钦佩，还是不以为然，我有些揣摩不透，因为罗素经常承认自己使用自然语言很不当心。这一点从（5）也可以看出来。罗素无非是没有看到"……的作者"与"写……"不等价，而这又是日常语言的问题。因此，你说我错了，我就承认。（4）与其说明罗素对摩尔的态度，不如说明罗素对摩尔这种语言分析的态度。在我看来，在罗素的回答中，最重要的大概是（3），因为这是罗素真正的正面回答。他的潜台词是：他在《数

---

① *The Philosophy of Bertrand Russell*，ed. by P. A. Schilpp，Tudor Publishing Company，New York，1951，p. 690.

学原理》中严格而详细地阐述了摹状词理论，在那里，这个理论是用形式语言表述的，是没有歧义和问题的。自然语言总是有问题的，因此在用自然语言阐述摹状词理论的时候，有可能会出现问题，但这是自然语言的问题，而不是摹状词理论本身的问题。

罗素的这段回答显得很得体，也很符合英国人的绅士派头。但是我总觉得里面有一种味道，这就是罗素对摩尔的批评不屑一顾，至少是不以为然。而且，如果我的这种理解是对的，那么我认为罗素是完全有理由这样做的。前面我们在论述罗素的摹状词理论的时候说过，罗素的摹状词理论的主要特征是用现代逻辑的方法把带有表示唯一性的定冠词的词组处理为两个句子。有了这样两个句子，再加上一个对一般句子的处理，就表达了一个含有摹状词的句子。就是说，在摹状词理论中，一个含有摹状词的句子被处理为三个句子，前两个句子表示摹状词，第三个句子表示句子中去掉摹状词的部分。而摩尔把罗素的摹状词理论的这样三个句子，分别从日常语言的角度进行分析，并且探讨最后一个句子（前文罗素的（3）和摩尔的（4））是不是蕴涵了第一个句子，这完全是不得要领的。也就是说，他并没有完全弄懂罗素的摹状词理论。因此，他的批评是不着边际的。罗素当然明白这一点。因此他的做法是在答辩中提到《数学原理》，这实际上是一种委婉的批评，即是说，你最好是再去看一看那本书，弄明白摹状词理论是怎么一回事。

此外，（5）的表述也是值得注意的。因为一件十分有趣的事情是，1956 年出版罗素的文集《逻辑与知识》时，在收入的《论指谓》这篇文章前面，编者特意在编者按中提到了摩尔指出的罗素所犯的这个"微小的错误"①，并且以充满赞誉的口吻说："降格俯就地对待这种事物的权利按理是留给那些像罗素和摩尔那样对哲学做出贡献的人们的。"②看上去似乎罗素真是犯了一个错误，而且不仅他自己承认这一点，人们也是这样认为的。但是我不这样看这个问题。

我认为，罗素之所以"心平气和地承认"这个"似乎"是"最严重的错误"恰恰说明这个问题微不足道。这里充分体现了逻辑学家和非逻辑学家的区别。逻辑学家探讨逻辑问题和阐述逻辑理论时一般有两种方式，一种方式是用形式语言，一种方式是用自然语言。而在他们使用自然语言的时候，他们总是爱用一些自明的例子，即

---

① ② 罗素：《逻辑与知识》，47~48 页。

意思非常明白，用不着解释的例子。因为他们的主要目的不是探讨这些例子，而是要通过这些例子来说明逻辑问题。他们不希望人们把注意力集中在这些具体的例子的具体含义上，而希望人们把注意力集中在他们所谈论的逻辑问题上。在传统逻辑中，人们常常使用"凡人皆有死，苏格拉底是人，所以苏格拉底有死"，这样的例子就很能说明问题。过去逻辑学家还常常举"所有天鹅都是白的"这个例子来说明全称命题，因为人们认为这是显然的，这样就便于把注意力集中在句子的形式上。后来，人们发现有了黑天鹅，这个例子出了问题。不用就是了，对于逻辑理论没有任何损害，对于人们利用它来理解相关的逻辑理论也没有任何损害。罗素的情况也是如此。他在解释摹状词理论的过程中使用了"《威弗列》的作者是司各特"和"当今法国国王是秃子"这样的例子，而对于英国学者来说，这些例子的意思是自然而显然的。有人认为罗素这样做是"非常狡猾"① 的，好像这里面还有"诡计"②，这种评价根本是不对的。它完全没有理解逻辑学家思考问题和表述问题的方式。我们看到，罗素解释"……的作者"的意思是"写了……"，他也是把这当做显然的，而且实际上这种解释一般也不会给人们的理解造成问题，就是说，这样的解释不会妨碍人们理解他以此所论述的摹状词理论。因此，罗素乐得承认自己所犯的最严重的错误不过是对"作者"这个词本身理解得简单了一些，否则也太不给摩尔面子了。

2 赖 尔

赖尔 1919 年进入牛津大学念书，学习了古希腊哲学和现代哲学、希腊和罗马史，但是他对逻辑问题感兴趣，用他自己的话说，他"贪婪地转向逻辑这个边缘课题"③。由于他坚信哲学涉及推理，因而哲学家必须学习推理的理论和技术，所以他从牛津的关于感觉知觉的理论转向了剑桥，而且他学习剑桥的罗素，而不是摩尔。特别是，他学习逻辑学家罗素，而不是学习认识论家罗素。④ 赖尔在

①② 参见赵汀阳：《走出哲学的危机》，211 页，北京，中国社会科学出版社，1993。

③ Ryle, G.："Autobiographical", in Ryle：*A Collection of Critical Essays*, ed. by Oscar P. Wood and George Pitcher，Mcmillan，1970，p. 2.

④ Ibid.，p. 7.

谈到这一段转变的时候说：

> 由于没有数学能力、本领或兴趣，我甚至不能胜任逻辑代
> 数。数学基础问题也没有成为在我心头萦绕的问题。我的兴趣
> 是在意义理论。①

从赖尔的经历和自述，以及他的著作来看，如同那一时代牛津的其
他哲学家一样，他在传统的语言和哲学方面得到了很好的训练。不
同的是，他对逻辑问题感兴趣，而且在逻辑方面下了不少的工夫。
但是，他所精通擅长的主要是传统逻辑，在现代逻辑的知识和训练
方面，他大概下过工夫，但仍然是有欠缺的。

赖尔的代表作是 1949 年发表的专著《心的概念》。这部著作展
示了他对传统的机械论和二元论观点的尖锐批评，在许多地方也
体现出他那独特的语言分析方法。他提出了一个概念——"逻辑地
理格局"，使用了一个术语——"范畴错误"，以此来描述和说明
许多哲学误解的错误。他认为许多哲学误解都是由于人们没有正
确地区分和理解日常语言表达式的逻辑类型。他告诫人们要确定
概念的逻辑地理格局，明确和区分概念的逻辑范畴。他明确
地说：

> 确定概念的逻辑地理格局就是揭示运用这些概念的命题的
> 逻辑，这就是说，去表明，它们与哪些其他命题相一致或不一
> 致，从它们可以得出什么命题，从什么命题可以得出它们。一
> 个概念所属的逻辑类型或逻辑范畴就是合乎逻辑地使用这个概
> 念的一套方式。②

赖尔在坚持这种思想方法方面有两个特点。一个是他持之以恒：到
了他后期的著作和论文中，他仍然十分执著。因此，在他的后期著
作中，我们仍然可以看到他在坚持这一方向。另一个特点可以说是
由来已久：早在 30 年代初期，在他发表的著名论文《系统地引人误
解的表达式》中，我们就可以看到这一点。因此，在这一篇文章中，
我们就可以看出他的语言分析的方法。为了方便，下面我们集中考
虑他的这篇论文，以此探讨他的语言分析的思想。

---

① Ryle, G.: "Autobiographical", in Ryle: *A Collection of Critical Essays*, ed. by Oscar P. Wood and George Pitcher, Mcmillan, 1970, p. 2.

② 赖尔：《心的概念》，2 页，徐大建译，北京，商务印书馆，1992。

2.1 分析"存在"

赖尔的语言分析不是语法学家的语言分析，他明确地说，从语法和词源方面寻找语词的正确解释"不过是实用词典学或语文学——这不是哲学"①。因此，他的考虑完全是另一类方式。他认为，有许多表达式是人们完全可以清楚地理解的，但是可以证明，这些表达式的语法或句法形式与它们所记录的事态是不相适宜的。这样的表达式可以被重新表述，结果产生出句法形式与所记录的事实相适宜的表达式。为了哲学的缘故，必须这样做。因此，

> 当一个表达式具有一种与所记录的事实不相适宜的句法形式时，它就是系统地引人误解的，因为它自然地使一些人——尽管不是使"普通"人——以为所记录的事态与事实上所是的事态是一种完全不同的事态。②

简单地说，一些表达式似乎在理解方面没有什么问题，但是在句法方面却有问题。所谓引人误解，是说这些表达式所表达的实际内容其实不是其句法形式所表达的。因此可以说，赖尔的考虑主要是在句法方面。值得注意的是，赖尔虽然使用了语法和句法这两个概念，但是他更多地是谈论句法。这大概也是为了与语言学家的考虑区分开来。

在《系统地引人误解的表达式》中，赖尔主要论述了三类这样的表达式。第一类是虚假的本体论陈述。第二类是貌似关于普遍的东西的陈述。第三类是虚假的摹状表达式。而他探讨的重点是第一类和第三类，尤其是第三类。因此我们也仅仅讨论他的第一类和第三类。

第一类是关于"存在"或与"存在"相关的表达式。赖尔从康德关于上帝存在的本体论证明出发，指出，虽然人们认识到一些问题，比如"存在"是不是谓词、"上帝"是不是谓述的主体等等，但是人们的解释充满了矛盾。因此，他认为必须抛弃以前的解释，并且提出了自己对存在命题的新的分析。他的分析是以"食肉牛不存在"这个例子开始的。为了讨论方便，我以括号标出其步骤。

---

① 赖尔：《心的概念》，86 页。

② Ryle, G.: "Systematically Misleading Expressions", in *The Linguistic Turn*, ed. by Rorty, R., The University of Chicago Press, 1967, p. 87.

（第一步）赖尔认为，在"食肉牛不存在"这个命题中，"不存在"是对"食肉牛"的断定。如果这个断定是真的，那么实际上不可能是在谈论食肉牛，因为没有食肉牛这样的东西。因此"'食肉牛'这个表达式没有被真正用来指谓谓词所断定的事物，尽管从语法表面上看情况正相反。而且'存在'这个动词同样不表示被断定的特征，尽管从语法上看它似乎是这样表示的。真正的谓词必须在其他地方寻找"[1]。

（第二步）这样，赖尔认为应该抛弃语法线索，提出的新解释如下："食肉牛不存在"的意思是："任何牛都不是食肉的"或"任何食肉的动物都不是牛"。

（第三步）经过改进的解释是："任何东西都不是既是牛又是食肉的"。

（第四步）根据这样的解释，"上帝存在"的意思是："某种东西，并且唯一的东西，是全知的、全能的和无限善的"。

（第五步）因此，大体上说，"x 存在"和"x 不存在"不是断定或否定：一个具有某种属性的给定主词 x 具有存在的性质，而是断定或否定这样一种性质：该陈述中没有命名的某种东西是 x 式的或是一个 x。

赖尔认为，像"食肉牛不存在"这样的表达式是系统地引人误解的，而上面用来解释它的意思的表达式（第三步）不是系统地引人误解的，或者说不是以同样的方式或在同样程度上系统地引人误解的。这一结果可以推广，因此：

（第六步）像"鲍尔温先生是一个存在物"，"匹克威克先生是一个非实体"[2] 这样的陈述都是系统地引人误解的。

根据以上分析，赖尔得出以下结论：

> 有一类陈述，它们的语法谓词表示的似乎不是具有一种所说明的特征，而是具有（或不具有）一种所说明的状态。但是在所有这样的陈述中，表面上纯粹是语法，而这些陈述实际所记录的东西能够以不含有这样的虚假的本体论谓词的陈述阐述出来。

---

① Ryle，G.："Systematically Misleading Expressions"，in *The Linguistic Turn*，ed. by Rorty，R.，The University of Chicago Press，1967，p. 88.

② 赖尔以"鲍尔温先生"和"匹克威克先生"为例分别给出了一系列这样的表达式，参见上书，p. 89。

此外，在所有这样的虚假的本体论陈述中，语法主词或短语似乎是指谓或指虚假的本体论谓词所谓述的某种东西；但是实际上表面的主词是一个隐蔽的谓词表达式，在这样的陈述中实际所记录的东西可以被另一些陈述重新阐述出来，这些陈述甚至没有任何部分似乎是指任何这样的主体。①

2.2 分析摹状词

第三类是关于摹状表达式或与此相似的表达式。简单地说，就是"the＋如此这般"这样的摹状词组。赖尔认为，以"the"打头的词组在语法上一般不会有什么问题，它们表示独特的摹状词。但是有时候会有这样的情况：由于"the"这个定冠词的作用，以它打头的摹状词组在语法形式上好像是独特的指谓个体的摹状词，但是实际上它们根本就不是指谓词组。因此产生系统地引人误解的表达式。他指出，关于摹状表达式存在着两种错误的观点：一种是认为摹状表达式是专名，另一种是认为摹状表达式所描述的东西就是其所意谓的东西。要清除这类问题，必须先弄清楚这两种观点的错误所在。

赖尔认为，在"汤米是琼斯的长子"这个句子中，"汤米"是一个专名，"琼斯的长子"不是专名，而是一个表语表达式。它指谓"汤米""不是因为某人或其他人叫他'琼斯的长子'，而是因为他是而且别人都不能是琼斯的儿子并且比琼斯的其他所有儿子都大"②。因此，"琼斯的长子"的含义是"是琼斯的儿子并且比他的其他儿子大"这个谓述表达式所表达的东西，因此，它本身只是一个谓述表达式。赖尔明确地指出：

> 所谓"谓述表达式"，我是指一个陈述的这样一部分，通过这部分表达了具有某个或某些特征。而具有某个特征并不是一个具有一些性质的主体，而是（可以说）某个具有一些性质的主体有它而其他一些主体没有它这些事实的缀后部分。它本身既不命名有这些特征的主体，也不记录任何主体有它的事实。它确实无法仅凭自身出现，而只能作为一个要素出现，就是说，作为一个完整陈述的谓述要素出现。③

---

① Ryle, G.: "Systematically Misleading Expressions", in *The Linguistic Turn*, ed. by Rorty, R., The University of Chicago Press, 1967, p. 89.

②③ Ibid., p. 92.

因此，一个摹状表达式是一个陈述的一部分，它不起命名的作用，而只是描述一种状况，这就是具有某种特征。根据这样的理解，"琼斯的长子今天结婚"这个完整的句子就表达为：某个人（即汤米）

　　（1）是琼斯的儿子，

　　（2）是比琼斯的其他儿子都大的，

　　（3）今天结婚。

只有（1）、（2）和（3）都是真的，整个句子才是真的。但是，赖尔指出，这样的陈述并没有保证这样一个事实：有一个人，对这个人来说，（1）和（2）都是真的。因此"是琼斯的长子"既不在专名的意义上意谓汤米，也不在下面的意义上意谓汤米：它是一个表达式，对它的理解涉及对汤米具有这种独特性质的认识。它指汤米只是因为"十分了解情况的听者将已经知道实际上汤米并且只有汤米具有这种独特的性质"①。因此，一方面，我们可以不知道汤米是琼斯的长子或汤米今天结婚，但是我们可以知道"琼斯的长子今天结婚"这句话是什么意思。另一方面，我们可以知道在什么情况下"琼斯的长子今天结婚"这句话是真的。所以，摹状表达式是表语表达式的压缩形式，起记录具有某种性质或某些性质的作用，而不是像专名那样起指谓作用。

　　在说明了摹状表达式的这种性质和特征以后，赖尔详细地指出和分析了一些与此有关的系统地引人误解的表达式。主要有如下几种。

　　第一，没有所指的指称个体的摹状表达式。比如"琼斯不是英国国王"和"普安卡雷不是法国国王"这两个句子的语法形式是一样的，因而是相似的，而且它们显然都是可以理解的。但是它们实际上是不同的。因为，如果"琼斯不是英国国王"是真的，那么它的逆命题"英国国王不是琼斯"也一定是真的。但是即使"普安卡雷不是法国国王"是真的，其逆命题"法国国王不是普安卡雷"也不是真的。因为根本就不存在法国国王，"法国国王"是没有所指的，所以这个句子既不真，也不假。

　　第二，没有所指的杜撰实体的摹状表达式。比如"一个人坐在副校长旁边"和"一只猫头鹰栖息在树顶"这两个句子在句法方面

---

① Ryle，G.："Systematically Misleading Expressions"，in *The Linguistic Turn*，ed. by Rorty，R.，The University of Chicago Press，1967，p. 93.

是类似的。但是带定冠词的"副校长"是一个有所指的词组，而带定冠词的"树顶"却不是一个指谓词组，因为它不指谓任何对象。比如，世界上找不到这样一个东西，对此我们可以说："那是如此这般一棵树的顶部"。

第三，貌似指谓概念或观念这样的摹状表达式。比如"琼斯讨厌去医院这个想法"这样的句子。"去医院这个想法"这个表达式带一个定冠词，表面上看是一个摹状表达式，因此似乎指谓一个对象。这样，想法、观念、概念等等似乎都可以是指谓的对象。但是这是引人误解的，因为"……这个想法"这个表达式可以转变为"每当想到……"这样的表达式，而这样的表达式即使在表面上看也没有包含与具体的人和医院不同的所指物。

第四，指谓事实这样的摹状表达式。比如在"工党的失败使我吃惊"这个句子中，"工党的失败"这个表达式带一个定冠词，因此是一个摹状表达式。它指的不是一个事物，而是一个事实。但是它在"工党的失败发生在 1931 年"中是描述一个事件，而不是一个事实。而在"工党的胜利会使我吃惊"中，"工党的胜利"既不是指一个事实，也不是指一个事件，而是表明一种假设。如此等等。

最后，还有像"鲸鱼不是鱼而是哺乳动物"这样的句子。

2.3　分析的方法

从赖尔关于系统的引人误解的表达式的论述我们可以看出，他所探讨的情况主要是关于"存在"或与存在有关的表达，还有关于摹状词或与摹状词有关的表达。他的分析和论述无疑突出了语言分析的特点，但是这里我们应该认真考虑一下，他的分析和论述是如何突出语言分析的。由于我们前面已经说过从现代逻辑的观点如何探讨和理解存在和摹状词，因此我们现在可以对照着来思考赖尔的做法。

首先，我们可以看出来，赖尔的分析方法并不是没有受到现代逻辑的思想方法的影响的。我们这样说，并不是因为他的文章发表在 1930 年，那时罗素的摹状词理论已经为人们所知晓，而是因为从他的具体论述我们可以看到现代逻辑的思想痕迹。例如，在他关于存在的论述中，我们区分出六步分析，其中第二步和第三步的表达方式，即"食肉牛不存在"的意思是："任何牛都不是食肉的"或"任何食肉的动物都不是牛"，以及经过改进的解释："任何东西都不是既是牛又是食肉的",显然依据了现代逻辑的表达方式。还有,在他关于摹状表达式的分析中,他把摹状表达式看做是谓述表达式,他区分了关于对摹状表达式的所指的考虑与含有摹状表达式的句子的真假的考虑,等等,这些分析显然依据了罗素的摹状词理论。此外,赖尔自己也明确承认,在他写这篇文章的时候,他"仍然处于'理想语言'这种概念——即一种学说,根据这种学说,存在着一定数量的逻辑形式,人们可以以某种方式通过剥掉这些形式的封尘而发现它们——的直接影响之下"①。所谓"理想语言",实际上是根据现代逻辑所揭示的形式结构而建立起来的人工语言。所以,赖尔的分析方法毫无疑问受到了现代逻辑的很大影响。

其次,我们也看到,赖尔的分析方法与应用现代逻辑的分析方法是不一样的。这种差异比较突出地体现在他对自然语言的分析上。在我看来,他的分析方法与现代逻辑的分析方法有以下几点不同。

第一,现代逻辑学家在进行分析时一般是从肯定句出发,换句话说,他们非常注意肯定句和否定句的区别。因为含有否定词的句子与不含有否定词的句子是有根本差异的。但是,赖尔是不太注意这一点的。比如,在关于与"存在"有关的表达式的论述中,他从"食肉牛不存在"这个句子出发,而在关于摹状表达式的论述中,他从"普安卡雷不是法国国王"这个句子出发。很可能他是从句子的意思出发的,因为这两个句子在他看来表面上都是可以理解的,而且意思也是非常明确的。

第二,现代逻辑学家的分析严格依据现代逻辑的表述,而赖尔的分析依据自然语言的意义。这一点从他与罗素关于含有摹状表达式的句子的分析可以看得十分清楚。他把"琼斯的长子今天结婚"这个句子分析为:某个人(即汤米)

(1)是琼斯的儿子,
(2)是比琼斯的其他儿子都大的,
(3)今天结婚。

而按照罗素的分析,这个句子应该分析为:

(a)至少有一个人,这个人是琼斯的长子,
(b)至多有一个人,这个人是琼斯的长子,

① Ryle, G.: "Systematically Misleading Expressions", in *The Linguistic Turn*, ed. by Rorty, R., The University of Chicago Press, 1967, p. 305.

（c）谁是琼斯的长子，谁今天结婚。

如前所述，（a）和（b）表达了摹状词的唯一性，（a）、（b）和（c）表达了"琼斯的长子今天结婚"这个句子的含义。而且这种分析是根据一阶逻辑的语言进行的，因此它们是在真假的意义上表达了这句话的含义。而（1）和（2）表达的是我们一般对"长子"的含义的理解，而不是唯一性。（1）、（2）和（3）表达了我们一般在字面意义上所理解的"琼斯的长子今天结婚"的含义。

第三，现代逻辑学家的分析紧紧围绕真假，或者说他们只考虑真假。而赖尔的分析虽然涉及真假，但是不限于真假。比如在关于摹状表达式的探讨中，他虽然认为只有（1）、（2）和（3）都是真的，整个句子才是真的，但是他又探讨这样的陈述是不是保证了这样一个事实：有一个人，对这个人来说，（1）和（2）都是真的。又比如，罗素对所使用的概念的意思是不太注重的，因此他还受到了批评，比如他所使用的"当今"、"写"等等这样的词，因为他所考虑的主要不是这些具体的词义，而是比如像摹状词——即"定冠词＋如此这般"——这样一类表达式的句法形式的含义，因此他的分析是逻辑的句法分析。而赖尔注重的是通过分析像"想法"、"工党的失败"等等这样一些具体的概念含义来说明摹状表达式的一些特殊性质。

其四，哲学分析一般都追求或者希望达到普遍的结论。比如罗素达到了对摹状词一般的分析和结论，提供了一种一般有效的方法。而赖尔也试图达到一般的结论，比如他关于存在的论述和分析，他关于摹状表达式的论述。但是正像他自己所说，他"不知道有什么方法可以对系统地引人误解的表达式的可能类型进行分类或者给出一个穷尽的目录"[①]，他认为，其数量"原则上说是无限的"[②]。就是说，赖尔指出了这里存在的一些问题，但是没有能够提出一个行之有效的方法，更没有提出一种一般的处理方法。

3　奥斯汀

奥斯汀在古典文学和语言方面训练有素，上中学时就得过古典

①②　Ryle，G.："Systematically Misleading Expressions"，in *The Linguistic Turn*，ed. by Rorty，R.，The University of Chicago Press，1967，p. 100.

文学奖学金。在牛津大学读书时仍然以此为专业，其间，即 1931年，获得过 Garsford 希腊散文奖，而且他也位于古典文学专业考试最高荣誉获得者之列。他通过阅读古代伟人，特别是亚里士多德和莱布尼兹的著作认识了哲学，产生了兴趣。值得"注意的是，如同其他许多英国哲学家一样，他进入那个课题的时候已经是一个有很高造诣的古典学者和语言学家"[①]。

奥斯汀生前只发表了 7 篇论文，后来这些论文结集出版，即《哲学论文》。他去世以后，他的学生把他生前的一些讲课笔记整理编辑出版，包括《感觉和感觉物》（1962）、《如何以言行事》（1962）等等。其中，《如何以言行事》比较集中地体现了他最出名的语言哲学理论。

奥斯汀可能对逻辑很感兴趣，对弗雷格的著作也许情有独钟，因为他翻译了弗雷格的《算术基础》。从他的著作我们看不出他有什么现代逻辑的修养，但是却可以断定他是一个出色的语言学家。乌姆森认为，"在奥斯汀的哲学目的中没有什么本质上新颖的东西；新的东西是他追求这些目的时所使用的技术，以及所具有的严格性和耐心"[②]。我比较同意这种评价。但是仔细分析一下，我们就会发现，最主要的大概只有他所使用的技术，因为这种技术被称为新的东西，而且严格性和耐心都是由于使用这种技术造成的。所以，我们应该仔细考虑一下这里所说的奥斯汀的新技术是什么。

3.1　新技术

在我看来，简单地说，所谓奥斯汀的新技术就是一种语言分析，而且主要是一种经验性的语言分析。下面我们举几个例子来简单地说明这个问题。

在《一个词的意义》这篇文章中，他探讨"一个词的意义"是什么意思。其中，要探讨"有意义"是什么意思，以此区别出"意义"这个词一般是应用于句子，还是应用于词。奥斯汀区分出问一个具体的词的意义，比如"'老鼠'的意义是什么"，和一般地问

---

① Warnock, G. J.: "John Langshaw Austin, A Biographical Sketch", in *Symposium on J. L. Austin*, ed. by K. T. Fann, Redwood Burn Ltd. Trowbridge and Esher, 1979, p. 4.

② Urmson J. O.: "Austin's Philosophy", in *Symposium on J. L. Austin*, ed. by K. T. Fann, Redwood Burn Ltd. Trowbridge and Esher, 1979, p. 24.

"一个词的意义是什么"，由此揭示出哲学问答中的问题，如此等等。

在《如何谈论》一文中，奥斯汀认为，我们在语言中谈论世界时有一个模式：言语情景 S_0。在言语情景 S_0 中，语言表达的一般模式是：

形式 S：I 是一个 T。

在我们的语言表达中，"是一个"这个表达式在所有句子中都出现，而且是不变的。但是在形式 S 中"I"和"T"的位置上，却可以插入无数其他词。可插入"I"位置的叫做 I-词，可插入"T"位置的叫做 T-词。在"I-词"后面跟着"是一个"，在"是一个"后面再跟上"T-词"，就形成这种语言中的一个句子。"I-词"的功能是给出名字，"T-词"的功能是给出涵义。"是一个"叫做"断定联系"。由此出发进行讨论，奥斯汀区别出四种句子用法，即四种不同的言语行为。

再举一个比较典型的例子。在《如果和能够》一文中，奥斯汀与摩尔进行商榷，探讨"如果"和"能够"的用法及其涵义。他把摩尔的建议总结为三点：（1）"本会能够"不过意味着"如果我确实选择了……那么我本会能够……"；（2）对于"如果我确实选择了……那么我本会能够……"我们可以代之以"如果我确实选择了……那么我本应能够……"；（3）在这些表达中，如果-从句陈述了某种原因条件，从这些条件就会得出我本来可能做了某事或本应该做了某事，而不是得出我实际上确实做了某事。奥斯汀说："摩尔本人没有明确地陈述这第三点，但是考虑到他所说的他关于'本会能够'的解释和决定论之间的联系，他似乎显然确实相信这一点，很可能他把这一点看做是显然的"[1]。他接着就此提出问题并进行讨论。显然他的分析是语言意义的分析。为了说明这个问题，我们再多说几句。在论述"能够"的涵义时，他做出许多区别。比如对"如果我选择，那么我能够"这个句子，在不同的场合和不同的上下文可以有如下不同的解释[2]：

我能够，请问我选择吗？

我能够，但是我选择吗？

---

① Austin："Ifs and Cans"，in *Philosophical Papers*，Oxford，Clarendon Press，1979，p. 208.

② Ibid.，p. 212.

走进分析哲学

我能够，但是也许我不选择

我能够，但是这样我就应该不得不选择，而这又如何呢？

我能够，但是选择确实会是有道理的吗？

我能够，但是我是不是选择则是另一回事

我能够，我只是不得不选择

我能够，如果我（应该）选择

如此等等。

我们还可以举出许多例子，但是以上这些例子足以说明，一般来说，奥斯汀的语言分析是对语词涵义的分析，这显然是一种经验性的分析。

3.2　言语行为理论

以上结论之所以是"一般来说"，是因为我们没有考虑奥斯汀的代表作《如何以言行事》，而只是从他的一些论文中随便举几个例子。奥斯汀对当代影响最大的思想和著作，乃是《如何以言行事》，因此，为了更好地说明他的思想方法，下面让我们专门考察他的这部著作。

《如何以言行事》是奥斯汀 1955 年在美国哈佛大学威廉·詹姆斯讲座所作的系列报告。在此之前，1952—1954 年，奥斯汀每年在牛津大学以"语词与行为"为题讲课，所讲范围与在威廉·詹姆斯讲座上讲的差不多。奥斯汀去世以后，他的学生把他的这些讲课笔记整理编辑出版，形成《如何以言行事》一书。因此，该书体现了奥斯汀的思想精粹。

奥斯汀认为，长期以来，哲学家们一直假定，陈述的作用主要是描述某种事态，或陈述某种事实，而且这种描述或陈述必须是真的或假的。当陈述的意义就在于被证实这种观点出现以后，人们发现有些陈述是无法被证实的，即无所谓真假，因此是虚假的陈述，而不是真正的陈述。进一步研究就会很自然地考虑，"许多明显虚假的陈述实际上究竟是不是表现为'陈述'"[①]。奥斯汀就是要考虑这个问题。他认为，并非所有真或假的陈述都是描述，因此他不用"描述"这个词，而选用"记述式"这个词。

奥斯汀认为，有许多表达既不描述、也不报告、也不表述任何

---

① Austin：*How to do Things with Words*，Harvard University Press，1978，p. 2.

事情，它们不是真的或假的。这样的表达是或部分地是做出一种行为，而做出这种行为一般不会被描述成说某种东西。他举例如下：

a："我愿意（娶这个女人做我的合法妻子）"——在婚礼仪式上这样说。

b："我命名这艘船为伊丽莎白女王号"——当在船头摔破酒瓶时这样说。

c："我把我的表遗赠给我的兄弟"——在一份遗嘱里这样说。

d："我和你赌 6 便士，明天准下雨。"

奥斯汀认为，这些表达不是描述或陈述所做的事情，而是做事。就是说，人们通过这样的表达做事情。这样的表达没有真假，不需要论证。a 不是报道一个结婚仪式，而是在履行婚姻仪式，b 不是报道一条船的命名仪式，而是为一条船命名，如此等等。他把这样的句子称为行为句或行为表达式。行为句没有真假可言，却有恰当不恰当之分。为此他提出了六条必要的标准：

第一条：必须存在一个人们接受的具有一定约定效果的约定程序，这个程序包括由特定的人在特定的场合所表达的特定的话。

第二条：在一种给定情况下，特定的人和情况必须适合于所涉及的特定程序的执行。

第三条：这个程序必须由所有参加者正确地执行。

第四条：这个程序必须由所有参加者完全地执行。

第五条：由于这个程序常常是为有一定思想感情的人使用而设计的，或者是为给任何参与者带来特定的重大后果的活动设计的，因此一个参与这个程序的人或这样执行这个程序的人必然事实上具有这些思想感情，而参与者必须有意这样去做。

第六条：实际上参与者后来一定这样做。

奥斯汀认为，"如果我们违反这六条规则中任何一条（或多条），我们的行为表达式就会（以这样或那样的方式）是不恰当的"[1]。他对这六条规则进行了详细的解释和说明。他的解释和说明很长，我们不做详细介绍，但是可以指出一点，这就是，他基本上是通过具体地举例分析来说明问题的，他给的例子是语言中具体的实际的语句，他的分析基本上都是经验性的语言分析。

---

[1] Austin: *How to do Things with Words*, Harvard University Press, 1978, p. 15.

在奥斯汀的理论中，十分重要的一点是他必须区别行为表达式和记述式。而要做到这一点，他必须提出一个比较完全的行为表达式的动词目录，即可以确定哪些动词是行为表达式的，哪些不是。据说，他认为，"英语中大约有一千个动词和动词短语可以用来为言语行为命名"①。可见他在研究行为动词方面确实下了很大的工夫。但是他认为，看来"并非总是很容易把行为表达式和记述式区别开"②，因此他要追溯到更根本的东西。由于他强调的是以言做事，而且所谓行为表达式也是指做事情，因此他要对"做事情"进行说明。在这一点上，他区别和说明了三种意思：其一，说某种事情就是做某种事情，其二，在说某种事情的过程中，我们做某种事情，其三，通过说某种事情，我们做某种事情。与此相应地形成了他的著名的三分法：语谓行为（locutionary acts）、语用行为（illocutionary acts）和语效行为（perlocutionary acts）。③ 简单地说：语谓行为"大致等价于表达某一个特定的带有一定涵义和所指的句子，而且又大致等价于传统意义上的'意义'"④。语用行为是"诸如告知、命令、警告、承诺这样的东西，即具有一定的（约定）力的表达"⑤。语效行为是"我们通过说某种东西而产生或达到的东西，比如使人信服，使人被说服，使人被制止，甚至可以说，使人惊讶或误解"⑥。即使区分出三种行为表达式，仍然存在不少问题。奥斯汀自己就承认，这里有一些麻烦，比如意图和结果的区别，有意和无意的区别，如此等等。为此，他花费了很大的精力来区别语用行为和语效行为。按照他的总结说法，语谓行为有一种意义；语用行为在说某种东西的过程中有一定的力量；语效行为是通过说某种东西而获得一定的效果。⑦

在以上分析和说明的基础上，奥斯汀论述了他关于言语行为的基本理论。在他的三种区别中，最重要的是语谓行为和语用行为的区分。他认为，实际上，当我们说某种东西的时候，我们常常

---

① 麦基编：《思想家》，周穗明、翁寒松译，282～283 页，见《文化生活译丛》，北京，三联书店，1987。

② Austin：*How to do Things with Words*，Harvard University Press，1978，p. 94.

③ 关于这三个术语有不同的中文翻译，我这里是按照蔡曙山先生的译法。参见他的著作《言语行为和语用逻辑》，北京，中国社会科学出版社，1998。

④⑤⑥ Austin：*How to do Things with Words*，Harvard University Press，1978，p. 109.

⑦ Ibid.，p. 121.

既有语谓行为，又有语用行为。语谓行为是行为表达式，有恰当和不恰当之分，但是它有一种意义，因而可以有真假之别，而语用行为也是行为表达式，也有恰当不恰当之分，但是它主要是有一种约定力量，因此没有真假之别。所以，行为表达式主要是做事情，记述式主要是说事情。它们之间的区别与语谓行为和语用行为的区别实际上具有一种"特殊理论与一般理论"①的关系。奥斯汀认为，"产生对这种一般理论的需要不过是因为传统的'陈述'是一种抽象，一种理想，而且传统的陈述的真或假也是如此"②。他特别指出：

（A）在整个言语情景中的整个言语行为是我们在说明过程中所考虑的唯一现实的现象。

（B）陈述、描述，如此等等，仅仅是其他许多表示语用行为的名字中的两个名字；它们没有独特的地位。

（C）特别是，在关于以某种所谓真假的独特方式与事实相联系这个问题上，它们没有特殊的地位，因为真和假（除了在一种为了一定目的总是可能而合法的人工抽象的情况）不是关系、性质或诸如此类的东西的名字，而是一种评价尺度的名字——就满足语词所指的事实、事件、情景等等而言，语词表现得如何。

（D）由于同样的原因，人们熟悉的"规范或评价"与事实之间的对照，就像许多两分的结果一样，是需要消除的。

（E）我们也可能会怀疑，与"涵义和所指"相等的"意义"理论肯定会需要以语谓行为和语用行为之间的区别（如果这些概念是可靠的：这里它们只是被勾画出来）进行某种清除和重新表述。我承认这里做得不够：我依据现行观点理解旧的"涵义和所指"。但是这里我们应该再次考虑由于所指的失败我们称之为"空"的陈述，例如"约翰的孩子都是秃子"这个陈述，如果做出这个陈述，而约翰没有孩子。③

奥斯汀的这段话带有总结的性质，可以说体现了他的语言哲学观，如果他有一种语言哲学的话。

①② Austin：*How to do Things with Words*，Harvard University Press，1978，p. 148.

③ Ibid.，pp. 148-149.

3.3 理论特点

以上简单介绍了奥斯汀的理论。现在我们需要对他的理论进行一些分析。从奥斯汀的理论我们可以看出几个特点。

第一个特点，他主要的分析论证都是基于对语言的经验的分析。所谓经验的分析，我是指对句子意义或语言意义的具体分析。在我们以上说明中，为了简明，我们没有怎么通过给出他所使用的具体的句子分析来说明他的思想，而仅仅在一开始说明一些表达是"做事情"的时候给出了他用的四个例子。这四个例子显然是语言意义的分析，因为对它们的分析依靠的是我们对这些句子中出现的词的意义的理解，我们对这些句子的使用情景的理解，甚至还有我们对使用这些句子的人的理解。实际上，奥斯汀在展开他的思想论述的每一步几乎都是以句子的经验分析为基础的。比如，在论述行为表达式和记述式的区别时，他谈到表示情感和愿望的表达，并且举例如下[①]：

我感谢	我很感激	我感到很感激
我道歉	我很抱歉	我感到后悔
我批评	我责备	我被……震惊
我指责		我被……触动
我赞同	我满意	我感到满意
我向你表示欢迎	我欢迎	
我祝贺	我对……很高兴	

他认为，第一栏是行为表达式，第二栏不是纯描述式，而是半描述式，第三栏仅仅是报告。为了能够说明它们的区别，他给出了几种检验方法。其一，看是不是可以说"他**确实**是吗"。比如，当有人说"我欢迎你"或"我向你表示欢迎"时，我们肯定不能说："我怀疑他是不是确实向他表示欢迎"，但是我们可以说："我怀疑他是不是确实欢迎他"。其二，看是不是确实可以这样做而实际上不说任何事情。比如，感到抱歉和表示抱歉是不同的。其三，看是不是可以在假定的行为表达式动词前加上像"故意"这样的副词或"我愿意"这样的表达式。比如，我们可以说："我愿意道歉"，但是我们不能说："我愿意很抱歉"。其四，看一个人所说的会不会在字面上是虚

---

① Austin：*How to do Things with Words*，Harvard University Press，1978，p. 79.

假的，或者说会不会含有不真诚。比如，有时候有人说"我很抱歉"，有时候有人说："我道歉"。这里就有不真诚与虚假的区别。

从这里的论证我们可以看出，奥斯汀对行为表达式和半描述式以及报告的区别完全是经验分析的。他的分析和区别完全依赖于对句子的具体涵义和具体应用的理解。而且，尽管他提出了四种检验方法，也很难说这些方法是普遍有效的。实际上，甚至他本人在注释中对第二种方法就提出了怀疑①，而且对于第三种方法，他也加了一个限定："至少在某些情况下"②。这说明，这些检验方法是有些随意性的，至少是很不系统的。

第二个特点，奥斯汀的分析和论证不是围绕句子的真假。这个特点是十分明显的，似乎也是很自然的。这是因为他给行为表达式提出的标准是"恰当"和"不恰当"，而不是真假。而且，当他把行为表达式与记述式相对照的时候，他把"做事情"与"说事情"相对照，从而把"恰当和不恰当"与"真的和假的"相对照。由于他主要是探讨行为表达式，因此他主要是谈论"恰当和不恰当"，而不是谈论真假。换言之，也许离开句子的真假来分析句子应该算是奥斯汀的一个特点。

我之所以特别提出这一点有两个原因。第一，在我看来，真假问题是带有根本性的问题。奥斯汀偏离这一点，恰恰说明他与其他语言哲学家的根本性区别。第二，值得注意的是，奥斯汀虽然没有围绕句子的真假进行论述，在某种意义上却可以说，他的出发点是与真假有关的。因为他的论述式是从区别行为表达式和记述式开始的，而记述式涉及真假。此外在该书第十一章，他也专门论述到真假的问题，而且带有对区别行为表达式和记述表达式的总结的性质。

奥斯汀认为，陈述和做出一种语用行为差不多是一样的，"'陈述'似乎符合我们为区别语用行为而提出的所有标准"③。因此，"我说他没有做这件事情"是语用表达式，"他没有做这件事情"是陈述句，但是它们在语用力方面差不多是一样的。因此提出一个做某种事情的表达式与一个真或假的表达式之间"没有必然的冲突"④。但是，行为表达式虽然不仅是做某种事情，而且也是说某种

---

① ②　Austin：*How to do Things with Words*，Harvard University Press，1978，p. 80，注释 1。

③　Ibid.，p. 134.

④　Ibid.，p. 135.

走进分析哲学

事情，本质上却不是像陈述句那样是真的或假的。为了说明这里的问题，奥斯汀把"真地"这个副词的用法与"合适地"、"正确地"等等副词的用法进行了比较和区别，比如，他对"真地陈述"与"合适地估价"、"正确地发现"、"正确地宣布"、"有效地论证"、"很好地建议"、"公正地判断"、"合理地责怪"等等行为表达式进行了比较和区别，他认为，人们的陈述是复杂的，尤其是与事实相关的时候，因此，"与逻辑理论所设想的简单情景相对照，在现实生活中，人们不能总是以简单的方式回答是真的还是假的"①。他还认为，陈述涉及所指，而所指依赖于表达陈述时所具备的知识。因此"一个陈述的真假不仅依赖于语词的意义，而且依赖于你在什么情况下做出什么样的行为"②。不管怎样，奥斯汀认为，他所探讨的问题是要区别语谓行为和语用行为，以及确立各种语用行为以什么样的特殊方式产生语用力。他认为，"这是一个广阔的领域，当然不会导致一种'真的'和'假的'的简单区别"③。

第三个特点，奥斯汀得出一个不是十分确切的理论。奥斯汀理论的核心是区别语谓行为、语用行为和语效行为，最终给出具有语用力的言语行为动词。他一共区别出五种这样的动词：判定式、执行式、承诺式、表态式和阐述式。"判定式是做出判断，执行式是具有影响的断定或权利的执行，承诺式是接受义务或表明意图，表态式是采取一种态度，阐述式是澄清理由、论点和意见。"④ 虽然他在每一类动词下都列出一些动词，但是很难说这些动词是完全的。而且，我们也很难说他的分类是完全的。用他自己的话说，表态式是一类"非常混杂的"⑤ 动词，阐述式是"很难定义的"⑥，而且这两类动词是"他发现最麻烦的"⑦，很可能它们"是不清楚的或重叠划分的，或者甚至需要某种全新的分类"⑧。虽然奥斯汀做的是一项开创性的工作，而且他自己也说，他是"提出一个纲领，即不是做某种事情，而是说明应该做什么"⑨，但是他的理论有许多无法令人信服和满意的地方。正是由于这些问题，他的学生塞尔对他的分类提

---

① Austin：*How to do Things with Words*，Harvard University Press，1978，p. 143.

② Ibid.，p. 145.

③ Ibid.，p. 147.

④ Ibid.，p. 163.

⑤⑥⑦⑧ Ibid.，p. 152.

⑨ Ibid.，p. 164.

出了批评，其中非常重要的一条批评就是认为，奥斯汀的分类没有一个明确和一致的分类原则作依据。后来塞尔沿着奥斯汀的方向继续进行研究，明确提出了十二条分类标准，并且提出了与奥斯汀不同的五种语用行为动词分类。

从以上三个特点可以看出，奥斯汀主要是从语言的角度来进行语言分析的。他的语言分析与语言学家的分析虽然有很大区别，但是有一点是相同的，这就是他们的分析都是经验性的语言分析。塞尔认为，语言学家和哲学家具有不同的方向和兴趣，语言学家的兴趣是事实性的和经验性的，而哲学家的兴趣是概念化的，他们的问题是先验的，而不仅仅是经验的。[①] 尽管如此，我还是觉得，在奥斯汀的语言分析中，经验的分析太多了一些，先验的成分太少了一些。

4　斯特劳森

斯特劳森是 20 世纪下半叶一位非常活跃的哲学家。在谈到自己的哲学时，他说他不是像笛卡儿、斯宾诺莎或康德那样的哲学家，他"没有提供综合的、完整的学说，没有提供任何一个统一的体系"[②]，而只是"在不同的时间，论述不同的问题"[③]。我认为，他的这一说法是合乎实际的。在半个多世纪的哲学生涯中，斯特劳森探讨了逻辑、语言、形而上学的许多问题，比如，他探讨过形式逻辑的有效性和局限性的问题，讨论过理想语言与日常语言的差异的问题，与摩尔、罗素等人争论过关于存在和摹状词的问题，同达米特、戴维森等人讨论过与实在论和意义理论有关的问题，他还探讨了与奥斯汀、赖尔以及后期维特根斯坦等人的思想有关的日常语言分析的问题，探讨了形而上学的问题，等等，可以说，他的论著涉及本体论、认识论、方法论等诸多方面，而且极富思想性和挑战性。

尽管斯特劳森论述的范围非常广泛，没有一个统一的体系，但是我们在他的思想中仍然可以看到一种基本上贯彻始终的东西，用他自己的话说，一种"核心的关注"[④]，这就是关注"言语或思想的某种根本运作和这种运作的对象"[⑤]，即关注"所指和谓述的运作，或者如果

---

① 参见麦基编：《思想家》，297 页。

②③④⑤ Strawson，P.："My Philosophy"，in *The Philosophy of P. F. Strawson*，Indian Council of Philosophical Research，1995，p. 1.

愿意的话，可以说，主词和谓词这种语法范畴"①。他非常明确地说：

> 所说的这种运作就是识别某个个体词项和以某种一般的方式
> 说明它的特征或描述它；或者换言之，以某种一般的方式说明确
> 切的单称所指和谓述的特征或描述它们。这是在我们当前的逻辑
> 中所认识到的基本组合。看上去它一定反映了我们关于世界的思
> 想的某种根本特征。因此我们的首要问题也许可以表述如下：在
> 现实和/或我们关于现实的思想中，是什么东西构成了这种基本组
> 合中所出现的这两类词的形式区别的基础，是什么东西说明了
> 这种形式区别的原因？这是我在许多论著中以各种方式试图回
> 答的问题：特别是在《个体》的第二部分……②

斯特劳森的整个哲学思想主要体现了他对指谓和谓述的关注。他是
日常语言哲学的主要代表人物之一，而他这方面的特点，也可以说，
主要在关于指谓和谓述的语言分析上体现出来。因此，我们集中探
讨他在这方面的思想。斯特劳森在许多文章和论文中都论述了这个
问题，为了论述方便，我们集中考虑他的《个体》，并且着重讨论其
中第二部分。

4.1　主谓区别

《个体》一书发表于 1959 年，该书分两部分，第一部分：特殊
的东西，包括：物体、声音、人、原子。第二部分：逻辑主体。

在哲学家看来，句子的主词和谓词是有区别的，也有人认为它
们之间没有本质的区别。与此相关的问题是主词表达的是什么，谓
词表达的是什么。这里就涉及特殊与普遍、个别与一般的区别与讨
论，以及由此而形成的不同的观点和看法。斯特劳森为了探讨这里
的问题，提出了语法标准和范畴标准，并分别从这两个方面进行了
论述。在范畴标准方面的论述中，他认为，任何一个词都能够以断
定的方式与另一个词相联系，从而产生一个命题。他认为，这种断
定联系是非关系的联系，而且具有不同的种类，可以使特殊的东西
与普遍的东西相联系，也可以使普遍的东西与普遍的东西相联系，
还可以使特殊的东西与特殊的东西相联系。他的论述主要集中在语

① Strawson, P.：" My Philosophy", in *The Philosophy of P. F. Strawson*, Indian Council of Philosophical Research，1995，p. 1.

② Ibid.，p. 9.

法标准方面，而且他认为语法方面和范畴方面的要求在谓词方面是非常相应的。因此下面我们主要考虑他从语法方面进行的论述。

斯特劳森的论述分为两步，第一步是论述了四类关于主谓或与主谓相关的区别。

第一种：

A_1		B_1
指某种东西	和	描述它
命名某种东西	和	说明它的特征
指示某种东西	和	把某种东西归于它
指称某种东西	和	谓述它的某种东西
提及某种东西	和	说到关于它的某种东西

这个分类目录列出的是哲学家们在谈到句子的主谓作用的区别时所使用的表达。它还可以增加。

第二种：

A_2	B_2
单称词	谓述表达式
指称表达式	谓词表达式
主词	谓词
主词表达式	归属表达式
专名（弗雷格）	

这个目录列出的是从句子的语言学方面所区别的部分。

第三种：

A_3	B_3
主词	谓词
主项	谓项
所指的词项	谓述的词项
	被归属的词项

这个分类目录所列出的区别，既不是言语作用方面的，也不是语言学方面的，而是句子的构成部分或词项之间的区别。

第四种：

A_4	B_4
对象	概念

这里的区别是与第二种分类区别相对应的非语言学方面的部分。

斯特劳森认为，以上四类区分是哲学史上哲学家们主要谈到的。在这些区分中，他重点评价了第二种区分，在评价过程中，他主要谈到了弗雷格和吉奇的观点。① 根据这种区分，句子中最基本的表达式可以分为 A-表达式和 B-表达式。他不愿意使用像"代表"或"关于"这样的术语，比如说 A-表达式是代表或关于什么的，B-表达式是代表或关于什么的，在这一点上他批评了吉奇的观点，他认为这样的表达是有歧义的。因此他主张不使用这样的术语，而使用"引入"或"引入词项"这样的说法，因为这样的说法是中性的。A-表达式就是引入名词或名词式的表达，B-表达式就是引入动词或动词式的表达。

人们可以根据语法理论进行区别。一个 A-表达式是语法上单称的名词表达式。一个 B-表达式包含至少一个确定形式的陈述语气的动词。而且对 A-表达式和 B-表达式有一个共同的要求，这就是当其中一类中的一个表达式与另一类中的一个合适的表达式组合在一起的时候，它们能够形成一个断定句。斯特劳森认为，这样的要求不是"一个表达式是一个主词或谓词表达式的充分条件"②，尽管他认为"可以暂时把它们看做是阐述了必要条件"③，但是由于没有能够提供说明一个表达式是一个 A-表达式还是一个 B-表达式的充分条件，这种根据语法理论进行的区别就是不合适的。而且，更重要的是，由于这种区别依赖于"名词表达式"和"含有一个陈述语气的动词的表达式"，因此它是狭隘的和未解释的。说它是狭隘的，这是"因为适合于一类语言的语法分类对其他可能同样丰富的语言并不一定适宜"④，说它是未解释的，这是"因为语法分类并没有明确地或清楚地阐明它们自己的逻辑的基本原理"⑤。在这样的分析的基础上，斯特劳森提出了自己的区别解释，同时也是对上述不合适的区分的修改。

斯特劳森的区别是以一个简单的例子开始的："苏格拉底是聪明的"。他认为，"苏格拉底"与"是聪明的"这两种表达式是不同的。"苏格拉底"这个表达式引入苏格拉底。这样一个表达式可以作主语出现，也可以作谓语出现，还可以作宾语出现，但是，无论如何，"它仍然丝毫也不向我们说明这一般是一种什么样的陈述"⑥，具体

---

① 参见 Strawson，P.：*Individuals*，University Paperbacks，Methuen，London，1979，pp. 142–153。

② Ibid.，p. 147.

③④⑤ Ibid.，p. 148.

⑥ Ibid.，p. 49.

地说，它不告诉我们含有它出现的那些句子究竟"是一种断定，还是一种请求，还是一种承诺"①。而在"是聪明的"这样的表达式，情况完全不同。"是聪明的"这个表达式引入的是聪明的。但是它并不是仅仅引入这样一个词项，而是"以一种相当独特而重要的方式，即断定的或命题的方式"②引入这样一个词项。"是聪明的"这样的表达式出现在断定句中的时候，比如"苏格拉底是聪明的"，当然表示一种断定。但是它也可以出现在其他形式的句子中，例如，它可以出现在疑问句中，比如"苏格拉底是聪明的吗"，或"谁是聪明的"，它还可以出现在条件句中，比如"如果苏格拉底是聪明的，那么……"，或"如果……那么苏格拉底是聪明的"，等等。表面上看，在这样的句子中，"是聪明的"没有表达一种断定。但是斯特劳森认为，疑问要求得到回答，因此"苏格拉底是聪明的吗"这样的疑问本身提供了一种真和假的选择，促使我们对这样的选择进行表态，而"谁是聪明的"这样的疑问本身提供了一种命题形式和一半内容，促使我们使这样的命题成为完整的并且做出断定。就条件句而言，虽然条件句对其从句的真假没有承诺，但是在条件句中，其从句的一部分作用就是把命题呈现在我们面前。这就说明，无论是疑问句还是条件句，都涉及了断定和命题。因此，斯特劳森明确地说：

> 即使我们不能说"是聪明的"、"抽烟"等等表达式引入其词项的这种独特方式不过是断定方式，我们至少可以说这是一种命题方式，即一种适合于下面情况的方式，在这种情况，词项被引入到具有真值的东西之中。③

斯特劳森为自己的观点还阐述了一种理由。对一个命题，我们可以说它是真的或假的，这即是对这个命题进行的断定。而且如果要把命题与对其真假的承诺分开，标准的方法是在命题前面加一个联结词"that"。即"that……是真的（或假的）"。因此"这就使我们有理由说，含有陈述动词的命题表达的**主要**作用是断定，也使我们有理由说，**主要**是词项引入的断定方式的东西也是一种更广泛的东西，即一种词项引入的命题方式"④。因此，斯特劳森在论述中不区别"断定方式"和"命题方式"。这样，斯特劳森就以"断定或命题方

①② Strawson，P.：*Individuals*，University Paperbacks，Methuen，London，1979，p. 49.

③④ Ibid.，p. 150.

走进分析哲学

式"区别了 A-表达式和 B-表达式。以"苏格拉底是聪明的"这个陈述为例。"苏格拉底"这个表达式和"是聪明的"这个表达式都引入了词项，即苏格拉底和是聪明的。（注意，斯特劳森不说"苏格拉底"表示苏格拉底，而说"引入"，他不说"是聪明的"是关于苏格拉底的说明，而说"引入"。）但是，"是聪明的"这个表达式不仅引入了是聪明的，而且还带有一种断定或命题联系。

关于语法标准方面的第一步论述，斯特劳森还有一些，比如关于奎因的单称词和一般词的区别的讨论，关于像"每一个东西"和"有的东西"这样的量词的讨论等等，这些讨论也是非常有意义的，比如他认为"每一个东西"和"有的东西"是有区别的，前者不区别任何东西，而后者不明确地识别任何东西。[①] 但是对于我们下面的分析探讨来说，以上介绍就足够了。

4.2　解释主谓区别

斯特劳森的第二步是试图对他的区分提出一个完整的理论解释。在他的第一步论述中，我们已经看到，他不使用人们通常（吉奇）所说的"代表"和"关于"这样的表达，而用"引入词项"这种表达。他从传统的关于主词和谓词，以及特殊的东西和普遍的东西的区分出发，提出以"断定方式或命题方式"来区别 A-表达式和 B-表达式。这里，最重要的是要看到，斯特劳森由于把 A-表达式和 B-表达式的区别与"断定"和"命题"联系起来，因此他还谈到真假。而所有这一切，都是为了他的第二步做的准备。也就是说，在第二步中，他对于"断定方式"或"命题方式"，以及真假进行了详细的论述。

斯特劳森认为，词项的引入"本质上包含着进行识别的思想"[②]。引入词项的表达式表明"借助它引入了什么词项（什么特殊的东西，什么普遍的东西）"[③]。比如说"约翰抽烟"。"约翰"表明所指的是什么特殊的东西，"抽烟"表明归属于"约翰"的是什么特征。"约翰"和"抽烟"为什么能够表明这样的东西，这显然是要有一定条件的。也就是说，在命题中引入特殊的东西和引入普遍的东西是有一定条件的。因此斯特劳森明确地阐述了这样的条件。首先，

[①]　参见 Strawson，P.：*Individuals*，University Paperbacks，Methuen，London，1979，p.158。

[②][③]　Ibid.，p.181.

把特殊的东西引入命题有三个条件：

> 显然，一个条件是应该有一个特殊的东西，说话者在指谓
> 它；另一个条件是应该有一个特殊的东西，听话者认为说话者
> 在指谓它；第三个条件是说话者的特殊的东西与听话者的特殊
> 的东西应该是同一的。①

这三个条件是一般性的，还可以进一步阐述。说话者在引入一个特
殊的东西时可以使用一个专名，也可以使用一个摹状词。斯特劳森
指出，它表明，如果使用一个摹状词，那么就应该有一个特殊的东
西与说话者所使用的摹状词相符。如果使用一个专名，那么说话者
一定知道他用这个名字指谁或指什么。这样，说话者必然准备以一
个摹状词替换他所使用的名字。因此第一个条件可以表达为：

> 必然有一个特殊的东西，它与说话者所使用的摹状词相符，
> 或者它与说话者准备替代他所使用的名字的摹状词相符，如果
> 他使用了一个名字。②

但是这个条件是不够的。因为说话者仅仅指谓一个特殊的东西，而
与一个摹状词相符的可能会有许多特殊的东西。说话者非常依赖于
说话时的语境，而且只说必要的东西。"就他仅仅指谓一个特殊的东
西来说，至少应该有一个特殊的东西与他的摹状词相符，这是不够
的。必须至多有这样一个他所考虑的特殊的东西"③。说话者知道自
己所考虑的特殊的东西是什么，但是仅凭这一点他还不能区别这个
东西。因此，他给出一个摹状词表示他所考虑的东西，但是他还可
以给出某种适合他所考虑的东西的独特的摹状词。比如"去年我待
的那个城市"是一个摹状词，说话者肯定知道它指的是什么，但是
它本身并没有得到区别。假定它指芝加哥，说话者肯定还可以说出
其他摹状词来明确地指谓它。总之，"为了形成识别一个特殊东西的
指谓，对于说话者来说，必然有某个已知的经验真命题（在这个词
的不是特别严格的意义上），从而恰好有一个特殊的东西，它与一定
的摹状词相符"④。斯特劳森认为，对于第二个条件，以上论述也是
适宜的。应该指出，"指谓"是一个非中性的词。斯特劳森使用这个

①② Strawson, P.: *Individuals*, University Paperbacks, Methuen, London, 1979,
p. 181.

③ Ibid., p. 182.

④ Ibid., p. 183.

词是因为它是大家熟悉的。他认为可以用引入词项的方式来表述它。

与引入特殊词项形成鲜明对照的是，当把普遍词项引入命题的时候，"没有一般可坚持的与上述类似的条件"①。斯特劳森以"Φ"表示普遍的东西，并且仅以形容词形式为例论述了这个问题。假定有一个命题"某东西是 Φ"。如果要满足上述条件，那么就要寻找一个经验命题，它必须是真的，这样才能使以"Φ"所引入的普遍词项成为可引入的。对于说话者来说，"某东西是 Φ"这个一般的经验命题是真的，这大概可以是引入这个普遍词项的充分条件，但却不是一个一般可坚持的必要条件。因为如果"任何东西都不是 Φ"这个经验命题是真的，那么这大概可以是引入普遍词项的同样充分的条件。但是这两个命题是矛盾的。如果把这两个充分条件以析取的方式联系起来，确实可以说得到了一个必要条件："要么某东西是 Φ，要么任何东西都不是 Φ"。但是，这是一个重言式，而不再是一个经验命题，一个关于世界的事实。②

斯特劳森进一步论述了自己的观点。他认为，经验命题分为两类。一类经验命题表达的是关于世界的相当确切的事实，某种实际上可以属于历史的东西。为了引入一个特殊词项，人们普遍要求这样的命题是真的。而另一类经验命题表达的是某种相当不确定的命题，它们所阐述的事实是某种相当不确定的事实。为了可以引入普遍词项，虽然人们可能不会普遍要求这样的命题是真的，但是一般可能会要求这些命题是真的。这样陈述的事实不会属于历史。比如，"玫瑰是红色的"，这个命题陈述的就不是一个属于历史的事实。

此外，他还认为，为了引入一个特殊的东西，普遍必要的条件有两个，一个是：一个种类明确确定的经验命题应该是真的，另一个是：这样一个命题被知道是真的。"因为只有这样，才能满足一个特殊的东西的识别指谓条件；只有这样，才能从说话者或听话者方面满足识别条件"③。但是在引入普遍词项的时候，情况完全不同。只有大多数被引入的普遍的东西实际得到具体说明，用来识别所引入的普遍词项的词才能获得其意义，但是它们一旦获得意义，无论这意义是如何获得的，对于它们所起的识别被引入的普遍词项的作

① Strawson, P.: *Individuals*, University Paperbacks, Methuen, London, 1979, p. 183.

② Ibid., p. 184.

③ Ibid., p. 185.

用来说，下面的情况绝不是必然的：使用这些词的人应该知道或相信一些经验命题，从而使所考虑的普遍词项实际上得到具体说明。斯特劳森认为，这些词的使用者一般来说会知道或考虑这种情况，但是这并不是所考虑的表达式起识别作用的必要条件。"必要的仅仅是使用者应该知道这些表达式意谓什么，而不是他们由于某些经验命题是真的而获得它们的意义"①。因此，懂得特殊的东西是什么意思，不过是隐含着（说者）知道或（听者）获知某个经验事实，这个事实足以识别那个特殊的东西。懂得普遍的东西是什么意思，仅仅隐含着懂得这种语言。

对于这种区别，斯特劳森还有另一种表达。他不谈特殊的和普遍的东西，而把它们分别说成是两类表达式。前一种是这样的表达式：人们可以知道它们引入的是什么，而不必知道关于它们所引入的东西的某些独特的经验事实。后一类是这样的表达式：人们完全可以知道它们引入的是什么，而不必知道关于它们所引入的东西的任何独特的经验事实。前一种表达式尽管不明确地阐述事实，但是它们起作用恰恰因为它们表现或体现事实，因此它们带有很重的事实的分量。后一种表达式不带有事实的分量。它们只是帮助传达事实。

通过以上说明，斯特劳森为主词和谓词的区别提出了一个新标准：

> 一个主词表达式是这样一个表达式，它在某种意义上凭自身表现的一个事实并且在这种程度上是完全的。一个谓词表达式是这样一个表达式，它绝不凭自身表达一个事实并且在这种程度上是不完全的。②

除此之外，斯特劳森还对自己提出的这种新标准进行了一大段补充说明：

> 我们发现这个新标准与语法标准和谐得令人赞美。根据新标准，谓词表达式是这样一个表达式，它只有明确地与另一个表达式联结在一起才能是完整的。根据语法标准，谓词表达式恰恰是这样一个表达式，它带有要求被补充成为一个明确断定

① Strawson, P.: *Individuals*, University Paperbacks, Methuen, London, 1979, p. 185.

② Ibid., pp. 187—188.

的符号表达。我们强调这两种标准的和谐和密切关系，而且通过把它们融为一体，我们又回到我们在详细阐述主谓区别的"语法"意义时所讨论的句子的"完整"的和"不完整"的部分的那种鲜明区别，而且丰富了这种鲜明区别。我们在弗雷格关于满足的和不满足的构成部分的比喻中发现了一种额外的深刻意义。①

在这以后，斯特劳森还进行了许多论述，包括对表示抽象个体的专名的论述，比如"疾病"、"死亡"，甚至像作名词用的"打"、"抓住"等等这样的专名，还包括对表示类的专名的论述，比如"雨"、"雪"、"煤"、"金子"、"水"等等。限于篇幅和本书的目的，我们对这些内容就不介绍了。这里只需要指出一点，斯特劳森的这些探讨是在前面我们介绍的他的那些论述的基础上进行的，因此是上述这些思想的扩展和延伸。若要理解他的这些思想，必须理解他的上述思想。这也就说明，对于理解斯特劳森的思想来说，理解他的上述思想是非常重要的。

4.3　思想特点

从以上介绍我们可以看出，斯特劳森的语言分析具有独到之处。下面我们对他的思想方法进行剖析，看一看它们有哪些主要的特点。我认为，它们主要有以下五个特点。

第一个特点，虽然斯特劳森是日常语言分析学派的领袖人物，但是他很少使用具体的例子。这也是他与摩尔、奥斯汀、赖尔等人在日常语言分析方面的显著区别之一。我们看到，他的分析主要不是对具体的词或概念的意义进行分析，而且，他很少依靠利用例子来说明问题。他主要是试图从理论上把他想说的东西清晰明确地表达出来。为了清晰严格地表达他的思想，他甚至可以使用"引入词项"这样不太自然的表达，而不使用"代表"或"关于"这样的自然的表达。吉奇对 A-表达式和 B-表达式的区别做了严格的说明，但是他使用了"代表"和"关于"这样两个表达式，为此遭到了斯特劳森的分析和批评。② 前面我没有介绍这一段有两个原因，一个

① Strawson，P.：*Individuals*，University Paperbacks，Methuen，London，1979，pp. 187—188.

② Ibid.，pp. 143—147.

原因是我认为它与我们的讨论关系不大，另一个原因是我对斯特劳森这里的分析批评感到不以为然。从逻辑的观点看，日常语言确实是不精确的，但是人们提出这个问题往往是，或者说，主要是从与真假和必然相关的角度考虑的。除此之外，一般来说，逻辑学家并不怀疑日常语言在使用中的常识性的含义。关于这一点，后面还要详细论述。这里重要的是应该看到，斯特劳森并不是始终总是那么死死扣住日常语言不放的。

第二个特点，斯特劳森是从语法形式出发的。在他给出的四类主谓区别中，只有第二类是从语法方面进行的区别。而他的讨论主要也是集中在这一类。通过分析论证，他指出根据语法理论进行区别是有缺陷的，因此他在这种区别的基础上提出了修改意见。应该看到，斯特劳森对于从语法方面出发研究问题是十分重视的，虽然他认为"普通的语法是一种不可靠的支持"①，主谓区别的语法标准"具有次要的理论重要性"②，但是他并不主张抛弃语法，而主张对语法进行分析，追求逻辑分析与语法分析的和谐一致。他认为，语法可以指导我们认识命题中出现的逻辑主体。尽管它"不是一个不会出错的指导，但是它是一个好指导"③，有了他做的那些修改，"它是可以接受的"④。

第三个特点，斯特劳森的分析论述涉及真假问题。我们看到，在关于语法分类的修改中，他提出以"断定或命题方式"来区别 A-表达式和 B-表达式，而这种方式就涉及真和假的问题。

第四个特点，斯特劳森的分析论述涉及了人的问题。我们看到，在为把特殊的东西引入命题而提出的三个条件中，他提到了说话者、听话者，这说明他的考虑就不仅仅是句子本身，而是考虑到了句子的使用。

第五个特点，他多次谈到弗雷格。不仅他列出的第四种分类本身就是弗雷格的分类，而且在第二种分类中，特别在专名的后面还写下弗雷格的名字。此外，他多次提到弗雷格关于"完整"和"不完整"的区分比喻，他不仅说可以"为这种比喻辩护"⑤，而且

---

① Strawson，P.：*Individuals*，University Paperbacks，Methuen，London，1979，p.215.

② Ibid.，p.180.

③④ Ibid.，p.230.

⑤ Ibid.，p.153.

认为"只要我们认识到这种比喻的基础，我们喜欢不喜欢它倒没有什么关系"①。他不仅在许多地方谈到这种比喻区别，而且如上所说，认为自己的论述丰富了这种区别。

可以说，以上五个特点是显然的，从我们的上述介绍可以看得很清楚。因此也可以说，它们是斯特劳森的语言分析的表面特点。我认为，重要的是，我们应该透过这些表面的特点，看一看这些特点背后有什么有价值的思想，有什么值得我们思考的东西。我们还是这样来思考：斯特劳森的分析论述为什么会有这样的特点？

前面我们说过，斯特劳森的分析论述分为两部分，第一部分是论述传统的关于主谓区别的考虑，第二部分是提出自己的理论。因此他的重点应该是在第二部分。在从第一部分向第二部分过渡的时候，他提出了区别 A-表达式和 B-表达式的标准，即"断定方式或命题方式"，由此他还谈到了真假。这一点构成了他的进一步探讨的基础。正是由于紧紧围绕"断定"和"命题"，他才可以谈论和区别表达关于特殊的个体的经验命题和表达关于一般语言情况的命题，并且区别表达属于历史事实的命题和表达不属于历史事实的命题，而且正是由于围绕着"断定"和"命题"，他才可以谈论真和假。应该说，语法考虑是表面上的东西，是不会有什么太特别的东西的。因此，我们可以考虑，从第一步到第二步的过渡是不是自然的，显然的，也可以问，这一步有没有什么问题。换一种方式，我们可以这样问：为什么斯特劳森要提出"断定方式或命题方式"作为区分标准？我们还可以进一步问：他为什么会提出"断定方式或命题方式"作为区分标准？

表面上看，斯特劳森是以"苏格拉底是聪明的"这样一个句子为例来说明的。在这样一个句子中，或在任何一个句子中，"苏格拉底"是一个专名，它除了表示苏格拉底以外，没有其他含义。因此仅凭"苏格拉底"或与此相似的专名，我们看不出含有它的句子表达的是断定、请求还是承诺。而借助"是聪明的"我们可以看出表达的是一种"断定方式"，因为它表达了对苏格拉底的一种情况的说明。如果说这样的解释是语言分析，即使说是对词的意义的分析，大概也不会有什么大问题。但是，我们应该注意，斯特劳森的区别标准不仅仅是一个"断定方式"，而且还有一个"命题方式"。由于

① Strawson，P.：*Individuals*，University Paperbacks，Methuen，London，1979，p.153.

只有在断定句中才可以可靠地说表示断定，而断定句只是诸多句子形式中的一种，因此这个标准似乎就有局限性。虽然斯特劳森随意只举了疑问句和条件句的情况进行了分析，而且他说问题不大，但是终究还是有疑问的。因此，为了使提出的区别标准具有普遍性，似乎可以更一般地谈论，或者以斯特劳森的方式表达，至少可以谈论"命题方式"。"命题方式"显然是比"断定方式"更宽泛更一般的表达，因为它不需要区别断定、疑问、承诺等等不同的命题内容。即使到了这一步，似乎也可以说斯特劳森的论述是比较直观的、显然的。但是应该看到，斯特劳森虽然把他说的断定方式和命题方式看做是相同的东西，对命题方式却是有专门的明确说明的，这就是一种适合于使"词项被引入到具有真值的东西之中"的方式。这种说明绝不是直观的、简单的词义分析。具体地说，说"是聪明的"表达了一种断定，甚至说它表达了一种命题，我们马马虎虎是可以直观理解的。但是说它表达了一种"词项被引入到具有真值的东西之中"的方式，直观上无论如何是无法理解的。因此，这里的结论不是从自然语言中词的意义方面分析得来的。一定还有其他原因。

　　我认为，斯特劳森在这里的说明与其说是依据自然语言，不如说是依据现代逻辑。也就是说，他实际上是依据现代逻辑的思想，特别是依据弗雷格的思想对自然语言进行分析，最终得出关于"命题方式"的说明。在前面所总结的关于斯特劳森的第五个特点中，我们说过，他多次提到弗雷格，提到弗雷格关于"完整"和"不完整"的区分比喻。他甚至明确地说，"只要我们认识到这种比喻的基础，我们喜欢不喜欢它倒没有什么关系"。这说明，斯特劳森对弗雷格的思想是清楚的，也是熟悉的。这还说明，在斯特劳森看来，同意不同意弗雷格的区别没有关系，但是要明白它是怎么一回事。而弗雷格关于"完整"和"不完整"的区分恰恰是对句子中个体和谓词的区别。根据弗雷格的思想，"是聪明的"是一个谓词，因而是一个其值涉及真假函数。它是不完整的，要以个体来补充才能是完整的。而以个体补充它之后，就成为一个具有真假值的句子。斯特劳森坚持日常语言分析，坚持日常语言的表达方式，虽然他不像弗雷格那样说"函数"，也不像我们一般那样说"函项"，而是说"命题方式"，但是本质上是一样的。从日常语言的分析得不出关于涉及"真值"的"命题方式"的结论，但是根据现代逻辑的思想，却可以很自然地进行这样的说明。因为在现代逻辑中，对于谓词的刻画和处理，对于真假的论述，不仅是明确的，而且是联系在一起的。只要按照现代逻辑的思想来分析语言，具体地说，分析句子，那么得出斯特劳森那样的结论就是自然的，因此也是毫不奇怪的。

有了这个结论，我们还可以深入地做一些分析。如上所说，斯特劳森根据"断定方式或命题方式"这种区别，进一步提出了自己的观点。他认为，把特殊的东西引入命题有三个条件，这三个条件涉及说话者和听话者。这里，我们显然可以看出，斯特劳森的考虑方式与弗雷格，或者说与一般的逻辑考虑是不一样的。一般的逻辑考虑只集中在句子的真值条件，而不考虑说出句子的人和听者的情况。而斯特劳森恰恰要考虑说出句子的人和听者，就是说，他不是仅仅考虑句子本身，而是要考虑句子的使用情况。应该说，这是斯特劳森的语言分析的一个显著特点，即把句子放在应用的环境中加以考虑。但是，即便如此，我们仍然可以看到，他的论述紧紧围绕着真假问题，紧紧限于依据逻辑方法所区分的个体和谓词来讨论的。

在论述特殊的东西与普遍的东西的区别时，斯特劳森认为，一方面，引入特殊的东西总是与经验事实联系在一起，因此懂得特殊的东西是什么意思，不过是隐含着知道或获知某个经验事实，这个事实足以识别那个特殊的东西。另一方面，引入普遍的东西并不必然与经验事实联系在一起，因此懂得普遍的东西是什么意思，仅仅隐含着懂得语言的意义。这实际上反映了斯特劳森对个体和谓词之间的差别的根本看法。但是直观上说，这种说法并不直观。虽然斯特劳森试图利用"某东西是 Φ"与"任何东西都不是 Φ"这一对矛盾命题来说明普遍的东西不一定与经验的东西联系在一起，并利用"要么某东西是 Φ，要么任何东西都不是 Φ"这个永真命题说明这不是关于世界的事实，但是，我们仍然有疑问：为什么特殊的东西是关于经验的？为什么普遍的东西是关于语言的？斯特劳森的解释是，引入一个特殊的东西产生一个确定的经验命题，它若是有效的，则不仅它是真的是必要的，而且它被知道是真的也是必要的。但是引入一个普遍的东西的情况可能会是不同的。斯特劳森说：

> 只有以普遍词项所引入的大多数普遍的东西实际上得以具体说明，识别引入的普遍词项所使用的词才可能会获得它们的意义。但是一旦这些词获得了它们的意义，无论它们是怎样获得的，为了使它们起识别它们所引入的普遍词项的作用，下面

的情况绝不是必要的：它们的使用者应该在所涉及的普遍词项实际上得以具体说明的程度上知道或相信经验命题。①

这是斯特劳森唯一给出的一段明确说明，但是可以说，它一点也不明确。我理解，他这里的意思是说，一个普遍词项，比如"是红的"，它的意义是通过一些具体的说明获得的，比如"太阳是红的"，"血是红的"，"玫瑰是红的"，"这辆汽车是红的"等等。但是，一旦获得了其意义，我们就可以使用它，而且我们在使用中不一定非要知道所有这些具体的说明。比如，我们可以使用"是红的"这个表达式，同时不必知道"血是红的"，"这辆汽车是红的"。因此，我们知道这些表达式的意义，是因为它们本身有意义。所以这样的表达式是关于语言的。如果我的这些理解是正确的，那么就可以看出，斯特劳森实际上是刻画了个体和谓词在层次方面的差别。我们对照一下弗雷格的表达方式：个体是第一层次的，概念是第二层次的；个体处于概念之下；个体是完整的，概念是不完整的，概念要用个体来补充才是完整的。而以斯特劳森的方式表达，特殊的东西是关于经验事实的，普遍的东西是关于语言的。这是对个体和概念之间的关系和区别的两种不同的刻画。实际上，它们都是旨在说明，个体和谓词所表达的东西是不同的。区别仅仅在于斯特劳森引入了说话者和听话者的理解，就是说，他考虑了句子的使用情况。也许，这就是他的日常语言分析的特征。

此外，在斯特劳森的分析和论述中，现代逻辑的思想随处可见。比如，在涉及摹状词的论述中，他论述了一个专名可以有多个摹状词，人们在使用摹状词的时候具有任意性，以及专名如何由摹状词确定的问题，如此等等。他的这些论述与罗素的论述是不同的，理论性系统性不强，但是却有实际分析的意义和价值，对后来形成的关于摹状词的"簇"的理论也是有影响的。特别是，他谈到对于"指谓一个特殊的东西来说，至少应该有一个特殊的东西与他的摹状词相符，这是不够的。必须至多有这样一个他所考虑的特殊的东西"。这显然是强调摹状词的唯一性。虽然我们不能武断地说他的这种考虑和说法是从罗素那里来的，但是我们至少可以说，这与罗素关于摹状词的唯一性的表述和强调是一致的。

---

① Strawson，P.：*Individuals*，University Paperbacks，Methuen，London，1979，p. 185.

5 后期维特根斯坦

后期维特根斯坦的地位是突出的，影响是巨大的，但是他的思想却是很奇特的。如果说我对他的前两个评价是褒义的，那么应该说，后一个评价至多只能算是中性的。这与我对他的《逻辑哲学论》的评价显然是不同的。下面，我主要以他的《哲学研究》为例来探讨他的思想。

《哲学研究》是维特根斯坦的两部代表作之一，是他后期的主要著作。该书发表于 1953 年，对语言哲学，特别是泛语言哲学产生了很大的影响。应该说，这部著作不是很容易把握的，但是原因主要不在我们的理解方面，而在于作者本人的写作和论述的方式，也可以说，主要在于作者没有讲清楚他要讲的东西。在我看来，也许作者本身就没有考虑清楚。下面我们对照《逻辑哲学论》来考虑几个问题。

5.1 系统与不系统

如上所述，《逻辑哲学论》试图系统地阐述一种思想，一种关于世界的看法，并且试图对这种看法提供一种系统的解释。也许我们可以在行文中看到这样那样不清楚或不容易理解的地方，但是该书的整个思想脉络是清楚的，论证基本上也可以说是清楚的。与《逻辑哲学论》相比，《哲学研究》的最大特点可以说就是不系统。虽然我们大致可以承认，而且正像许多人所认为的那样，它主要论述的是语言，或者说是围绕着语言进行论述，但是它给人一种感觉，似乎维特根斯坦想到哪里就说到哪里，想到多少就说多少。理解他的著作，正像达米特所说，"你必须问：'这一段为什么出现在这里呢？那一段他为什么放在那里呢？'"① 虽然这部著作不乏充满智慧的警句，比如：

> 想象一种语言就意味着想象一种生活形式②，

---

① Palaut，F.："An Ant-Realist Perspective on Language，Thought，Logic and the History of Analytic Philosophy：An Interview with Michael Dummett"，in *Philosophical Investigations* 19：1，January 1996，p. 3.

② 维特根斯坦：《哲学研究》，12 页。

一种"内在过程"需要外部的判据①，

哲学之病的一个主要原因——偏食：人们只用一种类型的例子来滋养他们的思想②，

哲学处理问题就有如治病一般③，

当我遵守规则时，我并不选择。我盲目地遵守规则④，

如此等等，但是它缺少详细精确的说明和严格细致的证明。用达米特的话说，就是维特根斯坦"常常让读者去领会要点"⑤。虽然它涉及非常广泛的问题，比如意义、使用、理解、人的心灵状态、思想、词、行为、意向等等，但是很难说它说清楚了什么问题。因此，许多人对它评价不高，甚至有人认为《逻辑哲学论》是维特根斯坦的荣耀，而《哲学研究》则是维特根斯坦的不幸。⑥ 这里，我不想探讨这种评价是否合适，也不想对《哲学研究》这本书本身做出评价，而只是想着眼于本书的目的，探讨维特根斯坦在这部著作中的语言分析方法。因此，我们首先假定这本书主要是关于语言的。其次，我们的评价也将仅仅限于这一点。在这种情况下，即使我们认为《哲学研究》的论述是非常不系统的，我们仍然可以问，在维特根斯坦的论述中有没有或者有哪些可以说是比较系统的东西。

我之所以这样考虑问题，主要有三个原因。其一，维特根斯坦在《哲学研究》的序中说，他想写出一段一段的论述，这些论述"有时成为关于同一论题的拉得很长的一根链条"⑦，书中的思想"必须以自然而然的顺序从一个论题进到另一个论题，之间没有断裂脱节之处"⑧，而且他承认，他"曾几次企图将自己的成果联结为一个整体，然而都没有成功"⑨。这些话明显说明，维特根斯坦并不是不想系统地阐述自己的思想，也不是没有这样努力去做，而是没有

① 维特根斯坦：《哲学研究》，231 页。

② 同上书，235 页。

③ 同上书，137 页。

④ 同上书，128 页。

⑤ Palaut, F.："An Anti-Realist Perspective on Language，Thought，Logic and the History of Analytic Philosophy：An Interview with Michael Dummett"，in *Philosophical Investigations* 19：1，January 1996，p. 3.

⑥ 参见 Bergmann, G.："The Glory and Misery of Wittgenstein"，in *Logic and Reality*，The University of Wisconsin Press，1964，pp. 225－241.

⑦⑧⑨ 维特根斯坦：《哲学研究》，1 页。

走进分析哲学

能够做到这一点。因此，虽然从整体上他没有做到提供一个系统的论述，但是至少在一些局部他可以提供一些系统的论述，至少我们在一些地方可以看到他做了这样的努力。其二，在《哲学研究》的一些地方，特别是一开始，维特根斯坦的论述并不是漫无边际的，也就是说，他至少在一开始还是想比较系统地论述问题的，只是由于种种原因后来无法这样进行下去了。以上两个原因都是可以从《哲学研究》找到答案的。如果它们是显然的，也就有了第三个原因，也可以说是一个问题，即为什么维特根斯坦想系统地阐述自己的思想却做不到？这第三个原因大概是一个比较有意思的问题。我主要对这个原因感兴趣。但是，为了说明这个问题，我还是应该先比较详细地说明一下第二个原因。因为这与我感兴趣的问题有着十分密切的关系。

为了说明第二个原因，我们首先可以大致看一下《哲学研究》的基本内容。这本书分为两部分。第一部分是 1945 年前十几年间的研究成果，包括以阿拉伯数字标明的 693 段论述。第二部分是 1946 年至 1949 年间的研究成果，包括以罗马数字标明的 14 段论述。其次，我们可以大致看一下第一部分的基本内容。大体上说，1 至 37 主要是与词和句子的意义有关的问题，38 至 137 主要是与专名有关的问题，138 至 242 主要是与语言的使用和理解有关的问题，243 至 315 主要是与个体的语言或私人语言有关的问题，316 至 394 主要是与思想有关的问题，395 至 401 主要是与想象力和意向有关的问题，402 至 464 主要是与说出"我"或"我们"有关的问题，466 至 476 主要是与思维有关的问题，494 以后，谈到了语言、信号、语法等等，522 以后谈到了图画与理解，567 以后的论述就更加散乱，似乎是要论述游戏规则，但是涉及了语言工具、语法、内心过程、意义、感觉等等，而且直到 693，也没有给人一种完整的感觉。即使该书第二部分是为了取代 522 以后的内容的①，我们也无法明确地知道维特根斯坦在这一部分主要想讨论些什么，因为，第二部分的 14 段论述同样散乱。此外，以上说明也仅仅是非常粗略的，尽管我承认这种说明是"大体上"的，而且我还强调这些部分"主要是与……有关"的，但是若要指出其不当之处是非常容易的，因为几乎在每一部分都可以找到一些与其他问题有关的说明。不过这样也就更加说明这

---

① 参见该书编者的话。

部著作是非常不系统的。

尽管从整体上看《哲学研究》的论述是不系统的，但是从局部来看，有些地方，特别是它的开始部分，却可以说是比较系统的。这一部分包括大约从 1 至 137，宽泛一些，甚至可以到 242。1 至 137 主要论述的是与词和句子的意义有关的问题，其中包括关于专名和摹状词的探讨。虽然维特根斯坦在这一部分已经提出了一些他在后来所探讨和论述的思想，包括著名的语言游戏及其规则，但是基本上可以说，这一部分是围绕着词和句子的意义在进行论述。

探讨语言问题，或者说，从语言的角度谈问题，围绕着词和句子进行论述似乎是很自然的。但是应该说，这里仍然是有区别的。换句话说，主要是围绕着词，还是围绕着句子？如果我们仔细地分析一下，就可以看出，维特根斯坦还是从句子的角度论述得多一些。第一，在第 1 节一开始，维特根斯坦引用了奥古斯丁的一段话，认为它提供了关于人类语言本质的一幅画，这就是："语言中的单词是对对象的命名——语句就是这些名称的组合"①。奥古斯丁谈论的是语言以及称谓事物对象的语词。维特根斯坦从奥古斯丁的话出发，自然要从词出发，但是，他从一开始就没有忘记说到句子。第二，在从 5 到 20 的论述中，虽然维特根斯坦谈到许多情况，但是最主要的是说明词和句子的联系，以及词和句子的区别。他通过"石板"这样一个例子说明，在某一个具体的环境中，它的意思实际上是"给我拿一块石板来"，因而说明，一个词可以是一个省略的句子。这样，从 21 开始，维特根斯坦就进入对句子的探讨。第三，在接下来的几节，维特根斯坦明确地在探讨句子：21 谈到命令和报告，从而谈到陈述，22 谈到弗雷格关于断定的论述，从而谈到句子，23 谈到句子的许多不同种类，从而说明语言的多样性，24 谈到陈述和描述，25 谈到命令、提问、叙述等等。第四，在 26 节以后的论述中，关于词的意义与句子的意义，关于命名与命题的论述似乎没有明确分开，而是混在一起进行的。但是应该看到，即使是关于命名的论述，也是把它放在句子中加以考虑的。以上前三点是比较直观的。第四点需要进一步说明。

维特根斯坦从句子出发或围绕句子进行论述的例子很多。前面我们谈到维特根斯坦关于摹状词的论述，即是一例。那里我们引用

---

① 维特根斯坦：《哲学研究》，3 页。

了维特根斯坦在第 79 节的一大段话，并且指出，他虽然谈论的是摹状词，但是他的论述是围绕"陈述"或"命题"进行的，因此他是从句子出发考虑的。下面我们可以再举一个例子。在第 58 节，维特根斯坦说：

> "我将只把那些不会在'X 存在'这样的联结之中出现的东西称为'名称'。——这样人们就不能说'红存在'，因为，如果没有红，那么就根本不可能谈论它。"更好的说法是：如果"X 存在"仅仅意味着说"X 有一种意义"，——那么它就不是一个谈论 X 的命题，而是一个有关我们的语言的使用即有关"X"这个词的使用的命题。
>
> ……
>
> 但是，我们真正想要的只是要把"红色存在"理解为下面这个陈述："红色"这个词有意义。或者更好些是说：把"红色不存在"理解为"'红色'没有意义"。只是我们并不想说那个表达式说出了这一点；我们想说的是：如果那个表达式意指着什么，那么这一点就是它一定要说的东西。但是，在试图把它说出来的时候它就陷入了自相矛盾——这恰恰是因为红色"是自在自为地"存在的。然而矛盾仅仅在于这样一种情况：这个命题看起来似乎是谈论颜色的，可它本应谈论有关"红色"这个词的使用。——但是，实际上我们的确常常说到某种特定颜色的存在；而那就等于说某种具有该颜色的东西存在着。前一种表达同后一种表达都一样准确；特别是当"具有这种颜色的东西"不是物理对象时。[①]

这一段话的含义是比较丰富的。首先，它谈论的是含有"存在"这个概念的句子。因此可以说，这是维特根斯坦关于存在这个概念的一段探讨，反映了他关于存在的一些看法。其次，它涉及了什么东西可以作"存在"的主词，什么不能。再次，它说明了"存在"究竟是什么意思。

从第一段看，这里提出了一种看法，即名字不能在"X 存在"这样形式的句子中出现。很难说这是维特根斯坦的看法，但是看不出他反对这种看法。在"X 存在"这样的句子中，X 是什么，维特根斯坦没有说，但是按照他的说法，有一点是明确的，这就是 X 不

[①]　维特根斯坦：《哲学研究》，43 页。

是名字，也就是说，在"X存在"这样的句子中，名字不能作主词。名字表达的是个体，包括人、事件甚至具体的时间等等，由于名字不能作"存在"的主词，因此，维特根斯坦实际上表达了这样一个思想，即存在不能断定个体。

从维特根斯坦的论述，我们还可以看出一点，这就是他同意下面的看法："X存在"的意思是"X有意义"。这里举的例子是"红存在"（中译文中用了"红"和"红色"两个词，原文是同一个词，即"Rot"①），人们说"红存在"，因此，红不是名字。但是人们直觉上相信没有红这样的东西，而人们又常常这样说，所以当人们说"红存在"时，意思仅仅是"红有一种意义"。因此维特根斯坦认为，"红存在"表面上是谈论"红"，实际上却是在说关于"红"这个词的用法，即"存在某种东西，它具有红这种颜色"。因此他明确地说，我们常常说某种颜色存在，但是实际的表达是：存在某种东西，它具有某种颜色。如果以"红"为例，那么说"红存在"，实际上就是说："存在某种东西，它具有红这种颜色"。这里我们看到了维特根斯坦对存在的一种解释，无论这种解释对不对，至少有三点疑问。第一，维特根斯坦认为"X存在"这样的句子不是一个谈论X的句子，而是一个关于X这个词的使用的句子。这种说法显然会引起人们的疑问，因为按照人们常识性的看法，说X存在，当然是在谈论X，因此自然是这样一个句子，怎么会是关于X这个词的用法的句子呢？第二，直观上看，这里的例子与人们一般的理解也是不一样的。因为根据常识性的理解，人们可以说红存在，而这样说的意思似乎是指有红这样的东西，而不是指有某种东西，它具有红颜色。第三，按照维特根斯坦的解释，这两种表达都一样准确，可在我们的常识性眼光看来，它们又是不一样的，而且一般来说我们只会想到前一种表达，而不会想到后一种表达。因此，我们不禁要问，为什么维特根斯坦会这样说？

我认为，这里，如果我们把这几个疑问联系起来考虑，特别是把以上整段引文联系起来考虑，我们就会明白维特根斯坦是什么意思。毫无疑问，维特根斯坦的说法与常识性的理解是有差距的。因此，虽然他试图利用对日常语言的用法和理解来说明这里的问题，我们却不能被他的这种假象所蒙蔽。我们应该问，既然他的说明和

① 参见 Wittgenstein：*Tractatus logico-philosophicus*，Suhrkamp Verlag，1984，s. 273。

解释与日常的理解有差距，那么他所依循的一定不是日常的理解。任何解释都是依循一定理由或根据的。那么他这里的解释所依循的是什么呢？如果我们回想一下前面说过的弗雷格关于概念和对象的区别和处理以及他关于存在的论述，再回想一下罗素关于摹状词和存在的论述，我们可以十分清楚地看出，维特根斯坦这里的说法与弗雷格和罗素的说法基本上是一样的。也就是说，维特根斯坦这里关于存在的论述依据了现代逻辑的思想，特别是依据了一阶谓词的理论。根据这种理论，存在不能作用于个体，而只能作用于概念。当我们说"存在"时，我们的意思是说，有某个东西，它具有 F 这种性质。维特根斯坦的解释，尽管用语不同，但是所表达的思想不恰恰是这样吗？因此，从这个例子我们可以看出，维特根斯坦表面上是在探讨"存在"，但是实际上他仍然是在探讨含有"存在"的句子所表达的是什么意思。就是说，他考虑的实际上主要还是句子。

这里显然产生一个问题：既然维特根斯坦一开始仍然是从词和句子出发来探讨问题，特别是主要仍然是从句子出发来考虑问题，也就是说，他的考虑仍然是系统的或比较系统的，至少他试图是系统地讨论问题，但是为什么他没有这样坚持下去呢？我们这里只是提出这个问题，在回答它以前，我们先探讨另一个问题，即维特根斯坦对自己早期思想的批评这个问题。

5.2 批评与联系

众所周知，维特根斯坦后期对自己的早期思想，即《逻辑哲学论》中的思想提出了激烈的批评。学术界甚至有一种观点，认为可以说有两个维特根斯坦，一个早期，一个晚期。早期维特根斯坦主张用现代逻辑的方法对语言进行分析，而晚期维特根斯坦的思想主要是日常语言哲学。它的追随者一般认为，晚期维特根斯坦推翻了自己早期的思想学说。这种观点不是凭空产生的，而是有根据的。因为维特根斯坦对自己早期的思想确实进行了批评。但是后期维特根斯坦的追随者往往只强调后期维特根斯坦对其早期的批评，而忽略了维特根斯坦前后期思想的联系。这显然是片面的。问题是，这种片面性给理解维特根斯坦后期的思想造成很大的障碍，对正确评价维特根斯坦也产生很大的影响。我认为，研究和评价后期维特根斯坦的思想，有两点是非常重要的。第一，一方面要看到他对其早期思想的批评，另一方面要看到他前后期思想的联系。第二，应该认真分析他对自己的批评给后期思想带来的结果。

维特根斯坦在《哲学研究》的序中说：

> 自从我于十六年前重新开始研究哲学以来，我不得不认识
> 到在我写的第一部著作中有严重错误。[1]

显然，这是他对《逻辑哲学论》的批评。但是，他批评的是什么，
我们不知道。也就是说，是什么观点、是哪些论述"有严重错误"，
我们不知道。因此，这一批评给人们留下了充分遐想的余地。我认
为，维特根斯坦所批评的很可能是指他在《逻辑哲学论》中的结论，
即所有的哲学问题都解决了。因为他由于这种观点而放弃了哲学研
究并离开剑桥。而他返回剑桥重新开始哲学研究，这一事实本身就
宣布了这一结论的失效。但这也仅仅是猜测而已。

同样是在《哲学研究》的序中，维特根斯坦说：

> 四年前我偶尔重读了我的第一本著作（《逻辑哲学论》），并
> 给别人说明其中的思想。我突然感到应当把这些新、旧思想一
> 并发表：因为新的思想只有同我的旧的思想方式加以对照，并
> 且以旧的思想方式为背景，才能得到正确的理解。[2]

这一段话无疑是清楚的。它说明：第一，维特根斯坦对《逻辑哲学
论》中的思想并不是持批评态度，至少不是完全持批评态度。因为
如果他认为那里的思想是错误的，他就不会再向别人解释那里的思
想（seine Gedanken zu erklaeren[3]）。第二，维特根斯坦强调，必须
把《哲学研究》与《逻辑哲学论》对照，特别是必须在后者的思想
方式的背景下，才能正确地理解前者的思想。这就说明，二者有十
分密切的联系。我认为，特别值得注意的是维特根斯坦在这里所说
的"思想方式"（Denkweise[4]），就是说，需要考虑的不是《逻辑哲
学论》中的思想，而是那里的思考方式。而这一点恰恰被许多人所
忽略。如上所述，《逻辑哲学论》中的思考方式主要是以现代逻辑的
方法，从句子出发，把句子所表达的思想与世界中的事实对应起来，
然后对句子的基本表述方式进行刻画和说明，从而得出关于世界的
看法的一般结论。不管结论对错，这种思考方式是十分清楚的。因

---

① ② 维特根斯坦：《哲学研究》，2 页。

③ ④ 参见 Wittgenstein：*Tractatus logico-philosophicus*，Suhrkamp Verlag，1984，
s. 232。

此，维特根斯坦实际上也是要求我们，与这种思考方式相对照，以这种思考方式为背景，在这样的前提下来理解他在《哲学研究》中的思想。这就说明，维特根斯坦虽然对《逻辑哲学论》提出了批评，但是他批评的绝不是那里依据现代逻辑的思想方法进行思考的方式。而且这样的思考方式恰恰是联系他的《逻辑哲学论》和《哲学研究》的纽带，因而也是理解《哲学研究》所必不可少的东西。

前面我们说过，维特根斯坦在《哲学研究》中的论述，至少在开始部分可以说还是比较系统的，而且这种系统性表现在他试图从词和句子出发，而且主要是从句子出发来探讨问题。我们对他关于"X 存在"的论述进行了分析，由此也说明，他实际上是依据现代逻辑的思想在进行分析论述。因此，在《哲学研究》中，在那些论述得比较系统的部分，比较清楚地体现了维特根斯坦从现代逻辑的眼界出发，运用现代逻辑的方法进行分析论述的特点。

上面我说过，我对《哲学研究》的主要内容的分析和说明是非常粗略的。但是我认为，如果可以以系统和不系统为标准对《哲学研究》进行划分，那么第 137 节可以说是一个分界点。在第 137 节以前，虽然也有不少可以说是不系统的论述，但是我们基本上可以看到一条比较清晰的主线，这就是从词和句子出发，而且主要还是从句子出发来探讨和思考问题。特别是在 133 至 136 节，维特根斯坦几乎就是在重复他在《逻辑哲学论》中的思想和结论。首先他提到了他的那个著名结论：哲学问题应该完全消失（133）。然后他解释了这个结论的原因。他重新说明"事情是如此这般的"是句子的一般形式（134），它的意思就是：句子是可以为真或为假的东西，而这样说不过意味着：句子就是语言中那种可以应用真值函项演算的东西（136）。正是由于以这样的分析达到了真正的清晰性，所以才得出上述结论。所有这些都是《逻辑哲学论》中的思想。不同的是，在这里维特根斯坦提出了批评，他认为，"这是一幅很差劲的图画"[1]，它只说明了一种情况。他认为，句子是什么，在一种意义上是由构造句子的规则决定的，而在另一种意义上是由语言游戏中符号的使用决定的。[2] 在这里，我们可以看得比较清楚，维特根斯坦之所以认为《逻辑哲学论》的描述差，乃是因为它只考虑了前一种情况，而没有考虑后一种情况，即没有考虑符号的使用情况。由此也

---

①②　维特根斯坦：《哲学研究》，79 页。

可以推想，维特根斯坦认为《逻辑哲学论》有严重错误，不是因为它的思考方式错，也不是因为它的论述错，而是因为它只根据对句子的一种情况的论述就得出了上述结论。显然，现在他认识到这样的考虑是不够的，因此哲学问题并没有像他以前所说的那样彻底解决了。从现在开始，他要做的就是考虑关于句子的后一种情况，而这一考虑也就构成了《哲学研究》的主题。

5.3　疑难与迷惑

维特根斯坦的许多看法应该说都是对的，比如，哲学问题没有完结，关于句子不仅有句法规则方面的问题，而且还有使用方面的问题，等等。因此他要考虑使用方面的问题也是有道理的。但是我的问题是，为什么他的考虑会导致一种不系统的论述呢？为了说明这个问题，我们看一看第138节的论述：

> 但是，我所懂得的一个词的意义难道就不能适合我所懂得的一个句子的意思吗？或者，一个词的意义就不能适合另一个词的意思吗？——当然，如果意义就是我们对词的使用，那么谈论这种"适合"就没有意思。但是，当我们听到或者说出一个词来的时候，我们就懂得了它的意义；我们在一刹那间就把握住了它的意义，而我们以这种方式把握住的东西与在时间中延伸的"使用"是不同的东西！①

我之所以全文引用这一节，乃是因为在我看来，这里可以算是《哲学研究》中一个比较明显的分界处，由此开始，维特根斯坦逐渐进入了疑难与迷惑的境地。当然，也许在不少泛语言哲学家看来，由此开始了真正的语言哲学的探讨。在这一段，比较明显的东西有几点。第一，维特根斯坦从句子的考虑转到了对词的考虑。第二，维特根斯坦明确区别了句子的意义和句子的使用。值得注意的有两点：一点是关于意义的把握，维特根斯坦使用了"一刹那"这样一个表达，即"一下子"（mit einem Schlage②）；另一点是他谈到"在时间中延伸"的使用。这两个表达直观上都是不难理解的，但是真正说清楚就不那么容易了。它们涉及的东西和要素很多，维特根斯坦在

---

① 维特根斯坦：《哲学研究》，80～81页。

② 参见 Wittgenstein：*Tractatus logico-philosophicus*，Suhrkamp Verlag，1984，s. 308。

以后的解释中为此不得不付出了代价。

从这里开始，维特根斯坦谈论对词和句子的理解，并且谈论词和句子的使用，因为词和句子的理解和使用是不同的。特别是，他的谈论常常主要在词的方面，因为他要探讨人们如何使用一个词，或者说，他要探讨一个词在具体使用中的意义。这样，他的探讨虽然也与语法有关，但是主要涉及的却是说出一个词的具体语境，说者的具体的心灵状态、内心活动和思想过程。这样进行讨论，他无法依据《逻辑哲学论》中所依据的现代逻辑的思想，大概也很难有什么东西可以依据，只能凭自己对语言的理解，凭自己对具体的语言实例进行分析。因此他的讨论不可能是系统的。实际上，从这时起，即 138 至以后的一百多节，维特根斯坦的论述基本上还围绕着对词和句子的使用和理解在进行探讨，但是谈论语言的使用，并且只能靠举一个一个具体的例子来说明，这样就没有什么界限可言，而且语言的使用主要是个体的行为，因此必然涉及具体的个人的使用，这样，维特根斯坦的探讨就扩展到了与个体的语言或私人语言有关的问题。人说话不可能没有思想，没有想象，没有意向，因此维特根斯坦的论述又要进一步扩展。实际上，每一步扩展都会产生新的问题，因此又需要进一步的扩展，维特根斯坦也正是这样在无休止地扩展他的论述范围。这样的论述如何能够系统呢？

其实，如果能够解决问题，即使不系统也没有什么关系。问题是维特根斯坦解决了什么问题吗？具体一些说，他说明了关于句子的意义就在于它的使用究竟是什么意思了吗？这个问题不仅是维特根斯坦的疑难所在，而且也是他迷惑的地方。客观地说，维特根斯坦充其量只是提出了这个问题，并且在他的论述中表现出许多天才的想法，但是他没有能够给出一个令人满意的回答。用他自己的话说，他"把这些东西发表出来是心存疑虑的"①，这绝不是什么自谦之词，而是对他自己在这个问题上的心境的一种真实写照。

对比维特根斯坦此时的心境与他写完《逻辑哲学论》时的豪情，反差之大，令人吃惊。这里也许有年龄的差异，但是无论如何，这种反差实际上反映了研究方式及其带来的结果的巨大区别。依据现代逻辑的方法，所研究的问题也许十分有限，但是其所得结果令人信服，比如，在《逻辑哲学论》中，维特根斯坦关于句子的一般形

---

① 维特根斯坦：《哲学研究》，3 页。

式的刻画和说明就是令人信服的，以这种方式对世界的说明也是令人信服的，至少有很多令人信服的地方。至于说维特根斯坦认为这样就解决了所有哲学问题，这乃是因为他对哲学问题的看法，而不是因为他的刻画和描述。依据现代逻辑，可以对语言问题进行探讨，离开现代逻辑的眼界和方法，也可以对语言问题进行探讨，但是这样的探讨会是一种什么样的探讨，会得到什么样的结果，是人们所无法预料的。我认为，仅仅有逻辑方面的考虑进行研究是不够的，但是脱离这种考虑，我们的语言哲学研究必然会陷于维特根斯坦式的疑难和迷惑。维特根斯坦的《哲学研究》提供了这方面一个非常好的例子，实际上今天它的许多追随者的研究也是如此。

应该看到，维特根斯坦并没有完全抛弃依据现代逻辑的思考方式，而且他还提请人们要对照这种思考方式，在这种思考方式的背景下来理解他的思想，他的迷惑在于他陷入了抓不住规律的语言之中，而且不能自拔。相比之下，他的许多追随者不仅深深陷入具体的语言分析之中，并且以此来批评现代逻辑的思想方法，因此，他们的语言分析更加没有边际，这是丝毫也不令人感到奇怪的。

6 日常语言学派的主要特征

以上我们分别分析论述了日常语言学派五位主要代表人物的思想方法和主要特征。现在我们简要地概括总结一下。

6.1 主要特征

第一，从以上论述可以看出，摩尔、赖尔、奥斯汀、斯特劳森和后期维特根斯坦的知识结构和背景是不一样的。摩尔和奥斯汀不太懂现代逻辑，而赖尔、斯特劳森和维特根斯坦是懂现代逻辑的。在现代逻辑的修养方面，斯特劳森最好，维特根斯坦比他差一些，赖尔大概还要差一些。因此他们的这种背景知识会在他们的日常语言分析中显示出来。

第二，都是日常语言学派的领袖，这五个人的日常语言哲学不仅不一样，而且是有很大区别的。最明显的和最大的区别就是他们的分析方法是不同的。大致说来，摩尔和奥斯汀主要是语言分析，赖尔和斯特劳森主要是逻辑分析，维特根斯坦的分析最复杂，涉及的范围最广，包括的东西也最多。因此可以说，同样是从日常语言出发，但是他们之中只有赖尔和斯特劳森主要是应用逻辑方法来分析语言。而应用和不应用逻辑方法，特别是现代逻辑方法，分析语言所取得的效果是不一样的，特别是在涉及了量词、命题联结词和真假等问题的时候，表现得十分突出。这一点，对比摩尔和罗素关于摹状词的分析，对比摩尔和斯特劳森关于存在的分析，可以看得非常清楚。

第三，赖尔和斯特劳森都是应用逻辑方法进行分析，但是在现代逻辑的训练和修养方法，赖尔不如斯特劳森，因此在分析上也表现出差距。赖尔主要是通过具体的语言实例进行分析，而斯特劳森主要是通过句法形式进行分析。同样是应用现代逻辑的方法，仅仅对个别的具体的句子进行分析与从一般的句法形式进行分析是有根本区别的。这样的分析体现了对逻辑理解的差异，对逻辑方法掌握的差异，因此不仅在深入的程度上是不同的，同时得出的结论，特别是在普遍性方面，也是非常不同的。这一点，比较我们对赖尔的分析方法的说明和我们对斯特劳森的思想特点的说明，就可以看得很清楚。

第四，同样是语言分析，摩尔和奥斯汀也是不同的。摩尔主要是概念分析，而奥斯汀主要是语言学意义上的经验的语言分析。这样的语言分析也是有差异的。摩尔得出来的结论基本上是个别的，而奥斯汀得出来的结论不是个别的。我们看到，无论完善不完善，有没有问题，奥斯汀得到了关于言语行为表达式的大致说明，形成了一个言语行为理论纲领。

第五，维特根斯坦的日常语言哲学最杂，既有逻辑分析，又有语言分析，还有心理分析，也有其他种类的分析。因此，维特根斯坦说不清楚自己想说的东西，总是对自己的东西不满意，并表示担心，怕别人误解自己。

由于在论述他们的思想时，我们基本上已经分析论述了他们的语言分析的特征，因此，这里就不需要再进行更多的说明，有了以上简要的五点就足够了。这里我想说的主要是下面的问题。

6.2 反思追随者

人们一般认为，日常语言学派是分析哲学或语言哲学中主要的一支。而且今天，这一派也是人多势众。笼统地说，日常语言学派都是对日常语言进行分析，但是实际上，这一派的领袖人物至少有以上五点区别。由于这些人各有追随者，因此日常语言学派也是有很大区别的。从近二三十年的文献来看，在日常语言学派中，奥斯汀和后期维特根斯坦的影响最大，追随者也最多；斯特劳森的影响很大，但追随者比较少；赖尔有一定影响，也有一些追随者；摩尔的影响比较小，追随者则更少。我想说的就是谈一谈自己关于这种现象的看法。

摩尔以分析出名，因此人们在谈到分析哲学的时候，把他列为分析哲学的领袖之一，这除了在 20 世纪初摩尔的分析比较有特色（主要是反古典的思辨传统）以外，还因为他当时所处的剑桥大学在学术界占有的核心地位，以及他在剑桥的地位和声望。此外，我认为这多少也有些望文生义。从分析哲学与语言转向密切相关才导致了 20 世纪哲学中的一场革命这种意义来看，再对照前面我们谈到的分析哲学的领袖人物对这场革命的动因的论述，我们就不难看出，摩尔的分析完全是另一回事情。后来，当分析哲学分为理想语言和日常语言两派以后，他显然不是、而且也无法归为理想语言学派，因此自然被纳入日常语言学派。所以，既然可以说他是分析哲学的领袖人物，说他是日常语言学派的主要代表人物也就顺理成章。实际上，摩尔的分析不是真正的语言分析，用他自己的话说，这是概念分析。因此，真正热衷于语言分析的人，特别是到了 50 年代以后，现代逻辑和语言学有了很大发展以后，自然不会仍然紧紧追随摩尔了。

赖尔是日常语言学派的主要代表人物之一。他亲自参加了批判传统的思辨方式的分析运动，并且产生影响。但是他分析日常语言的主要特点在于，一方面他受到牛津和剑桥传统的影响，另一方面他不能像罗素、早期维特根斯坦和卡尔纳普那样娴熟地运用现代逻辑的方法。因此，他要借助现代逻辑的成果和方法对语言进行分析，同时又不能彻底地始终一贯地使用这种方法，他的分析既不像理想语言学派那样彻底，又不能像斯特劳森那样清晰深刻。到了后期，他对现代逻辑的方法持批评态度，我想，这大概是由于他终究不能真正掌握现代逻辑的精髓，致使思想背景中传统的一面占了上风。至于追随他的人，我认为是很难说的。如果现代逻辑的水平好，那么可以走理想语言的路子，或遵循斯特劳森的方式。如果在现代逻辑方面比较差，则可以追随奥斯汀或后期维特根斯坦。所以，从文献上很难说清楚哪些是他的追随者。

奥斯汀的追随者非常多，这主要是由于如下几个原因。第一，奥斯汀的学生塞尔忠实地继承了奥斯汀的思想和研究方向，出色地发展了言语行为理论。第二，这方面的研究非常多地依赖于语言学的成果，特别是由于现代逻辑的引入，语言学在50年代以后有了很大的发展，因此言语行为理论的研究不再是单纯的经验的具体的分析，而是成体系的。第三，除了一些哲学家从事这方面的研究以外，大量的语言学家也加入到这个行列里来，虽然语言学家所考虑的问题以及考虑问题的方式与哲学家不同，但是他们都打着奥斯汀的旗号，自诩为言语行为理论的研究。第四，近二三十年来，非经典逻辑的发展为言语行为理论的研究提供了强有力的武器，促进了这方面的发展。第五，在哲学研究中，交际理论，有人称语用学，如今已经成为一个比较热的研究领域。而交际理论主要探讨的是人们在交际过程中的表达与理解，而奥斯汀的理论似乎自然成为最好的参照物之一。

应该说，虽然奥斯汀的追随者非常多，但主要是以语言学为背景的人居多。如果说这可以算是一点限制的话，那么后期维特根斯坦的追随者就没有任何限制了。只要是与语言有关，只要是从语言出发，不论是逻辑的、语言学的，还是一般语言的、心理的、思维的、意向的等等，都可以打着后期维特根斯坦的旗号，都可以称为日常语言哲学。特别应该指出的是，许多后期维特根斯坦的追随者认为维特根斯坦批判了其早期思想，因此他们对早期维特根斯坦也持批判态度，但是他们没有看到维特根斯坦后期思想与前期思想的联系，没有弄明白维特根斯坦批判的是什么，而只看到语言，从而完全抛弃了早期维特根斯坦，这实际上是非常错误的。以我之见，在后期维特根斯坦追随者的研究中，很大部分不是语言哲学，而是泛语言哲学。当然，这也符合一般的所谓哲学心态，这就是，越是宽泛的问题，进行研究或以为能够进行研究的人就越多。然而遗憾的是，这恰恰是丢掉了维特根斯坦本人强调的思想方式。

最后，还要说一说斯特劳森。在日常语言学派中，斯特劳森是一位非常有影响的人物，但是值得注意的是，他主要是以哲学论战的方式活跃在学术界，在一个个具体的问题上产生影响，而不是以他所谓日常语言哲学的思想产生影响。而且，他的这些影响是在哲学领域，或在一般的语言哲学领域，而不是在日常语言学派之中。

他没有多少追随者，只要想一想这个事实，就会明白他的独特性。这是因为，他是一位杰出的哲学家，也是一位掌握了现代逻辑本领的逻辑学家。他分析日常语言的方式，如果不懂现代逻辑，是学不来的。人们一般知道，在日常语言学派中，斯特劳森对于现代逻辑的批评是最温和的。我认为，我们特别应该看到的是，斯特劳森确实批评了现代逻辑有局限性，然而他是站在现代逻辑之内来批评的，就是说，他懂得现代逻辑是什么东西，有哪些性质和特征，因此他能够发现在应用现代逻辑分析日常语言的时候，哪些问题能够解决，哪些问题无法解决。此外我们还应该看到，斯特劳森从来也没有主张抛弃现代逻辑，他总是主张要把现代逻辑的方法和日常语言分析的方法结合起来。所以他试图发展一种日常语言逻辑，这就是在现代逻辑的基础上，研究和分析日常语言中一些非形式的特点，从中找出规律性的东西来，建立系统，从整体上一类一类地解决问题。斯特劳森的这种想法是很诱人的，但是实施起来难度非常大。实际上，他最终也没有取得这方面的成果。

人们一般认为，日常语言学派是与理想语言学派相对立的学派，前者反对后者把现代逻辑的方法绝对化，主张分析日常语言。但是无论如何应该看到，日常语言学派是有差异的，而这些不同的差异是与对现代逻辑懂不懂，懂到什么程度，非常密切地联系在一起的。因此，我们不应该笼统地谈论日常语言学派批评现代逻辑，而应该具体地看一看他们是如何批评的。我们也不应该一般地谈论日常语言学派和日常语言分析，而应该具体地分析一下，思考一下，究竟什么是日常语言分析？究竟什么是日常语言哲学？

第6章
语言分析

从对日常语言学派代表人物的分析我们可以看出，同样是与语言有关的探讨，都是分析语言，实际上却是有很大差异的。在我看来，他们的论述有的是语言哲学，有的是泛语言哲学。也就是说，并非与语言有关的都是语言哲学。在导论中我说过，以"语言哲学"为书名的文献至少在19世纪就出现了，但是语言哲学形成一门学科确实是20世纪的事情，它是语言转向的产物，是分析哲学发展的结果，因此应该在语言转向的意义上理解语言哲学，应该在分析哲学的意义上理解语言哲学。在前面几章我论述了语言哲学。在这一章，我也谈一谈泛语言哲学的问题。

哲学研究与语言的关系始终是十分密切的。在哲学史上，一方面，探讨语言问题，包括语言和思维的关系、语言和实在的关系等等，由来已久，比如人们早就讨论语言与思维是否相同，先有语言还是先有思维等等一些问题。另一方面，从语言出发或通过分析语言来探讨问题的方式同样早就存在。前面我们说过康德对关于上帝存在的本体论证明的反驳，也说过他关于分析和综合的区分，这两个著名的论述实际上都是从语言出发，通过语言分析而进行的。这就非常具体地说明，并不是探讨了语言或分析了语言就会形成语言哲学，就是语言哲学。为了更清楚地说明这个问题，下面我分别论述亚里士多德、奥卡姆和海德格尔的语言分析。我选择这三个人来进行说明，不仅因为他们都是大哲学家，代表三个不同的历史时期，而且因为在他们的著作中语言分析几乎贯穿始终而不是一鳞半爪的。

1 亚里士多德的语言分析

早在古希腊，人们就有许多关于语言的探讨和论述。在柏拉图和其他一些哲学家的著作中我们都可以看到这样的论述，但是亚里士多德的有关论述最为系统，并且形成了理论，对后人产生了巨大的影响。在《解释篇》中，亚里士多德说过一句非常出名的话：

> 说出的词是心灵经验的符号，而写下的词是说出的词的符号。①

不仅在中世纪，而且在现代，尤其是在不同的学科，这句话常常被人们引用，被看做是亚里士多德关于语言和思维的经典论述。今天，亚里士多德还因此被称为符号学的创始人。在我看来，这样泛泛地谈论语言和思维的关系，在一般的哲学家那里也许非常普遍，但是在哲学大师亚里士多德的著作中并不多见。相反，我们看到，亚里士多德对语言的分析非常之多，而且他常常试图通过这样的分析来解决哲学问题。

1.1 范畴分类

我们都知道，亚里士多德有一本著名的著作叫《范畴篇》，它提出了一个完整的范畴理论，区分出十种范畴，即：实体、量、质、关系、地点、时间、位置、状态、活动和遭受。亚里士多德的这个理论在西方哲学史上产生了十分重大的影响。但是如果我们仔细地阅读亚里士多德的著作，研究他的范畴理论，我们就会发现，他在其他著作中也有关于范畴的论述，特别是还有与《范畴篇》不同的范畴分类。这是非常有意思的事情。

实际上，亚里士多德有两个范畴分类，一个是上面提到的十种范畴，这是在《范畴篇》中提出来的。还有一个范畴分类是在《论辩篇》中提出来的。它与上面的分类不同，区别在于它的第一个范畴是"本质"，而不是"实体"。为了清楚地说明亚里士多德是如何得出他的范畴理论的，让我们比较详细地看一看他的论述。

在《论辩篇》中，亚里士多德建立了他的四谓词理论。他认为，谓词对主词的表述关系有四种，即定义、固有属性、属和种差。也就是说，对于一个"S 是 P"这样的句子，P 表述的可以是定义、固有属性、属或种差。在此基础上，他对于谓词对主词的表述又做了进一步的说明：

---

① *The Works of Aristotle*，Vol. I, ed. by Ross, W. D., 16a4, Oxford, 1971.

> 我们必须区别发现了上述四种形式的谓词的类。这些类是十种：本质、量、质、关系、地点、时间、位置、状态、活动、遭受。任何事物的偶性、属、固有属性和定义都应在这些范畴之中，因为任何通过这些谓词所形成的命题都表达事物的本质，或者事物的性质或量，或者其他一种谓词。……①

在《范畴篇》中，亚里士多德认为，语言形式分为简单的和复杂的。他把后者称为"复合的表达式"，比如"人跑"、"人获胜"等等；他把前者称为"非复合的表达式"，比如"人"、"牛"、"跑"等等。他说：

> 非复合的表达式表示实体、量、质、关系、地点、时间、位置、状态、活动或遭受。②

我们从亚里士多德这两段关于范畴的说明，可以十分清楚地看出，他谈到了主词和谓词，分析了主词和谓词的表述关系，由此得出十种范畴；他谈到简单和复杂的语言形式，以此实际上把词和句子区分开来，并且从词区分出十种范畴。因此可以毫无疑问地说，亚里士多德得出十种范畴乃是基于对语言的分析的。

这里，我们可以明显看出一个问题，这就是亚里士多德的这两种范畴分类是不一样的。其区别在于一个范畴分类是以"本质"为第一范畴，而另一个范畴分类是以"实体"为第一范畴。这里涉及了亚里士多德的分类原则。亚里士多德在做出这两种范畴分类时依据了两个不同的分类原则。他在《论辩篇》中的分类原则有两条：一条是谓词与主词可以互换谓述或不可以互换谓述，另一条是谓词表述本质或不表述本质。他在《范畴篇》中也有两条分类原则：一条是谓词谓述主词或不谓述主词，另一条是谓词在主词之中或不在主词之中。我们看到，他的分类原则是不同的。第一种分类原则强调本质，而第二种分类原则不强调本质，因此导致了两种分类的不同。但是，这两种分类原则虽然不同，有一点却是共同的，这就是它们都论述了主词和谓词，而这样的论述显然是与语言有直接的关系。也就是说，这两种不同的分类原则都是与语言有关的。应该指出，关于这个问题的探讨实际上具有重要的哲学意义，我曾在《亚里士多德的逻辑学说》中进行了比较详细的分析和论述。③ 而在这

---

① *The Works of Aristotle*，Vol. I，ed. by Ross，W. D.，103b20-29.

② *The Works of Aristotle*，Vol. I，ed. by Ross，W. D.，1b25-27.

③ 参见王路：《亚里士多德的逻辑学说》，2.62、2.63 两节，北京，中国社会科学出版社，1991.

里，说明语言分析在这个问题上所起的作用就足够了。

1.2　区分谬误

亚里士多德关于谬误的论述也是非常出名的。他在《辨谬篇》中区分出十三种谬误，对这些谬误进行了分析，指出了解决它们的方法。著名的亚里士多德学者罗斯认为，亚里士多德的这个理论"考虑了许多推理所面临的最难以捉摸的危险。在这方面，如同在他的整个逻辑方面一样，他是先驱"[①]。

亚里士多德把谬误主要分为两大类，一类是依赖于语言的谬误，另一类是不依赖于语言的谬误。依赖于语言的谬误有六种，不依赖于语言的谬误有七种。这里我们主要看他关于依赖于语言的六种谬误的论述。

亚里士多德认为，在表达的时候，有些词是有歧义的，因此会造成两种谬误，一种是语词歧义，比如"知道口信的人才能获知传达给他们的口信，因此知道的人获知"，这里，"获知"这个词既可以表示使用知识来进行"理解"，也可以表示获得知识，因此是有歧义的。另一种是语句歧义，比如"谈论无声是困难的"，这个句子是有歧义的。如果"无声"作"谈论"的宾语，表示谈论的对象是无声的，意思可以是"关于无声的谈论"；而如果"无声"作"谈论"的"状语"，表示谈论本身是无声的，意思就可以是"无声地谈论"。

亚里士多德认为，同一个表达式在分开说与合着说的时候，意义常常是不一样的，由此就会有两种谬误。一种是合谬，比如"一个人能够端坐和行走，能够写字和不写字"，它给人一种感觉，似乎可以边坐边走，可以同时写字又不写字，这显然是荒谬的。另一种是分谬，比如"5 是 2 和 3"，用 5 表达的东西用"2 和 3"来表达是不合适的。

此外，亚里士多德还论述了两种依赖语言的谬误，一种是错放重音，这种谬误与句子的读法有关，当有些词在重音读法发生变化时，会导致句子的意义发生变化。另一种是变形谬误，这种谬误涉及阳性、阴性和中性词的变化，涉及动词和分词的变化。这些谬误是与希腊语的语法形式紧密相关的。这里，我们用不着进一步分析就可以看出来，他的这些分析研究是与语言分析紧密地结合在一起的。

---

① 　罗斯：《亚里士多德》，王路译，张家龙校，68 页，北京，商务印书馆，1997。

从亚里士多德关于这六种谬误的区分和论述，我们可以看出，他主要是根据希腊语的语法特征进行了分析和论述，而且主要是为了澄清词的意义和句法结构的意义，可以说，这是典型的纯粹的语言分析，甚至可以说是语言学意义上的语言分析。澄清语词的歧义，确定语词的意义，对哲学研究和论证无疑是有帮助的。亚里士多德这方面的论述非常多，因此我们可以从这里走得远一些，就他关于区分多义词的论述再多说几句。

在《论辩篇》第一卷第十五章，亚里士多德专门详细论述了如何区分多义词。他提出了一个基本的方法，这就是：看一个词 T 是不是多义的，可以看它的反对词、矛盾词、属词、种差词、定义词等等（比如 T_1），然后根据反对、矛盾、属、种差、定义等规则，根据 T 和 T_1 的关系，来确定 T 是不是多义。他一共讲了十八种这样的方法。[①] 应该看到，这里，亚里士多德不是在纯粹的语言学意义上分析多义词，就是说，他不是经验地完全根据词的具体含义来确定一个词的意义，而是依据一套逻辑方法。我们仅举一个例子来说明他的方法：

如果一个词 T 指谓对象 A，并且指谓对象 B；A 的属是 G_1，B 的属是 G_2，G_1 不等于 G_2，并且 G_1 和 G_2 互不传递，那么 T 就是多义的。

比如"donkey"一词可以指"驴"，也可以指"牵引车"，"驴"属于动物，"牵引车"属于机械，动物和机械既不等同，也不互相递属。这样，"donkey"指的东西处于两个完全不同的属中，因而是多义的。

此外，我们看到，亚里士多德关于命题的表述形式也有许多论述和分析，这些论述所形成的理论被称为是他的逻辑学说。在他以后，人们常常应用他的这些理论进行语言分析。关于这一点，我们就不说了。总之，亚里士多德系统地分析语言的论述和与语言分析有关的论述是非常多的。

2　中世纪的语言分析

中世纪的哲学家和逻辑学家也有许多关于语言的论述。维特根

---

① 参见王路：《亚里士多德区分多义词的方法》，载《逻辑与语言研究》，中国社会科学出版社，1983（3）。

斯坦在他的《哲学研究》一开始，就引用了奥古斯丁的一段话：

> 当他们（我的长辈）称呼某个对象时，他们同时转向它。我注意到这点并且领会到这个对象就是用他们想要指向它时所发出的声音来称呼的。这可以从他们的动作看出来，而这些动作可以说构成了一切民族的自然的语言：它通过面部的表情和眼神儿，以及身体其他部位的动作和声调等显示出我们的心灵在有所欲求、有所执著或有所拒绝、有所躲避时所具有的诸多感受。这样，我便逐渐学习理解了我一再听到的那些出现于诸多不同句子中的特定位置上的语词究竟是指称什么事物的；当我的嘴习惯于说出些符号时，我就用它们来表达我自己的愿望。①

维特根斯坦还认为，这段话给我们提供了一幅关于人类语言的本质的特殊的图画。其实，这样的关于语言的论述，在中世纪根本就算不了什么。翻一翻中世纪的文献，我们就会看到大量关于语言的详细分析和形成的理论。其中最系统的理论是助范畴词理论和指代理论。

2.1　助范畴词

中世纪的学者认为，句子是由两部分组成的：主要的部分和次要的部分。主要的部分是名词和动词，次要的部分是形容词、副词、联结词和介词。之所以说后者是次要的部分，是因为对于陈述一个句子是怎样怎样的来说，后者并不是必要的。次要的部分又分为两种，一种是作为事物属于事物这种意义上确定主要部分的词，比如说"白人"，这里，"白"这个词修饰"人"，意谓某种属于人的东西是白的。另一种是在主语和谓语的意义上确定主要部分的词，比如"每个人在跑"，这里"每个"是一个全称符号，并不意谓某种属于"人"的东西是全称的，而是意谓这里的"人"是一个全称主语。这第二种次要部分就是助范畴词。中世纪对助范畴词有明确的说明，比如：

> "助范畴词"这个名来自"助"（sin）和"范畴"（cate-goreuma）——即"有意义的"或"谓述的"，就好像说"助谓

---

① 维特根斯坦：《哲学研究》，3页。

述的"，因为一个助范畴词在论说中总是与其他某种东西结合在一起。①

从中世纪的文献看，范畴词一般是指可以作主语和谓语的词，而助范畴词主要是指不能作主语和谓语的词。范畴词是指自身有意义的词，而助范畴词似乎是指自身没有意义，只有与范畴词一起才有意义的词。在这方面，中世纪的讨论非常多，不仅包括像"每一个"、"所有"、"有的"、"是"、"并非"、"如果，那么"、"所以"、"并且"、"或者"、"要么，要么"、"必然"、"可能"等等这样的逻辑常项，而且包括诸如"但是"、"整个"、"全部"、"仅"、"唯独"、"除非"等等这样一些词。中世纪哲学家认为，这些词非常复杂，而且常常与句子的真假有关，因此必须认真对待。他们的研究形成了非常有特色的一种理论。

2.2 指代

中世纪学者不仅研究助范畴词，而且也研究范畴词，特别是研究范畴词在命题中的实际意义。他们认为，范畴词在命题中的位置不同，可以作主词，也可以作谓词，主词常常有不同的意义，命题的动词和谓词决定主词的意义。为了把握范畴词的各种使用及其意义，就要研究这些词，由此形成了重要的指代理论（suppositio）。

中世纪学者对指代有不同的分类，这些分类基本上大同小异。有人认为指代分为合适的和不合适的；合适的指代又分为实质的和形式的；形式的指代又分为个别的和一般的；一般的指代又分为简单的和人称的；等等。有人则把指代首先直接分为人称的、简单的和实质的，然后再继续划分。然而无论有什么区别，有一点是共同的，这就是在中世纪学者看来，人称指代是最重要的。下面我们主要以奥卡姆的著作为依据②，简单地介绍这个理论的分类情况。

指代首先分为人称指代、简单指代和实质指代。人称指代是：一个词项指代它所意谓的东西，无论这个东西是心灵之外的一个实体，还是一个说出的词、一种心灵的意向、一个写下的词，还是任何其他可以想象的东西。比如："每个人是动物"，"每个有声的名都

---

① William of Sherwood: *Treatise on Syncategorematic Words*, tr. by N. Kretzmann, University of Minnesota Press, 1968, p. 16.

② 参见 *Ockham's Theory of Terms*, *Part I of The Summa Logicae*, tr. and intr. by Michael J. Loux, University of Notre Dame Press, 1974。

是言语的一部分"，"每个种都是普遍的东西"。简单指代是：一个词项指代心灵的意向，并且不是有意义地起作用。比如，"人是种"。实质指代是：一个词项不是有意义地指代，而是指代一个说出的词或写下的词。比如，"'人'是一个名"。这里，应该注意两点。首先，我们不能从字面上理解这些指代。正像奥卡姆所说，"我们不是因为词项指代一个人而说人称指代，不是因为词项指代简单的东西而说简单指代，也不是因为词项指代质料而说实质指代，应用这些术语全在于以上给出的原因。因此，'实质'、'人称'和'简单'这些术语在逻辑中和在其他学科中的使用是有歧义的"①。其次，在这三种指代中，最重要的是人称指代。下面我们重点看一看这种指代。

人称指代有一个必要条件，这就是"只有被有意义地用作一个命题的端项的范畴词才有人称指代"②。"有意义"这一要求排除了助范畴词，"端项"这一要求排除了动词。根据这个条件，可以进一步对人称指代进行划分。

人称指代可以划分为分离的指代和普通的指代。分离的人称指代是：指代词项是有意义使用的表示某个对象的专名，或是有意义使用的一个指示代词。比如，"苏格拉底是人"，"那个人是人"。普通的人称指代是：有一个普通词项指代。比如，"人跑"，"每个人是动物"。

普通的人称指代可以划分为模糊的指代和确切的指代。确切的指代是：通过一个析取命题可以降至特殊的东西。比如，这样一个推理：人跑；所以，这个人跑或那个人跑……（如此等等对所有相关的特殊的东西）。也就是说，如果从"人跑"可以得出"这个人跑或那个人跑……"，"人跑"这个命题就是真的。可以看出，"人跑"的条件是这些相关的特殊的命题必须有一个是真的。而且，只要有一个是真的就可以，并不要求其他命题都是真的。对此，有一条明确的规则：

> 每当借助一个析取命题可以降至一个一般词项下特殊的东西，每当从一个特殊的东西可以推出这样一个命题，所说的这个词项就有人称确切的指代。③

① 参见 *Ockham's Theory of Terms*，*Part I of The Summa Logicae*，tr. and intr. by Michael J. Loux，University of Notre Dame Press，1974，p. 191。

② Ibid.，p. 199.

③ Ibid.，p. 200.

走进分析哲学

比如，"人是动物"这个命题，两个端项都有确切的指代，所以，这个人是动物或那个人是动物……（如此等等对所有相关特殊的东西）。因此，确切的指代是指在这种指代的情况下，可以断定相关的命题在某种确切的特殊的情况是真的。

人称模糊的指代可以划分为仅仅模糊的指代和周延模糊的指代。仅仅模糊的指代是：一个普通词项是人称指代，而且不可能在没有任一端项变化的情况下借助一个析取命题降至特殊的东西，但是可以借助一个带有析取谓项的命题下降，并且可以从任何特殊的东西推出原初的命题。例如，在"每个人是动物"中，"动物"这个词有仅仅模糊的指代。因为从这个命题推不出：每个人是这个动物或每个人是那个动物或每个人是……（如此等等对所有特殊的相关的东西）。但是可以推出：每个人是这个动物或那个动物或那个……（如此等等对所有相关的特殊的东西）。

周延和模糊的指代是：假定相关的词项下包含许多东西，这样就可以以某种方式通过一个合取命题下降，而不能从这个合取命题的任何因素推出原初的命题。例如，在"每个人是动物"中，主项是模糊和周延的指代，因为从它可以推出：这个人是动物，那个人是动物……（如此等等对所有相关的特殊的东西）。但是它不能从"那个人（无论挑选出哪一个人）是动物"推出来。

从以上的简要介绍我们可以看出，中世纪关于语言的分析是极为出色的。根据指代理论，我们可以很容易区别，比如，"人是动物"，"人是种"，"人是两笔"。在这几个句子中，"人"的涵义和用法是不一样的。应该指出，中世纪关于指代的理论包含着非常丰富的思想，涉及了对一个词的自身用法和它所表达的概念的区分，涉及了对全称量词和存在量词的区别，涉及了对多重量词和一个量词域与另一个量词域的包含范围的认识。但是，我们的主要目的只是要说明中世纪关于语言的分析，因此对这些重要的思想就不进行深入的分析了。

3　海德格尔的语言分析

在当代哲学家中，谈论语言的人不胜枚举。在谈论语言的哲学家中，有些人不仅仅是谈论语言和思维的关系、语言和外界的关系、语言和人的关系等等，而且也对语言进行分析，并且试图通过语言分析来达到自己的哲学研究的目的。在这样的哲学家中，海德格尔是比较有代表性的一个人物。因此我们这里就来看一看他的思想。

海德格尔在其非常著名的《关于人道主义的信》（1946）一开始说了这样一段话：

> 关于行动的本质，我们考虑得还远不够明确。人们把行动仅仅看做是使一种结果得以实现。这种结果的实现性是根据其有用性来评价的。但是行动的本质是使形成。使形成就是：把某种东西的本质充分地展开，使这种本质充分地显示出来，得以产生。因此实际上可使形成的不过是那已经是的东西。然而首先"是"的东西，乃是这个是。思维活动使是与人的本质的关系形成。思维活动不制造这种关系，也不使这种关系得以实现。它只是把由是给它本身的这种关系向是奉献出来。这种呈献就在于：在思维活动中，是来到语言。语言乃是是的家。人就住在语言的居所。思考者和创作者是这个居所的看家人。他们通过他们的言语把是的开放性表达出来并且保持在语言之中，在这种意义上，他们的看护工作就是使是的开放性形成。①

这段话比较集中地体现了他关于思维、语言和是的看法。思维活动要用语言表达出来。语言表达的是思维活动的结果。人们在交谈中使用"是"这个词。"是"乃是语言中的东西，只有在语言中才有是，而语言是人特有的东西。关于语言和思维、语言和是的关系，海德格尔还有许多论述，尤其是在他后期的著作中。这方面的内容不是本书考虑的，我主要考虑的是他对语言的具体分析。

海德格尔的代表作《是与时》（1927）是他最著名、影响也最大的著作。他通过探讨"是"这个问题，表现出与以往不同的本体论思考方式，也提出了不同于以往的问题。他认为，以往的本体论哲学家都探讨"是者"，而忽视了"是"，忽视了对"是"的发问、对"是"的探讨和研究。他的研究就是围绕着"是"进行的。《是与时》是一部未完成的著作，所以在以后的著作中，海德格尔不断地对"是"进行补充说明和论证。他的著作非常多，论述的范围也极为广泛，思想也极其复杂。我们的论述主要是仅仅围绕他与"是"有关

① Heidegger: *Ueber den Humanismus*，Vittorio Klostermann GmbH Frankfurt am Main，1981，s. 5.

走进分析哲学

的一些语言分析，而不是考虑评价他的思想。

3.1 具体说明——"是"

海德格尔在论述是的时候，一般是使用非常抽象的语言，很少举例。但是他偶尔也举例说明。例如在《是与时》的开始部分，他论述了对"是"的三种传统看法。他在谈到第三种看法时说："'是'乃是自身可理解的概念。在所有认识、命题中，在每一种对是者的态度中，在每一种自身对自身的态度中，都将利用'是'，而且这里的这个表达乃是'立即'可以理解的。每一个人都明白：'天空是蓝色的'，'我是高兴的'，等等。"① 这里，他举了两个例句，即"天空是蓝色的"和"我是高兴的"，而且他还用斜体表示要重点强调这个是。显然他是想让人们明白，为什么"是"乃是立即可以理解的。

虽然海德格尔很少举例，可是在《形而上学导论》中，他竟然一下子给了 14 个例子。他说：

> 如果我们现在来说是，因为我们总是而且从根本上说必然要以一定的方式说是，那么我们试图注意这种说中所说出的是本身。我们选择一种简单而通常的，几乎随意的说，在这样说时，是被以一种词的形式说出来，这种形式使用频繁，以致我们几乎不注意它了。
>
> 我们说："上帝是"。"地球是"。"讲演是在大厅里"。"这个男人是从斯瓦本区来的"。"这个杯子是银做的"。"农夫是在乡下的"。"这本书是我的"。"他是要死了"。"左舷是红光"。"俄国是在闹饥荒"。"敌人是在退却"。"葡萄园里是葡萄根瘤蚜在作怪"。"狗是在花园里"。"群峰是/一派寂静"。
>
> 在每个例子中，这个"是"的意思都不一样。②

"ist"是"Sein"的第三人称单数现在时的形式，表示目前的状况。从这 14 个句子可以看出，每一个句子里面都有一个"ist"。在其中 12 个句子中，"ist"都是系词。中文表达不一定非用"是"这个系词。但是德文不行，一般来说，在陈述事情的表述中，主系表结构的句子占了相当大的部分。因此海德格尔才会说这些例子是"选择

---

① Heidegger：*Sein und Zeit*，Max Niemeyer Verlag Tuebingen，1986，s. 4.

② Heidegger：*Einfuehrung in die Metaphysik*，Max Niemeyer Verlag Tuebingen，1958，ss. 67-68.

一种简单而通常的，几乎随意的说"，就是说，随便一说，就会用到"Sein"（是）。他的这些例子没有任何系统性，完全体现了"简单"、"通常"、"几乎随意"的特点。他试图通过这样的语言分析让人们理解，"是"是语言中一个非常基本和重要的要素，语言离不开它。

3.2　抽象说明——"是者是"

是者在海德格尔使用抽象的语言对"是"进行讨论的过程中，他的谈论方式主要有两个，一个乃是"是者是"，另一个乃是"此是"。下面我们分别来看一看他的分析。

"是者是"乃是一个省略的表达。海德格尔在这样说的时候，把跟在是后面的东西省略了。为此，他还专门分析了"是"这个词的语法形式。他认为，从一个动词可以形成一个名词，而且是通过含有时间的特定的动词形式而形成的，这种形式叫做不定式。他说：

> 我们在我们所用的"是"（das Sein）这个词也发现同样一种关系。这个名词追溯到不定式"是"（sein），而你是（bist）、他是（ist）、我们过去是（waren）、你们曾经是（seid gewesen）等这些形式就含有这个词。"是"作为一个名词乃是从这个动词产生出来的。因此人们说，"是"这个词乃是一个动名词。说明了这种语法形式以后，就解决了"是"这个词的语言标志。①

通过这段说明，我们可以看得很清楚，"你是"（bist）、"他是"（ist）、"我们过去是"（waren）、"你们曾经是"（seid gewesen）等等，都是句子的省略形式，即省略了跟在"是"后面的东西，因为这里要说明的乃是"是"这个词及其不同的形式。通过这样的说明，海德格尔试图使人们理解，"是"的语法特点和性质是什么，从而理解他所说的"是者是"是什么意思。

实际上，"是者是"乃是海德格尔常用常说的一个缩略或简写的句子表达式。这里的"是"就是我们一般所说的"A 是 B"中的"是"。因为海德格尔要论述和探讨的乃是"是"，而"是"的显著特点之一就是它首先总是与它所修饰的东西——"是者"——结合在一起，因此，海德格尔必须分析和论述"是者是"，由此来说明"是"。

由于语言方面的差异，对于"是者"应该多说几句。"是者"译

---

① Heidegger：*Einfuehrung in die Metaphysik*，Max Niemeyer Verlag Tuebingen，1958，s. 42.

自德文"Seiende","Seiende"是"sein"（是）这个动词的现在分词
形式"seiend"（（正在）是的）的大写，即动名词。它可加定冠词表
示单数"das Seiende"和复数"die Seienden"。在德语中，理论上
说，凡可被说成"seiend"（是的），都可被称为"das Seiende"（是
者）。"是者"这个译法虽然有些怪，但是一般不会引起误解。即凡
可以被说是的，都可以称之为是者。海德格尔在论述是者的时候明
确地说："我们在这里也完全没有必要使用'（一些）是者'和'（这
个）是者'这些对于日常语言陌生的词。"① 这说明，在德语日常语
言中一般没有这种用法，即可以说，在德语中，这种说法也有些怪。
不过，为了探讨"是"，海德格尔不得不用这个凝练的表达。

此外，海德格尔还对"是"的分词形式进行了说明。"是"的分
词形式乃是"是的"（seiend），可以作为一个形容词使用。海德格尔
指出：

> 我们称许多东西并且在不同的意义上称许多东西为"是的"
> （seiend）。所有我们谈论的、我们思考的、我们如此这般对待的
> 东西都是是的，而且我们自身所是的东西以及我们自身如何是，
> 也是是的。②

这样，他通过对"是"的分词形式的分析进而说明"是的"这种分
词形式是什么意思。所谓称某物为"是的"，就是可以用"是"来表
述某物。因此当以名词"Seiende"（是者）来表示时，发生变化的只
是形式，即"是的"这个形容词变成了名词，而意思没有变化。通
过这样的语言分析，达到了对是者的理解。而通过对是者的理解，
人们就可以理解是。因此海德格尔明确地说：

> 是总是一个是者之是。是者整体能够根据其不同范围而成
> 为发掘和限定特定事物领域的区域。而这种特定事物领域，比
> 如历史、自然、空间、生命、此是、语言和诸如此类的东西，
> 能够在相应的科学研究中成为讨论的对象。③

"是"是什么？"是"就是"A 是 B"中的那个"是"。在语言中，我
们说"是"。一般来说，一切东西都要或可以通过是来表达。所以凡

---

① Heidegger：*Einfuehrung in die Metaphysik*，Max Niemeyer Verlag Tuebingen，
1958，s. 58.

② Heidegger：*Sein und Zeit*，ss. 6-7.

③ Ibid.，s. 9.

可以用"是"来表达的东西就构成一个整体。但是这个整体不是没有区别的。它可以分成许多划分为不同范围的区域,这些不同区域中的对象也是不同的,因而形成不同的研究领域,如自然、历史等等。这里,海德格尔分析的乃是语言中使用的"是",从而说明了"是"与语言有十分密切的关系。

3.3 抽象说明——"此是"

如上所说,"是者是"只是海德格尔谈论"是"的一种方式。他还有另一种谈论"是"的方式,这就是"此是"。而且他论述"是",主要依靠的乃是"此是"。

"此是"(Dasein)乃是"是此"(ist da)的名词形式。这个词有些特别。它不是海德格尔造的词,而是德语中的一个词。而且,海德格尔也明白这一点,所以他在使用这个术语时常常在"此"(Da)和"是"(sein)之间加一个连线,即"Da-sein",以便强调他这个术语的独特之处。德文"da"有空间的含义,表示"那里"或"这里"的意思。因此,"ist da"的意思是"是在那里"或"是在这里",因而也有存在的意思。但是海德格尔在引入这个词的过程中虽然有些地方也有"存在"的含义,但是他用它主要不是表示"存在",也就是说,他所说的"此是"一般没有空间概念的含义。他用"此"主要是表示跟着"是"的东西,即"此是"含有"是",是对"是者"的说明。海德格尔认为:

> 是者可以在它的是中被确定,而关于是的意义却不一定有明确的概念可以使用。如果不是这样,那么至今就可能还没有本体论的认识,而人们大概不会否认实际上形成了这样的认识。这个"是"尽管在迄今为止所有本体论中都得到"预先假定",它却不是作为可以使用的**概念**,即不是作为被探索的东西。是的"预先假定"具有预先对是的考虑的特征,以致常常从这种考虑出发,使已经给出的是者在它的是中得到表述。这种占主导地位的对是的思考方式产生于对是的一般理解,而我们总是在这种理解中活动,**而且这种活动归根到底属于此是的本质状况**。[①]

在这段话中,最重要的话是显然的,就是被海德格尔加了黑体而予

---

① Heidegger: *Sein und Zeit*, ss. 7-8.

以强调的那句话："我们总是在这种理解中活动，**而且这种活动归根到底属于此是的本质状况**"。在海德格尔看来，是者由是确定，即通过"是……"得到确定。人们探讨本体论问题，探讨是者，在这种研究中使用这个"是"，但是人们从来不专门考虑它。因为人们对"是"有一种自然而然的理解。但是，我们一般总是用"是……"这样的方式思考我们所要思考的东西，而这种思考的根本的形态就是"此是"，即"是……"。因此，正如"是者是"乃是"是"的一种缩略形态一样，"此是"也是"是"的一种缩略形态。前者突出的是"是者"，后者突出的是"此"。"是者"乃是我们所要考虑或表达的任何东西，而且是任何可以用是来表述的东西。"此是"则体现了对是者的任何考虑或表述，也可以说，对是者的考虑或表述一定是"此是"。这里，海德格尔通过对是者和此是的论述，实际上刻画了我们最基本的思维方式的表达方式："S 是 P"。用海德格尔的术语表达，就是"是者是此"。

海德格尔对"此是"还有更进一步的说明：

> 此是乃是一种并非仅仅在其他是者之下出现的是者。相反，它是以下面的方式表现为本体方面的（ontisch），即对这种处于其是中的是者来说，它涉及这种是本身。但是在这种情况下，此是的这种是的状况就包含以下情况：它在它的是中与这个是有一种是的关系。而这一点又说明：此是以任何一种方式在其是中得到明确的理解。这种是者的特点在于，借助和通过它的是，这个是者对它本身展示出来。**是之理解本身乃是此是的一种是之确定性**。此是的本体方面的（ontisch）表达就在于它是本体论方面的（ontologisch）。[1]

上面我们说过，海德格尔通过"是者是"和"此是"实际上是在谈论"S 是 P"这种思维和表达形式。直观地说，"S 是"是"是者是"，"是 P"是"此是"。"是 P"是通过是来表达出来的（"涉及这种是本身"）。因此它与这个是有一种关系，这种关系就是"是"。这是显然的，因为处于"是 P"之中与这个是只能有"是"的关系。这也就是说，此是只能通过"是"来表达。"是 P"有一个特点，这就是它包含许多不同的形式和方式，但是无论这些形式和方式是什么，都要通过"是"表现出来。我们理解"是"，这是因为"是 P"

---

[1] Heidegger：*Sein und Zeit*，s. 12.

中的"是"有一种确定性。因此，海德格尔断言，"是之理解本身乃是此是的一种是之确定性"。这里，海德格尔所说的"此是"中的"此"显然是没有"此"这个词的空间含义的，它表达的乃是"是P"这样一种关于是的表述结构。海德格尔引入了"本体方面的"和"本体论方面的"这样两个概念。从词源上说，前者意味着作为是而是，不依赖于认识的情况。后者意味着与本体论相关，而众所周知，本体论乃是关于是的学问。由此他开始从本体论的意义上谈论是。海德格尔指出：

> 此是与之能够如此如此相联系或总是以某种方式相联系的这种是本身，我们称之为**存在**（Existenz）。因为人们无法通过给出一种事物性的东西而得到这种是者的本质规定，而这种是者的本质就在于它总有它的是作为所是之物，所以可以选择此是这个名称作为表达这种是者的纯粹的是的表达。①

这段话说得更加清楚。对于"S是P"的"是"，我们说不出来它本质上是什么东西。但是它总可以表达"是P"。"是P"就是它的表达方式，就是它的最本质的特征。因此，"此是"就是海德格尔为这种"是"所起的名字。也就是说，"此是"意味着：纯粹的"是"的表达。这里的意思虽然清楚，但是应该注意，海德格尔在这里引入了"存在"这个概念。他把这种"是"称为"存在"。由此他开始谈论存在，或者说，他开始也在存在的意义上讨论是。由于有了存在的含义，当以后需要在存在的意义上谈论此是时，似乎就更顺理成章了。

有了以上引入的三个概念，海德格尔对此是进行了更进一步的说明：

> 因此此是比所有其他是者具有多重优先地位。第一重优先是**本体方面的**：这种是者乃是在其是中通过存在而确定的。第二重优先是**本体论方面的**：此是基于其对它本身的存在规定而是"本体论方面的"。但是，此是现在同样原初地包括（作为存在的理解的构成部分）：一种对所有不是与此是有关的是者的是的理解。由此此是就有第三重优先，这是一种作为所有本体论方面的可能性的本体方面的—本体论方面的条件。由此说明，

---

① Heidegger：*Sein und Zeit*，s. 12.

此是乃是在本体论方面作为那种在所有其他是者之前首先要探询的东西。①

应该说，这段话的意思比较费解。如果我们按照上面海德格尔关于"存在"、"本体方面的"和"本体论方面的"的说明，似乎也可以一步步弄明白这里的意思。限于本书的目的，我们就不再往下分析了。因为最重要的是这里有一点是清楚的，而这一点对我们目前的论述来说已经足够了，这就是，海德格尔认为，从本体论的角度说，此是乃是要首先考虑的问题。

得到了这个结论，海德格尔就完成了对他关于"是"的研究构想的说明。概括地说，他认为，传统的本体论哲学家研究是者，而忽略了是。是者是通过是表达的，因此本体论的研究应该对是进行发问。是乃是对是者的表述，它的基本形态乃是"此是"。因此探究"是"，首先应该探究"此是"。海德格尔所做的工作就是企图通过对"此是"的论述来探讨"是"。

我们看到，海德格尔在论述"此是"的过程中逐步引入了一些新概念，如"本体方面的"、"本体论方面的"、"存在"等等，这样他通过语言分析使"此是"与这些概念联系起来。由此他开始在"存在"的意义上谈论此是，甚至谈论是。他认为：

> **此是的"本质"就在于它的存在**。因此，在这种是者身上可以体现出来的那些特征不是一个如此这般"看上去"现有的是者所现有的"性质"，而是它的种种可能的是之方式，并且仅此而已。这个是者的所有此是首先乃是是。因此，我们用来表示这个是者的名称，即"此是"，并不表达它是什么，比如桌子、房子、树木，而是表达这个是。②

此是体现的特征不是是者的性质，而是是者的是之方式。用我们的话解释：对于对是者的表达"S 是 P"来说，此是可以有多种可能性，即 P_1，P_2，…，P_n。其中任意一种可能性，即 P_i，表达的不是 S 具有的性质，而是 S 的一种是的方式。因此，此是表达的乃是"是"。无论海德格尔的说法有没有道理，他的意思是清楚的。他是要通过"此是"对"是"进行说明，并且通过"存在"赋予"是"一种意义。

---

① Heidegger：*Sein und Zeit*，s. 13.
② Ibid.，s. 42.

3.4　分析的特征

海德格尔在论述"此是"的过程中，还使用了其他一些缩略或简写的表达术语，比如"如何—是"（Dass-Sein）、"什么—是"（Was-Sein）和"在—世界—之中—是"（In-der-Welt-Sein）等等。这些表达也是省略了应该在"是"前面出现的东西。而且，这些表达是比"此是"更具体地关于是的论述。海德格尔在《是与时》开卷不久就明确地说：

> 每一次提问都是一次探索。每一次探索都有来自所探索的东西的事先引导。提问是对是者在其如何—是中和这样—是（Dass-und Sosein）中的认识探索。这种认识探索能够成为一种"研究"，这种研究使提问所问的东西得到揭示和确定。[1]

海德格尔显然分出两类问题，一类关于"如何—是"，另一类关于"这样—是"。应该承认，这两个中文短语不够清楚，不足以表达海德格尔所说的"Dass-sein"和"Sosein"。但是有一点应该是清楚的。这就是，海德格尔区别出两种"是"的方式。在其他许多著作中，我们看到海德格尔同样只谈论两种"是"的方式，但是有时候用语不同。比如在《形而上学导论》中，他明确地谈论"如何—是"（Dass-sein）和"什么—是"（Was-sein）。"如何—是"依然如旧，变化的只是"这样—是"。可以认为，"什么—是"一定就是"这样—是"。"什么—是"（Was-Sein）乃是"是某某事物"（ist was）的名词形式。它表示的是海德格尔在论述是这个问题时常常说到是者的"本质"。"如何—是"（Dass-Sein）乃是"ist, dass"的名词形式。"dass"后面要跟一个句子，表示对"ist"前面的东西的说明。因此"如何—是"也是对是者的说明，但是它说明的不是是者的本质，而是是者的原因、方式，等等。"这样—是"（So-sein）是"是这样的"（ist so）的名词形式，表达的比"是某某事物"的意思要宽泛。实际上，即使在《是与时》中，海德格尔有时候也谈到"什么—是"，他甚至还在这个短语后面加上"（本质）"来说明[2]，但他基本上是谈论"这样—是"。从他放弃"这样—是"而采用"什么—是"这种说法，我们可以推测，很可能他是为了表达得更严格更明

---

[1]　Heidegger：*Sein und Zeit*，s. 5.
[2]　Ibid.，s. 42.

确一些。也就是说，海德格尔通过对"此是"的表达方式的研究，区分出两类表达"是"的方式。实际上，他区分和表达的是西方学者探讨本体论问题时对两类问题最重要的表达方式，即一类是关于本质的问题，另一类是关于其他不同于本质的问题。对任何一个东西，人们可以问："它是什么？"回答是："它是某某东西"。这即是关于本质的探索。人们还可以问："它是怎样的？""它为什么是这样的？"等等许多问题，这些问题可以是关于性质、关系、原因等等许多方面的，唯独不是关于本质的。亚里士多德通过对语言的分析，区别出十种范畴，最重要的就是第一种范畴"实体"和其他九种范畴的区别。而实体的问题恰恰就是"什么—是"的问题。海德格尔也是通过对语言的分析，得到了两种关于是的表述方式。一种是关于"本质"的表述方式，另一种是关于非本质的表述方式。他的分析和表达与亚里士多德的分析和表达虽然不同，却有异曲同工之妙，都反映了西方哲学中两种最普遍最主要的探究问题的思考方式。

有了这样的对"是"的分析，海德格尔就可以在这样一种结构上论述是。我们看到，他的整个论述方式就是这样的一种语言分析的方式。分析了"是"及其表达的结构，他仍然继续分析，在分析中，他接着引入了"我"，谈论"我是"，"你是"；并由此谈到人，谈到人的理解。他认为，人处于此是之中，因而处于是之中，只有人追问此是，并因而追问是。"存在"只是人的特征，只有人存在。其他东西可以是，但是不存在。由于引入了存在和人的概念，他在进一步展开论述此是的时候，重点谈论"在—世界—之中—是"，并认为这是此是的基本状态。这样，他的论述就与人、世界、历史、时间等等结合起来。而且，由于引入了"存在"这个概念，带着这种解释，他最终认为，"此是就是它的展示状态"[1]。无论海德格尔使用的一些术语多么晦涩，无论他的论述多么含混，无论他最终是否达到了目的，我们至少可以看清楚一点，这就是，他想通过"此是"来说明"是"，而他在这个说明过程中，所依赖的主要是"存在"这个概念。

4　语言分析的主要特征

以上我们论述了亚里士多德、奥卡姆和海德格尔的语言分析。

---

[1]　Heidegger：*Sein und Zeit*，s. 133.

由此我们可以首先得出两个非常明显的结论。

一个结论是：语言分析确实自古就有，特别是，在亚里士多德那里就已经有了非常细致和比较系统的语言分析，而且这些语言分析不属于语言学范围的研究，它从根本上说是为了解决哲学中的问题，至少是为哲学研究服务的，因此属于哲学领域。

另一个结论是：语言分析可以有不同的方法。它可以用语言学的方法来分析，比如，亚里士多德区分谬误的方法显然是一种语言学意义上的语言分析，中世纪关于范畴词和助范畴词的区分也是语言学意义上的区分；也可以用逻辑的方法来分析，比如亚里士多德区分多义词的方法；还可以从主谓表述的一般形式和意义方面来分析，比如亚里士多德的范畴理论、中世纪的指代理论和海德格尔关于"是"的论述。

这两个结论说明，对于哲学来说，语言分析从来就不是什么新鲜的事情。这样显然产生一个问题：既然一直就有语言分析，而且有像亚里士多德的那样比较系统的语言分析，为什么过去没有形成语言转向，也没有形成语言哲学呢？我认为，这是非常值得思考的问题。我在本书中区别出语言哲学和泛语言哲学，为的正是强调这一点。

我认为，今天，我们可以泛泛地谈论语言哲学，也可以研究语言哲学的历史，并且考察哲学史上关于语言的探讨和论述，但是我们绝不能忽略语言转向和语言哲学的关系，因为这里涉及导致语言转向的动因，而这种动因恰恰在很大程度上决定了语言哲学的特点。也就是说，语言哲学的实质主要不在于语言分析，而是在于用现代逻辑的方法进行语言分析。因此，我们可以对语言进行多种多样的分析，但是绝不能忽视现代逻辑在这种分析中所起的作用。让我们假设一种情况。假如没有出现弗雷格和罗素等现代逻辑学家，也没有产生现代逻辑，而海德格尔仍然有众多的追随者，他的思想依然像今天那样被人们所接受，他分析语言的方法依然那样被人们津津乐道，那么能够形成语言转向吗？能够产生一种像今天这样的居主导地位的语言哲学吗？

第 7 章
逻辑和哲学

在前面几章我们分析论述了分析哲学或语言哲学的主要代表人物及其一些主要的思想，也分析论述了语言哲学的一些主要性质和特征。通过前几章的分析论述可以看出，语言哲学并不是单纯的语言分析，而是用现代逻辑的思想方法来进行语言分析。因此，语言哲学与现代逻辑密切地联系在一起。现代逻辑的精神和方法渗透了语言哲学，在其思想内容中到处体现出来。我们还阐明了一个观点，这就是：语言分析自古有之，但是并没有形成语言哲学。这就从另一个方面说明了现代逻辑和语言哲学的关系。但是从前面的论述我们也可以看出，逻辑的方法并不是现在才有的，在古代、中世纪和近代，人们一直都在使用逻辑方法。那么，一个直观的明显的问题是：为什么亚里士多德逻辑和传统逻辑的方法不能导致语言转向，而现代逻辑的方法导致了语言转向呢？这里的问题，说到底，乃是逻辑和哲学的关系问题。现在，我们就来探讨一下这个问题。

1 逻辑的性质

一个十分有趣的现象是，逻辑竟是一个有歧义的词！而且更有甚者，我国高校逻辑学科也是五花八门，有数理逻辑、形式逻辑、普通逻辑、辩证逻辑、归纳逻辑等等。撇开这个现象不论，仅从所谓形式逻辑方面的文献来看，逻辑的定义至少就有以下三种：

第一种：逻辑是研究思维形式的。

第二种：逻辑是研究语言的。

第三种：逻辑是研究推理的。

以上几个定义是不同的。在我看来，第一种定义和第二种定义过于宽泛，只有第三种定义是比较合适的。我想，简单地回顾一下逻辑发展的历史，大概可以比较好地说明这个问题。

1.1　推理

一般来说，不管坚持哪一种定义，人们都承认，逻辑的创始人是亚里士多德。因此，考虑逻辑的性质，首先应该研究亚里士多德的思想。亚里士多德没有使用逻辑这个词，他使用的是"推理"这个词。而且他对推理有十分明确的说明。他说：

> 一个推理是一个论证，在这个论证中，有些东西被规定下来，由此必然地得出一些与此不同的东西。①

在这段说明中，有些东西是清楚的，有些东西则不太清楚。比较清楚的是，他刻画了一个推理的模式和结构。被规定的东西是推理的前提，我们用 A 表示，由它得出来的与它不同的东西是推理的结论，我们用 B 表示，"必然地得出"是从 A 到 B 的推论，我们用 A⊢B 表示。因此，

$$A \vdash B$$

就是推理的一个最简单的模式，并显示出推理的最简单的结构。亚里士多德研究的就是这样的东西。他要研究从 A 到 B 的推理，而且是"必然地得出"，即具有必然性的推理。但是，关于什么是"必然地得出"，他没有给以明确的说明，这也是他关于推理的这一段说明中不太清楚的地方。不过，这一点我们可以从他的著作中找到答案。

亚里士多德所说的推理也就是他说的三段论②。他在研究中建立了他的三段论系统，这个系统有三个格，十四个有效式。其中，第一个格的四个式可以作公理，从它们可以推出其他的格的十个式。我们可以看出，凡是满足他的三段论的那样的推理，都是"必然地得出"。因此，在亚里士多德关于推理的说明中，"必然地得出"是最重要的思想。虽然它不是十分精确，就是说，它既没有从句法方面显示如何是必然地得出，也没有从语义方面规定如何是必然地得出，但是它明确地要求要"必然地得出"。"必然地得出"正是逻辑这门科学的性质，恰恰是由于有了"必然地得出"这个要求和方向，

---

① *The Works of Aristotle*，Vol. I，100a25-27.

② "推理"和"三段论"在亚里士多德那里是同一个词，都是"syllogistic"。关于这个问题的详细论述，参见王路：《亚里士多德的逻辑学说》，86～89 页。

逻辑这门科学才得以建立起来。可见，在逻辑之父那里，无论逻辑多么简单，多么朴素，它毕竟体现了逻辑的精神所在。

亚里士多德被誉为逻辑之父，他的著作被后人编辑出版，其第一卷为《工具论》，即他关于逻辑的著作。书中的内容除了关于"必然地得出"，即关于推理的内容外，还有其他许多与推理无关的东西。这里大概既有亚里士多德本人的问题，也有编撰者理解的问题。不管怎样，《工具论》这部逻辑经典终于带着"必然地得出"的思想，也带着与此无关的内容流传了下来。

逻辑这门科学出现以后，受到了哲学家的极大重视。到了中世纪，逻辑成为与语法和修辞并列的三大基础课之一，《工具论》也一直是中世纪哲学家和逻辑学家学习的基本著作。在中世纪，人们对逻辑的认识和理解虽然并不是完全一样，但是下面这段话大概可以体现出当时比较标准的看法：

> 关于逻辑，重要的是要知道，它这个名字是有歧义的。例如，正如圣维克托隐修院的于格在其《学问之阶》中所说，（"逻辑"）这个名得自"logos"这个希腊名，后者在希腊人中既表示言语，又表示理性，因此在希腊人中是有歧义的。因此在我们中间，逻辑在某种意义上是一门论说科学，而在这种意义上它包括语法、修辞和专门所谓的逻辑；在另一种意义上，逻辑是一门理性科学，而在这种意义上，它是一门属于三艺但与语法和修辞不同的科学。……
>
> 关于这种意义上的逻辑，重要的是要知道，它之所以被称为一门理性科学，不是因为当一些属于理性的东西只出现在理性中的时候它考虑这些东西，因为这样一来它就不会被专门称为论说的科学，而是因为它教人们不仅应用于心灵之内而且也应用于论说中的推理的方法，还因为它既考虑属于理性的东西，也考虑为什么在论说中提出的东西能够被心灵推论。正是由于这个原因，一个三段论被称为一个表达，在这个表达中，当某些东西被断定下来，必然得出一个结论。因此，它是一门推论的科学或理性的科学，因为它教人们如何系统地使用推理过程，而且它是一门论说的科学，因为它教人们如何系统地把它用于论说。①

---

① *The Cambridge Translations of Medieval Philosophical Texts*, Vol. I, ed. by N. Kretzmann and E. Stump，pp. 264-265.

从这段话我们可以看出，一方面，逻辑在中世纪依然被看做是关于推论的科学，是与推理有关的。人们在谈到三段论的时候依然会谈到推理的"必然"的特点。但是另一方面，逻辑与理性联系起来，因而与心灵的思考和推论联系起来。尽管人们知道逻辑这个词是有歧义的，有时候与语法修辞不加区分，尽管有人也指出了这种歧义，但是在人们实际谈论逻辑的过程中，能不能时时处处清楚地认识和识别这种歧义和区分，应该说是成问题的。从中世纪逻辑学家的逻辑著作看，许多内容确实不能说是关于必然性推理的，而只是一种语言形式的逻辑分析，比如我们前面谈到的指代理论。

1.2　思维

1662 年，出了一本很出名的书《逻辑或思维的艺术》，也叫《波尔·罗亚尔逻辑》或《王港逻辑》①。我们之所以要提到这本书，不是因为它对逻辑的发展做出了多么大的贡献，而是因为它给逻辑带来了很坏的后果，"它是以后混淆逻辑和认识论这种坏方式的根源"②。这本书把逻辑定义为"一种正确地控制人们理性在事物的认识中的技巧，既为了教导自己，也为了教导别人"③。该书分为四个部分：概念、判断、推理和方法。对于该书的第四部分内容，涅尔有一段十分简明扼要的介绍：

> 《波尔·罗亚尔逻辑》的前三部分，不管它们叫什么名字，总是同通常的逻辑论著中的分类是一致的，但是这本书的第四部分却是独创的，这里作者把他们的注意力全部集中在他们主要感兴趣的关于清晰的思维这个问题上。一开始他们确实提到了先天的推理和后天的推理这个古老的区别，但是他们说，如果可以认为在这两个短语中间包含了所有各类证明，那么就必须把它们的应用范围扩大一些（即要超出他们通常所说的"从因到果的推理"和"从果到因的推理"的意义）；于是他们进而讨论了笛卡儿在其《方法谈》和巴斯噶在其《几何精神》里所提出的意见。他们所谓"方法"，从他们用以概括他们成果的八

---

　① *La Logique，ou l'art de penser*，by Arnauld，A.、Nicole，P.，Paris，1662.

　② 威廉·涅尔、玛莎·涅尔：《逻辑学的发展》，张家龙、洪汉鼎译，407 页，北京，商务印书馆，1985.

　③ 同上书，406 页。

走进分析哲学

条规则就能得到彻底的了解：

......

　　指定这些准则看来与数学特别有关，但是这两位作者却开宗明义明确说，从数学得到的主要教训之一是在研究无穷时要谦逊，所以他们认为这一切都同宗教信仰的论述有间接关系，而他们就是以论述宗教信仰结束这本书的。①

我们看到，在这本书中，加入了许多认识和心理方面的内容。从其书名就可以看出，它把逻辑与思维联系起来，甚至逻辑就等于思维的艺术。这里，我们不必论述该书在探讨概念时是不是遵从了笛卡儿关于观念的说法，也用不着去看该书所说的方法是什么，更不用去考虑该书关于宗教信仰的论述有什么逻辑意义，仅从该书关于推理的理解就可以知道，亚里士多德所说的"必然地得出"的思想已经荡然无存。因为，无论是从因到果进行推理，还是从果到因进行推理，都要考虑推理的内容，因而都不会是必然的。可见这本书的思想离亚里士多德的思想已经相去甚远。

　　大概是从这本书以后，在传统逻辑教科书中，"逻辑是关于思维的科学"这种说法开始出现和流行起来。这一点，从几本经典的传统逻辑教科书可以看出来。比如，在韦尔顿的《逻辑手册》中，逻辑被定义为"关于支配有效思维的原理的科学"②。在金岳霖的《形式逻辑》中，逻辑被定义为"以思维形式及其规律为主要研究对象，同时也涉及一些简单的逻辑方法的科学"③。

　　逻辑研究推理，而推理是一种非常重要的思维活动，因此说逻辑与思维有关，并不是没有道理的。但是，当我们把逻辑说成是研究思维的时候，就会带来许多问题。④

1.3　句法和语义

　　现代逻辑的创始人弗雷格虽然常常谈论推理，但是他对逻辑的定义似乎是"研究真"。例如，他十分明确地说：

　　① 威廉·涅尔、玛莎·涅尔：《逻辑学的发展》，408～409 页，其中省略部分即那八条规则。

　　② J. Welton：*Manual of Logic*，Vol. I，London，1896，p. 10.

　　③ 金岳霖主编：《形式逻辑》，1 页，北京，人民出版社，1979。

　　④ 我曾专门论述过这个问题，参见王路：《逻辑与思维》，载《社会科学战线》，1990（3）。

正像"美"这个词为美学、"善"这个词为伦理学指引方向一样,"真"这个词为逻辑指引方向。①

在《概念文字》开篇处,他说:

认识一种科学的真一般要经历许多阶段,这些阶段的可靠性是不同的。首先可能是根据不够多的个别情况进行猜测,当一个普遍句子通过推理串与其他真句子结合在一起时,它的确定就变得越来越可靠,无论是从它推出一些以其他方式证明的结论,还是反过来将它看做是一些已经确立的句子的结果,都没有关系。由此一方面可以询问逐渐获得一个句子的途径,另一方面可以询问这个句子最终牢固确立起来的方式。第一个问题对于不同的人也许一定会得到不同的回答。第二个问题比较确定,对它的回答与所考虑的句子的本质有关。最有力的论证显然是纯逻辑的论证,它不考虑事物的特殊性质,只依据构成一切认识的基础的那些规律。②

在这段话中有几个概念是理解的关键。一个是"普遍句子",另一个是"推理串",第三个是句子"牢固确立起来",最后一个是"句子的本质"。根据弗雷格的思想,"普遍句子"是表达规律的句子;"推理串"则是由一些句子组成的推理系列。一个句子与其他句子通过推理串而结合起来,这可以有两种情况,一是这个句子作推理系列的前提,二是这个句子作推理系列的结论。"牢固确立起来"可以被理解为得到证明。"句子的本质"比较含混,但是从弗雷格的思想看,句子的本质即是句子的内容。它不受语言形式的影响。经过不同语言的翻译转换,它仍然存在下来,保持不变。弗雷格在《概念文字》中引入的第一个符号"├──"中的横线就叫"内容线",竖杠叫做"判断杠",是对内容的真的断定。后来弗雷格又从内容明确地区分出句子的意义和意谓,即句子的思想和真值。因此,"句子的本质"可以理解为句子的内容,扩展一步,则可以理解为句子的思想和真值。把弗雷格的整个思想联系起来看,他实际上是说,为了达到真,我们需要进行推理。他强调纯逻辑的论证,把一个句子和其他句子结合在一起组成推理,以此和经验的论证区别开。他强调推理串中的真句

① 《弗雷格哲学论著选辑》,113 页。
② 同上书,1 页。

子，强调句子的本质，即句子的内容，即思想和真，也说明真与逻辑推理紧密相关。这些思想清楚地表明，弗雷格虽然没有像亚里士多德那样明确地以定义的方式说明逻辑研究推理，而是提出"真"这个概念，指出逻辑应该由真出发，但是他对于真的说明与推理是紧紧结合在一起的。

随着现代逻辑的发展，逻辑学家对于逻辑已经有了比较一致的看法，这就是：逻辑研究推理。这种说法是比较简单和随意的，如果严格一些说，就是研究推理形式。不过这种说法仍然比较简单。因为逻辑学家都知道推理是怎么一回事。现代逻辑的发展使我们已经能够从句法和语义两个方面来认识推理的特征和性质，因此我们可以从句法和语义两个方面对推理进行说明。而在语义说明中，"真"是至关重要的概念。虽然有些逻辑学家更注重句法方面，有些逻辑学家更强调语义方面，但是他们一般都知道逻辑包括这样两个方面。李小五甚至认为，真正的完全的逻辑在对推理形式的刻画方面必须包括三条：第一，必须有语义刻画；第二，必须有语法刻画；第三，必须证明这种语义刻画和语法刻画是重合的。为此他对逻辑下了一个定义：

> 逻辑就是对形式正确的推理关系进行可靠且完全刻画的形式推演系统。①

熟悉现代逻辑的人都知道可靠性定理和完全性定理。这两条定理告诉我们，一方面，一阶逻辑系统中推出来的东西是可靠的，因此并不是随便什么公式都可以从一阶逻辑系统得出来的，比如，如果一阶逻辑系统可以得出一个公式 A，那么一定得不出￢A；另一方面，一阶逻辑系统中推出来的东西是完备的，因此凡是有效的公式在一阶逻辑系统中都是可以证明的。这样，凭借可靠性定理和完全性定理的证明，我们不仅可以说，一阶逻辑能够使我们得到有效公式，而且我们还可以说，一阶逻辑能够使我们得到所有的有效公式，满足我们得到所有有效公式的要求。有效的公式，也可以说是真的。因此，剖析一下李小五的这个定义，我们就会发现，他描述的依然是"必然地得出"，依然是"真"。只是他强调了从句法和语义方面对这种必然性和"真"的刻画。或者，反过来说，亚里士多德所说的"必然地得出"和弗雷格所

---

① 李小五：《什么是逻辑?》，载《哲学研究》，1997 (10)，78 页。

说的"研究真"也基本符合他这个定义的基本精神。就是说，他们都把握住了逻辑的本质。李小五还从理论的角度进一步指出：

> 只要你承认逻辑的对象是推理（形式），那么你就应该把对推理关系的刻画看做是逻辑的中心任务，把语义推论关系和语法推论关系看做是逻辑的核心概念，把这两种关系的重合性看做是逻辑的基本要求。①

这样看来，亚里士多德和弗雷格关于逻辑的定义就不够了。但是他们确实是竭尽全力对推理关系进行了刻画。亚里士多德建立了三段论演绎系统，弗雷格构造了一阶逻辑系统。由于技术手段的局限，亚里士多德的系统没有能够形式化，也没有能够给出一个有效的语义说明。弗雷格的系统是形式化的，也有语义解释，但是他没有给出形式化的语义解释。然而，无论是从亚里士多德的定义，还是从弗雷格的定义，我们都可以看出，逻辑是研究推理的，而推理的必然性和真假具有十分密切和直接的关系。因此他们的论述虽然有缺欠，不如今天逻辑学家的定义那样完整和全面，但是基本精神是一致的。

1.4　语言

前面我们说过，随着现代逻辑的发展和应用，20世纪在语言学领域中也发生了一场革命，产生了乔姆斯基的转换生成语法和蒙塔古语法。用现代逻辑方法研究语言学为语言学家展现了一片新天地，使语言学研究领域欣欣向荣。由于现代逻辑强调形式语言，由于语言学领域的绝大多数新成就是和现代逻辑的方法交织结合在一起的，特别是蒙塔古语法，有人甚至认为它就是逻辑，因此也使一些人产生了一种看法，认为逻辑是研究语言的。比如，李先焜先生的一种观点就比较典型地说明了这种看法。他认为：

> 一般都认为逻辑是研究思维形式和思维规律的科学，逻辑研究的对象是人的思维。实际上，这只是一种历史的观念，而且是一种不太科学的观念。逻辑研究的直接对象应该说是语言。②

---

① 李小五：《什么是逻辑?》，载《哲学研究》，1997（10），79页。
② 王维贤、李先焜、陈宗明：《语言逻辑引论》，21～22页，武汉，湖北教育出版社，1989。

他认为，推理和思维都是依赖于语言表达出来的，因此，离开对语言的分析，逻辑是讲不清楚的。现代逻辑使用人工语言，但是，人工语言也是一种语言，因此，现代逻辑"研究的主要对象还是语言"①。他甚至引用著名逻辑学家卢卡西维奇的观点作为证明。他说：

> 卢卡西维奇认为现代逻辑是研究人工语言符号的。他说："现代形式逻辑力求达到最大可能的确切性。只有运用有固定的可以辨识的记号构成的精确语言才能达到这个目的。这样一种语言是任何科学所不可缺少的。……因此，现代形式逻辑对语言的精确性给以最大的注意。所谓形式化就是这个倾向的结果。"正因为这样，所以说现代逻辑学具有符号逻辑学的特征。②

实际上，李先焜先生至少混淆了一个问题，这就是逻辑研究的东西与逻辑研究所借助的东西究竟是不是一回事。逻辑研究的东西是推理，总要找到推理的一种物化的表现形式才行。否则如何进行研究呢？因此，逻辑要借助语言进行研究，但是它所研究的不是语言，而是推理。李先生在谈到逻辑研究的对象时总要加上一些修饰，比如"直接"、"主要"等等。似乎这样就可以把语言摆在首位。但是，这显然是有问题的。比如，简单地说，"A⊢B"是一种推理形式，同时也是语言符号。当我们说逻辑研究推理时，我们指的不是研究"A"、"B"和"⊢"这些语言符号，而是指研究从 A 到 B 的推论。而当说逻辑研究语言符号时，若说对"A"、"B"和"⊢"这样的语言符号不研究，恐怕说不过去。而研究"A"、"B"和"⊢"与研究"A⊢B"有着根本的差异。我在《逻辑和语言》③ 一文中曾经从逻辑史的角度比较详细地论述了逻辑是研究推理的，而不是研究语言的。这里就不多说了。但是我想指出一点，我不知道李先生关于"卢卡西维奇认为现代逻辑是研究人工语言符号的"这个结论是从哪里得来的。从他引的上面那段话根本得不出这个结论。卢卡西维奇指出了运用符号语言对于逻辑以及对任何一门科学在达到精确性方面的重要性，因而强调了符号语言作为一种方法的重要性，但是他根本就没有说逻辑是研究符号语言的。他指出逻辑注意语言的精确性，

---

① 王维贤、李先焜、陈宗明：《语言逻辑引论》，25页。

② 同上书，24页。

③ 王路：《逻辑和语言》，载《哲学研究》，1989（7）。

因而走形式化的道路，恰恰是说明应用符号语言是逻辑的一种方法，而不是意味着符号语言本身成为逻辑的对象。因此，卢卡西维奇的观点根本不能成为逻辑研究语言的佐证。

李先生提出逻辑研究语言的观点，似乎是为了反对逻辑研究思维的传统观点。在反对心理主义倾向这一点上，他与现代逻辑的精神无疑是一致的。但是由于他认为逻辑研究语言，他实际上为逻辑研究思维的观点开了一个后门。比如，卢卡西维奇认为逻辑中的心理主义体现了逻辑在哲学中的衰败。李先生认为，这种观点是过于武断的。他明确地说："任何语言都表达思维，研究语言而撇开思维，这是不可能的"[①]。为此，他甚至又批评卢卡西维奇的观点"从认识论上说是唯心主义的"[②]。我对李先生的这些说法是不能同意的。卢卡西维奇根本没有认为逻辑是研究语言的，即使是符号语言。因此从语言和思维的关系这一点——即认为逻辑研究语言，因此逻辑不可能完全抛开思维——上说，是不能对卢卡西维奇做出这样的批评的。

1.5 必然地得出

从逻辑史的发展我们看出，逻辑的产生和重大发展大概可以说有两个主要条件。一个是它的外部条件，另一个是它的内部条件。外部条件是由于有了像亚里士多德和弗雷格这样的杰出的逻辑学家，正是他们创建并发展了逻辑这门科学。内部条件就在于逻辑的本质，即它自身有一种内在机制，正因为逻辑有这样一种内在机制，它才能够发展。如果逻辑没有这种内在机制，它也不能发展。这种内在机制就是"必然地得出"。亚里士多德把握住逻辑的本质，创建了逻辑这门科学。弗雷格不仅把握住逻辑的本质，而且引入了数学的方法，从而使逻辑的本质得以更好地体现，最终取得了突破性的巨大发展。

从这两个条件也说明，逻辑这门科学之所以能够产生和发展，最主要的还是由它的内在机制决定的。亚里士多德如果不是把握住"必然地得出"，不论他有多么天才，不论他有多么优越的环境，他都不会创立逻辑这门科学。亚里士多德以后，在将近两千年的时间里，亚里士多德既有数不清的追随者，也有过不少反对者。总之，

①② 王维贤、李先焜、陈宗明：《语言逻辑引论》，24 页。

有无数学者在进行逻辑研究，出版了无数逻辑著作。但是，追随者无论多么虔诚，不一定能够始终把握住创始者的思想精髓，因此他们不一定能够发展逻辑。反对者不论多么激烈，也不一定能够认识逻辑的真谛，因此他们的批判不一定能够得其要领。事实是，正如康德所说，逻辑既没有前进一步，也没有退后一步。无论是亚里士多德的追随者，还是他的反对者，他们可以把逻辑研究与语言结合起来，也可以把逻辑研究与思维结合起来，还可以把逻辑强调的形式与内容结合起来；他们可以形成语言逻辑，也可以形成归纳逻辑，还可以形成辩证逻辑；他们可以把逻辑的性质延伸到与语言或思维有关，也可以把逻辑的作用夸大到使人们认识世界，还可以把逻辑的规律扩展成人类思维的普遍规律。但是，由于他们忽视了"必然地得出"，因而偏离了逻辑的内在机制，他们的所谓逻辑越是发展，离逻辑真正的思想精神就越远。这一事实正应了毛泽东的那句明言：内因是变化的根据，外因是变化的条件。正是由于逻辑有这样一种内在机制，因此，当弗雷格出现之后，它再一次得到了发展。

人们称亚里士多德是逻辑的创始人，而称弗雷格是现代逻辑的创始人。这就说明，现代逻辑与传统逻辑有根本的不同。这主要是因为弗雷格把数学方法引入逻辑，从而使逻辑走上了形式化的道路。在这样一条道路上，人们可以更好地揭示逻辑的本质，使它不断得到发展。在弗雷格以前，虽然各时代也有一些著名的逻辑学家，但是他们的出名主要是与他们当时的学术地位联系在一起的，而不是因为他们真正对逻辑有多么大的贡献。弗雷格以后则不同了。罗素、怀特海、希尔伯特、卢卡西维奇、哥德尔、塔尔斯基、奎因等等，如果再加上非经典逻辑领域的人物，就更多了，真可以说是群星灿烂。他们每一个人都为现代逻辑的发展做出了十分重要和巨大的贡献。

2　哲学的性质

与逻辑不同，哲学不是一个有歧义的词。但是对于什么是哲学，人们的理解是有很大差异的。马克思认为，哲学是时代思想的精华。毛泽东认为，自然科学是关于生产斗争的知识的结晶，社会科学是关于阶级斗争的知识的结晶，而哲学则是关于自然科学和社会科学的概括和总结。罗素认为，哲学是介乎神学与科学之间的东西。在我看来，这几种说法都是用了类比或比喻的表达，似乎生动而形象，但是细想起来，它们并没有明确地说明哲学是什么。如果说尽管逻辑是有歧义的，但是我们毕竟可以以"必然地得出"刻画出逻辑学家所公认的逻辑的性质，那么我们似乎很难以什么东西来明确地说明哲学家所公认的哲学的性质。因此，在这种意义上说，尽管哲学这个词不是有歧义的，但是对哲学的理解却是有歧义的。为了说明逻辑和哲学的关系，大概还是应该说一说哲学的性质，而且既然论述了逻辑的性质，似乎也应该论述一下哲学的性质。因此，尽管我不知道自己能不能说清楚哲学的性质是什么，但是我仍然努力尝试着从哲学史的角度进行下面的论述。

2.1 爱智慧

任何一本哲学史著作差不多都会告诉我们，"哲学"这个词最初产生于古希腊，它的意思是"爱智慧"。根据现有的资料，这个词最早出现在赫拉克立特的著作中。[①] 按照海德格尔的说法，这个词是个形容词，它表明在赫拉克立特那里还不存在哲学。[②] 他认为，赫拉克立特和巴门尼德还不是哲学家，尽管他们是更伟大的思想家。[③] 哲学作为一门独立的学问，大概是在苏格拉底、柏拉图和亚里士多德的手中形成的。虽然在时间早晚上还会有些不同的看法，但是比较一致的看法是，到了亚里士多德的时代，哲学和其他智慧、学问明确地区别开来[④]，或者说，哲学才成熟起来。[⑤] 因此我们这里主要看一看亚里士多德关于爱智慧的论述。

亚里士多德认为，求知是人的本性，人总是在进行各种各样的认识，并且不断探索各种各样的认识，而"智慧总是伴随着认识"[⑥]。人们"懂得更多，更加智慧"[⑦]。他举例说，技师比工匠更加

---

① 参见汪子嵩等：《希腊哲学史》第 1 卷，85 页，北京，人民出版社，1988。

② 参见海德格尔：《什么是哲学》，张慎译，见《德国哲学论丛》，55～73 页，北京，中国人民大学出版社，1995。

③ 参见上书，62 页。

④ 参见汪子嵩等：《希腊哲学史》第 1 卷，85～86 页。

⑤ 参见叶秀山：《亚里士多德与形而上学之思想方式》，见吴国盛主编：《自然哲学》，第 2 辑，3 页，北京，中国社会科学出版社，1996。

⑥⑦ 亚里士多德：《形而上学》，苗力田译，见苗力田主编：《亚里士多德全集》，第 VII 卷，28 页，北京，中国人民大学出版社，1993。

智慧，这是因为他们"懂得道理，知道原因"①。他认为，我们通过感觉认识个别事物，但是感觉不是智慧，因为感觉不告诉我们事物的原因，比如通过感觉我们知道火是热的，但是我们不知道它为什么是热的。所以，"智慧是关于某些本因和原因的科学"②，"关于什么原因、什么本原的科学才是智慧"③。因此，根据亚里士多德的论述，智慧是可比较的，智慧又是关于原因、本因和本原的科学，因此可以说智慧有不同的层次，因而关于原因、本因和本原的探讨也会有不同的层次。对此，亚里士多德指出，"一个有智慧的人要尽可能地通晓一切"④，而"只有具有最高层次的普遍知识的人，才必然通晓一切"⑤。他明确地说：

> 只有那种以最可通晓的东西为对象的科学才最是为自身而探求、而通晓。为知识自身而求取知识的人，以其最大的努力求取最高的科学。这种科学就是最可通晓的科学。最初原因是最可通晓的，其他事物都是通过它们或由于它们而被知道，而不是它们通过那些作为载体的东西。那种懂得个别事情应该为什么而做的科学，是诸科学中占最主导地位的，和从属的科学相比，它起着更大的指导作用。⑥

这样，在亚里士多德那里，他所探讨的智慧是与最普遍的知识联系在一起的东西。这样的探讨形成了一门科学，而且在他看来是最高的科学。这就是关于爱智慧的学问，也就是哲学。

　　亚里士多德全面论述了他以前的哲学家关于本原的探讨，其中包括：泰勒斯认为自然的本原是水，阿那克西美尼的第欧根尼认为自然的本原是气，赫拉克立特等认为自然的本原是火，毕达哥拉斯认为自然的本原是数，还有柏拉图的观点等等，然后对他们的观点提出了批评。他认为，这些人的看法都是一种"模糊的推断"⑦，虽然有人也摸索到了某种原因，但是"从来就没有人明确地提出过是其所是和本质的问题"⑧。

---

① 亚里士多德：《形而上学》，见苗力田主编：《亚里士多德全集》，第 VII 卷，28页。

② 同上书，29页。

③④⑤ 同上书，30页。

⑥ 同上书，30~31页。

⑦ 同上书，45页。

⑧ 同上书，46页。但是这里的"本质"（原中译文为"实体"）是我根据德文译著的翻译"Wesen"修改的（参见 *Aristoteles' Metaphysik*，Buecher I（A）-VI（E），Felix Meiner Verlag，1982，s. 45）。

从亚里士多德的论述我们可以看出，智慧是与事物的原因相关的东西，爱智慧就是探讨事物的原因。而且，所谓事物的原因，不是一般的直接的原因，而是最普遍、最本原的原因。特别值得注意的是，亚里士多德把以前那些探讨自然本原的人称为"进行哲学思考的人"①，把他们形成的各种学说则称为"各派哲学"②。因为在他看来，这些人的活动都是爱智慧的活动，都是探讨本原和原因。但是，这些人的研究是有缺陷的，因为，他们没有探讨"是其所是"和"本质"的问题。而亚里士多德探讨本原，则主要就是研究"是其所是"和"本质"的问题。

如果说哲学史家的一般看法是正确的，即哲学在亚里士多德这里才真正成为一门独立的学科，而在他以前，虽然有爱智慧的活动，却没有形成真正意义上的哲学，那么与哲学的性质至关重要的东西一定是亚里士多德这里所突出强调的问题，即他以前的哲学家所忽略了的、而他要给以研究的问题。按照上述说法，这就是关于"是其所是"和"本质"的问题。因为，既然是亚里士多德赋予哲学以独立成熟的意义，那么一定是他为哲学注入了前所未有的、使它可以独立成熟的因素。也就是说，他使爱智慧的活动比以前有了根本性的变化。因此，在亚里士多德这里，最重要的就是要看他提出来的并加以探讨和研究的问题是什么，而且这些问题一定是前人没有提出来的，或者至少可以说，他提出这些问题的方式是崭新的，是前人从来没有使用过的。

众所周知，亚里士多德提出了哲学"研究作为是的是这样的东西和自身属于是的东西"③，并且认为，因此哲学与所有其他别的科学都不等同。人们之所以认为亚里士多德使哲学成为独立的学科，虽然不能说没有其他的原因，但是主要的根据也在这里。而且亚里士多德在这里所强调的东西恰恰也是他批评的前人在爱智慧的活动中所缺乏的东西。因此，与哲学的本质有关的东西就是这里所说的"作为是的是这样的东西"。这样的理解毫无疑问是正确的。但是我认为，亚里士多德还有一段话也是非常重要的，而且这段话似乎并没有得到人们的充分重视。我把这段话翻译如下：

---

① 亚里士多德：《形而上学》，见苗力田主编：《亚里士多德全集》，第 Ⅶ 卷，33页。

② 同上书，43页。

③ *Aristoteles' Metaphysik*，Buecher Ⅰ（A）-Ⅵ（E），s. 123.

把哲学称为关于真的知识也是正确的。因为真乃是理论哲学的目的，而活动乃是实践哲学的目的。因为即使实践哲学探讨某种东西是如何形成的，它考虑的也不是永恒的东西和自身的东西，而是相对的和暂时的对象。但是没有对原因的认识我们就不知道真。①

从这段论述我们可以看出，亚里士多德把哲学分为理论的和实践的，理论哲学以真为目的，显然与真有关。实践哲学虽然不是以真为目的，但是它探讨的原因最终极的东西还是真，因此也与真有关。所以可以把哲学称为关于真的知识。因此爱智慧的活动也是与真密切相关的活动。我们还可以看出，"真"乃是与"是"密切相关的东西。应该指出，说明这个问题需要付出不少的精力和使用不少的篇幅，而且也不符合本书的主要目的（我将在别的地方专门探讨和论述这个问题）。这里只说明一点就可以了。根据亚里士多德的思想，谈论某事物是怎样怎样，与谈论有关它的情况的真乃是相联系的。而研究这里所说的"是"和"真"，就是最高层次的哲学。即使说这不是全部哲学的核心问题，但至少可以说这是形而上学的核心问题。因此，这是亚里士多德哲学的核心问题。也就是说，这就是亚里士多德使哲学成为一门独立的学科的关键所在。

2.2 哲学与科学

哲学史还告诉我们一个事实，在古希腊，哲学和科学最初是不分的。而且，科学史著作也证实了这一点。所谓哲学和科学不分，实际上主要表现为两种情况。一种情况是，古希腊的哲学家同时也都是自然科学家。另一种情况是，他们的哲学探讨是与自然科学的探讨融合在一起的。谁都知道，被称为古希腊第一位哲学家的泰勒斯是一位天文学家，传说他预测过一次日食，据说他还证明圆周直径把圆周一分为二。人们知道，众多的古希腊哲学家对世界的本原提出了诸如土、水、气、火等不同的解释。与其说这是哲学的探讨，不如说这是科学的研究，因为这些解释无论对错，实际上是对许多自然观察和思考的总结，比如火使水蒸发，水蒸发产生陆地，或者通过凝聚的过程，气变成水，然后变成土，等等。我们还知道，毕

---

① *Aristoteles' Metaphysik*，Buecher I（A）-VI（E），s.73.

达哥拉斯是数学家，以他为首的学派也从数的角度对宇宙提出了看法和解释，这些解释尽管有问题，但是他们对数学和几何学确实做出了极其重要的贡献。当然，除了关于世界本原的探讨以外，古希腊哲学还包括许多内容，有的与科学有关，比如关于血液的解释，这应该属于医学，有的与科学无关，比如除了宗教以外，还有伦理、政治、法律、语法等等。但是应该说，在古希腊哲学中，自然科学的成分所占的比例最大，而且在古希腊哲学家中，可称为自然科学家的也最多。因此，哲学与科学的融合是古希腊哲学的一个非常显著的特点。

诚然，说古希腊哲学家是自然科学家难免有些言过其实，因为那时科学还没有形成独立的学科，而是与哲学融合在一起，甚至"科学"这个词也还没有出现。不过那时有一个共同的特征，这就是"爱智慧"。这些爱智慧的人追问：世界的本原是什么？世界的构成是什么？世界的基本元素是什么？他们从自己的研究范围出发，按照自己的认识提出各种不同的答案。随着这些研究的发展，人们逐渐认识到这里有学科方面的区别和差异，并在讨论中逐渐注意有所区别。这种情况，到了亚里士多德的时代，产生了根本性的变化。[①]这种变化主要表现为两点。其一，虽然科学依然没有形成，而且仍然没有与哲学完全分开，但是亚里士多德对物理学、生物学、天文学、心理学、伦理学、政治学、修辞学等学科进行了分门别类的研究，从而为这些学科的发展，并且最终从哲学中独立出去奠定了基础。其二，亚里士多德提出了哲学应该研究"作为是的是"那样的东西，后人称之为"形而上学"，由此哲学也开始了与各门科学不同的、独立性的研究与发展。

我认为，这里有两点特别值得注意。第一，同为爱智慧的研究，却可以分为不同的学科，比如数学、物理学、天文学、生物学等等。第二，从这些不同的研究却可以提取出共同的一点，从而形成专门的哲学研究。这样就为我们考虑和说明哲学的性质提供了帮助，使我们有了可以依循的东西。这种东西就是这些不同的研究所共同具备、而又是它们所不考虑的东西。如上所述，古希腊哲学家主要探讨世界的本原和宇宙的生成，他们追问：世界的本原是什么？世界的构成是什么？世界的基本元素是什么？对此他们做出不同的回答。

---

① 参见汪子嵩等：《希腊哲学史》第 1 卷，90～91 页；斯蒂芬·F·梅森：《自然科学史》，34 页，上海，上海人民出版社，1977。

走进分析哲学

有人说，世界的本原是水。有人说，世界的本原是气。也有人说，世界的本原是火。围绕着这样的回答还有许多解释。显然，这样的探讨可以是数学方面的，可以是物理学方面的，也可以是天文学方面的，还可以是其他方面的，因而会涉及并且实际上确实也涉及了不同的领域，所以提供的答案也会是完全不同的，但是有一点是共同的，这就是：他们的追问的形式和回答的形式是共同的。他们都在问："……是什么?"他们都回答说："……是如此这般的东西。"这两种表述的共同形式就是"……是……"。如果我们为了论述方便，仅仅简单地说，那么就是"是什么"。因此，如果说爱智慧有什么共同特征的话，我认为，这就是爱智慧的共同特征。这种特征表明，这些哲学家只研究和回答某物是什么，比如"是水"，"是气"，"是土"，"是火"等等，而不对这些表述的共同的东西进行考虑，就是说，他们都不考虑这个"是什么"本身。正是在这一点上，哲学与科学有了分野。或者说，根据亚里士多德，这一点成为科学与哲学的分水岭。哲学由此与其他科学划分开来，而且哲学家们一般都承认这一点。因此，我们可以说，考虑这个抽象的"是什么"本身构成了哲学的性质。

这里，我还是想再说一遍，除了这个"是什么"本身以外，还有前面提到的"真"。爱智慧的哲学家考虑世界的本原是什么，大概也会想到他们的说法是不是真的，但是正像他们不考虑"是什么"本身是什么意思一样，他们也不会考虑"真"是什么意思。与此形成鲜明对照的是，在亚里士多德这里，"是什么"和"真"成为哲学专门考虑的东西。因为这是最普遍的东西，不是那些具体的学科所关心和探讨的问题。

2.3 形而上与形而下

前面我们提到，在古希腊哲学中，也有一些内容与科学无关，包括宗教、伦理、政治、法律、语法等等。因此，虽然说哲学与科学的融合是古希腊哲学的一个十分显著的特点，但是探讨哲学的性质，忽略这一部分内容也是不应该的。而且在这一部分内容的研究中，也出现过杰出的哲学家，其代表人物就是苏格拉底。

苏格拉底是著名的古希腊哲学家、柏拉图的老师。虽然他没有留下任何著作，但是从柏拉图和其他一些哲学家的著作中，我们可以看到他的思想。众所周知，他与其他古希腊哲学家不同，不能被称为自然科学家。他排斥关于世界本原的探讨，只关心人和社会，注重伦理和政治问题。

应该指出，苏格拉底虽然与亚里士多德相距的时间不远，中间只差一代人，但他仍然是亚里士多德以前的哲学家。我强调这一点，乃是因为在我看来，这对于我们说明哲学的性质至关重要。尽管人们公认他是伟大的哲学家，但是如前所述，人们认为哲学是在亚里士多德的时代与其他智慧、学问真正明确地区分开来。就是说，在苏格拉底时代，哲学与其他智慧、学问还没有明确区分开来。因此，我们应该从这里所说的哲学与其他学科的"区分"上来探讨一下苏格拉底和亚里士多德。

我们知道，亚里士多德对政治学和伦理学也做过许多论述，而且还有著作，但是在他看来，政治学是一门独立的学科[1]，而伦理学似乎不能算是一门独立的学科，因为他从不说伦理学是独立的科学[2]，却说关于伦理问题的讨论属于政治学部分。[3] 如果我们比较亚里士多德和苏格拉底的有关论述，大概会得出一些十分有意思的结论。但是对于我们这里的讨论来说，这并不重要。我认为，非常重要的一点是，在《形而上学》中，当亚里士多德讲述他以前的自然哲学家的思想时，他没有对苏格拉底做专门的论述，而只是在谈到柏拉图的思想时提到他，说他"致力于伦理学，对整个自然则不过问。并且在这些问题中寻求普遍，他第一个集中注意于定义"[4]。既然苏格拉底排斥关于自然本原的探讨，那么一个十分自然的问题就是：在探讨与世界本原有关的思想的时候（这里，亚里士多德所论述的柏拉图的思想也是与世界的本原有关的），为什么要提到苏格拉底？是由于尊敬他吗？是因为他是柏拉图的老师而特别重要吗？虽然无法肯定这样的猜测是不是有道理，但是难道不应该与关于世界本原的探讨有些关系吗？也就是说，至少与上下文论述的内容有些联系才说得过去。因此，我们应该认真思考一个问题：为什么亚里士多德提到苏格拉底，却不谈他的思想，而仅仅谈到他的"寻求普遍"和"定义"？

---

① 参见苗力田主编：《亚里士多德全集》，第 VIII 卷，4 页，北京，中国人民大学出版社，1992。

② 参见罗斯：《亚里士多德》，206 页。

③ 参见苗力田主编：《亚里士多德全集》，第 VIII 卷，241 页。

④ 亚里士多德：《形而上学》，见苗力田主编：《亚里士多德全集》，第 VII 卷，43 页。

我认为，这一点是非常重要的。我们知道，苏格拉底常常探讨"虔诚是什么"，"正义是什么"，"国家是什么"，"节制是什么"，"勇敢是什么"，"懦弱是什么"等等这样的问题，并且通过定义的方法得出一般性的结论。显然，这就是苏格拉底的"寻求普遍"和"定义"。恰恰是在这里我们看到，苏格拉底虽然不探讨世界的本原的问题，而是探讨伦理和政治等问题，但是他提问的方式和回答问题的方式，特别是通过定义来回答问题的方式，与那些探讨世界本原的人的方式是一样的。也就是说，亚里士多德之所以提到苏格拉底，主要是因为要提到他的这种提问和回答问题的方式。探讨伦理、政治等方面的问题也可以称为"爱智慧"，但是，苏格拉底这种方式的研究只考虑和回答具体的问题，比如"国家是什么"，"正义是什么"等等，而不探讨所有这些问题共同的"是什么"本身。因此，在亚里士多德看来，这样的研究与那些自然本原方面的研究一样，也是有缺陷的。它只属于某一个学科，而不是属于亚里士多德所要讨论的那种哲学，这就是形而上学。

我们大概不能说亚里士多德以前的学问都不是哲学，他以前的人都不是哲学家，而且即使亚里士多德本人也是称他们为哲学家的。问题是人们偏偏要说哲学是在亚里士多德这里才与其他学问明确区分开来的。而且人们执著地认为哲学是在亚里士多德这里才成熟起来的。如果我们仔细看一看这些观点的论据，我们就会发现，它们的依据主要是亚里士多德关于形而上学的论述。无论亚里士多德关于形而上学的论述对不对，有没有道理，他至少是做出了这样一种区别。而且正是在亚里士多德这里，形成了研究"作为是的是这样的东西"的形而上学。换句话说，哲学以此与其他学问明确地区别开来，哲学由此成熟起来。如果说这样的观点是正确的，难道我们不可以说，"研究作为是的是这样的东西"就是哲学的性质吗？

这里似乎出现了问题。如果这种观点是正确的，那么不仅亚里士多德以前的学问大概都不会是哲学，而且亚里士多德以后的许多哲学内容，包括伦理、政治、美学等等大概也都不会是哲学。而如果这些学问和内容是哲学，那么大概就无法说这种观点是正确的。这不是有些自相矛盾吗？我认为，这种现象其实并不奇怪，它实际上反映出在对哲学的理解上存在一些差异。

哲学是与爱智慧联系在一起的。因此，如果宽泛一些，那么凡是与爱智慧的活动相关的东西都可以称为哲学，这样，哲学就不仅涉及与科学有关的内容，包括数学、物理、天文、生物等等，而且涉及与人有关的内容，包括伦理、政治、美学等等。而如果严格一些，那么只有"研究作为是的是这样的东西"才能称为哲学，这样，与科学有关的内容和与人有关的内容就都被排除在哲学之外。这样两种方式的理解自然会产生上述问题和矛盾。但是在古希腊，在亚里士多德以前，这两方面的活动都是存在的，而且都可以说是爱智慧的活动。泰勒斯、赫拉克立特等是前者的代表人物，苏格拉底是后者的代表人物。因此，这里还是应该如同我们一开始说的，首先看一看亚里士多德是怎样说的。

我们说过，亚里士多德把他以前那些探讨世界本原的人都称为哲学家。因此根据他的看法，应该说可以把他们那些与科学有关的探讨称为哲学。我们还说过，亚里士多德认为政治学是一门独立的学科，而与伦理有关的内容属于政治学，因此，根据他的看法，应该说也可以把与伦理、政治等等有关的内容称为哲学。但是特别不应该忘记，我们还说过，亚里士多德认为智慧是有层次或等级的。虽然他认为这些都是爱智慧的活动，但是他认为这些都不是最高等级的智慧，即不是关于最普遍知识的智慧。最高级的智慧乃是关于本原、原因、元素的知识，即关于"作为是的是这样的东西"的知识。用他的话说，这是"第一哲学"。用我们今天的话说，这就是形而上学。如果我们以形而上和形而下来区分亚里士多德做出的区别，那么可以说，亚里士多德是站在形而上的角度来论述哲学的。在他看来，那些形而下的哲学探究是有缺陷的。真正的哲学，即第一哲学应该是这种形而上的哲学。如果我们再仔细地分析一下，我们还会看出，亚里士多德在区别这种第一哲学和其他哲学的时候，主要谈论的都是关于与科学有关的内容，即使是提到苏格拉底，归根结底也仅仅是说及他那种研究问题和表达问题的方式。因此应该说，亚里士多德的形而上的哲学主要是针对那些与科学内容有关的形而下的哲学来区分的。也就是说，亚里士多德的第一哲学主要是针对那些与科学内容有关的形而下的哲学而区别的。

然而，我们后人对哲学的理解，乃是经过了哲学的漫长的历史发展过程。其间，哲学虽然曾经随着科学的发展有过辉煌的阶段，但是与科学有关的内容在哲学发展过程中并不是最主要的东西。从罗马时期到中世纪，由于受到宗教的影响和统治，哲学基本上一直排斥科学。随着文艺复兴运动的发展，哲学试图摆脱并且实际上也逐渐并最终摆脱了宗教的统治，但是取而代之的在哲学中占据核心地位的东西并不是与科学有关的内容，而是与人有关的内容。特别是，随着现代科学的形成和发展，数学、物理学、化学、生物学、天文学等等科学都从哲学中独立了出去，形成了与哲学分离的、独立的科学，哲学变成了主要是与人有关的东西。也就是说，哲学中形而下的内容只剩下伦理、政治、美学等等东西，而且这些内容一直是哲学讨论的一部分，甚至是一些哲学流派所探讨的主要部分。当然，哲学中仍然有关于形而上的东西的讨论，但是这种讨论主要是一种排斥了科学的讨论，而且这种现象随着科学的发展愈演愈烈。几百年来，至少一百多年来，我们所学的哲学主要就是这样的东西。我们虽然承认哲学中有形而上的东西，而且我们也知道这种东西属于哲学的最高层次，但是我们主要熟悉、探讨甚至感兴趣的东西却是形而下的东西，而且是形而下的哲学中与科学没有关系的东西。因此，我们是带着这样一种对哲学的理解来谈论哲学的。而这样的理解与亚里士多德的理解显然是有很大差距的。

无论如何，按照亚里士多德的理解，哲学可分为（用我们的话说）形而上的和形而下的，而形而上的哲学是第一哲学，与所有其他哲学相区别。因此可以说，哲学的本质特征应该是这种形而上的东西。按照海德格尔的理解，似乎只有这种形而上的哲学才是哲学。这种看法可能是极端了一些，但是它突出强调了哲学形而上的性质，而在这一点上，可以说它是符合亚里士多德的观点的。按照认为哲学是在亚里士多德这里才成熟起来的观点，应该说哲学的真正性质是由这种形而上的东西体现出来的。因此也可以说，哲学的真正性质是这种形而上的东西。所以，无论是宽容还是极端，无论是站在形而上的角度还是站在形而下的角度来谈论，哲学的性质主要是在于形而上的东西，而不是在于形而下的东西。换句话说，即使形而下的东西可以算做是哲学，它们也没有体现出哲学的真正本质。

应该指出，许多哲学家是不会承认也不会接受这种看法的，特别是当人们把哲学看做是世界观和方法论的时候，人们是绝不会承认这种看法的。也有一些哲学家会承认形而上的东西是哲学，也会承认形而下的东西是哲学。但是他们不会承认是形而上的东西真正体现出哲学的本质。我想，这些人大概也绝不会承认哲学是在亚里士多德手中成熟的，而且这种成熟是以《形而上学》为标志的。

2.4 可以拒绝形而上学吗?

众所周知,逻辑实证主义者在 20 世纪非常明确地提出了拒绝形而上学的口号,他们坚决认为,一切形而上学的命题都是没有意义的。今天,人们几乎一致认为,逻辑实证主义的这种看法是错误的。因为,人们相信,形而上学的研究仍然是有意义的。在我看来,这里实际上存在着十分有意思的问题。

逻辑实证主义者强调的是要拒绝形而上学,而不是拒绝哲学。但是由于他们拒绝形而上学,而且通过对形而上学的命题的分析,他们得出结论说,一切形而上学的命题都是没有意义的,这样哲学就只剩下了对语言的分析,因此哲学只剩下一种语言分析活动。无论这种观点对不对,至少我们可以看出,持这种观点的人把形而上学看做是哲学的本质。因为他们并不否认关于人生、伦理、政治、宗教等问题的讨论也是哲学。如果他们不把形而上学看做是哲学的本质,那么即使他们全部清除了形而上学的命题,他们也不会说哲学只剩下对语言的分析。但是,批评逻辑实证主义的人却常常是从人生、伦理、政治等等方面出发的,就是说,他们往往是从形而下的东西出发来为形而上学的合理性进行辩护的。因此,这样的批评和辩护就有很大的问题。不过这并不是我想探讨的问题,因此我只点到为止。

逻辑实证主义确实明确提出要拒绝形而上学,而且造成了很大的影响。但是在我看来,真正第一次提出拒绝形而上学并且也造成了很大影响的,实际上并不是逻辑实证主义者。我认为,至少马克思就提出过这样的问题,而且马克思主义哲学在我国确实造成了极为广泛和深远的影响。

马克思有这样一句话:

> 哲学家们只是用不同的方式**解释**世界,问题在于**改变**世界。①

这句话是马克思在笔记中的一条注释,没有上下文。它的重点在第二句话,即"问题在于改变世界"。我认为,这句话至少可以有两种解释。一种是站在哲学之内,一种是站在哲学之外。如果站在哲学之外解释,可以把这里的意思理解为:哲学家只知道解释世界,但

---

① 《马克思恩格斯选集》,2 版,第 1 卷,57 页,北京,人民出版社,1995。

是解释世界并不重要，重要的是改造世界。也就是说，改造世界的工作比解释世界的工作更重要。根据这种理解，改造世界的工作与解释世界的工作可以是不同的。在这种意义上说，认为改造世界比解释世界更重要，确实可以称之为一种观点，这种观点无论正确还是错误，无论杰出还是平凡，与哲学的性质本身没有什么关系。如果站在哲学之内来理解，这里的意思显然是说：以前的哲学家只知道解释世界，问题是哲学主要在于改造世界。也就是说，哲学有两种功能，一种是解释世界的功能，一种是改造世界的功能。而且改造世界的功能比解释世界的功能更重要。根据这种理解，以前的哲学家都错了，现在应该变过来。在这种意义上说，认为改造世界比解释世界更重要，这绝不仅仅是一种简单的看法上的问题，而是涉及对哲学根本性质的评价的问题。由于马克思的这句话没有上下文，因此应该说，它的意思是不那么确定的。我认为，如果在第一种意义上理解，大概是说得过去的。作为马克思这样一位以改造世界为己任的伟大的思想家，提出这样一种蔑视以往哲学家的看法是不足为奇的。如果在第二种意义上来理解，那么应该说，这不是在形而上的意义上理解哲学，而实际上是对形而上学的拒绝。

事实上，马克思的这句话，尤其是在我国，已经成为一句十分出名的格言，甚至成为一条指导原则。在很长的时间里，我们的哲学可以是世界观、方法论，可以是斗争的哲学，可以是人民大众手中的武器，甚至可以是顾阿桃都可以学习的东西，而所有这些都是由于我们在第二种意义上理解马克思的上述格言并以它为指导思想。不是说人们不能学习哲学，也不是说人们在日常的生活工作中不能运用哲学思想，更不是说我们不能以哲学作为斗争的武器，问题是当我们把这些当成哲学的主要性质和内容以后，我们实际上抛弃了它的形而上的东西，也就是抛弃了形而上学。退一步讲，我们至少是把形而下的东西当成了哲学的最主要的东西，这样就把形而下的东西看做是哲学的本质。也就是说，哲学最主要的东西不是形而上的，而是形而下的。这难道实际上不是拒绝形而上学吗？

这里，我还是采取这样的观点，即认为哲学的性质是不太确定的。但是我认为，从哲学史来看，如果人们的一般看法是正确的，即哲学是在亚里士多德时代成熟的，哲学是在亚里士多德时代与其他智慧和学问明确地区别开来的，那么形而上学的性质就是哲学的实质和根本特征。在这种意义上说，在形而下的东西的意义上理解和解释哲学，就会是不正确的。如果人们认为哲学主要就是形而下的东西，是与人生、伦理、政治等等相关的东西，那么最好不要认为哲学是在亚里士多德时代成熟起来，从而与其他学科明确区别开来的。在这一点上，我赞同前者。

这里，我还想抒发一些联想。亚里士多德关于形而上学的区别和研究是基于前人关于世界的本原的探讨的，而这些探讨主要是与科学有关的。如今，诸门科学已经从哲学中分离出去了，形成了独立的自然科学体系。一门学科的独立，标志着这门学科的成熟，过去诸科学学科没有独立，是因为它们不够成熟，而今天它们确实成熟了。虽然这些与科学有关的内容从哲学独立出去了，但是哲学依然存在，并且依然在发展，至少人们都这样认为。我的联想是：这些学科都曾经与爱智慧有关系，而那些与伦理、政治等内容有关的学问不也是与爱智慧有关系的吗？而且它们不都同样是形而下的内容吗？既然与科学有关的学科可以成熟，从而从哲学中分离出去了，那么那些与科学无关的内容难道就不能成熟，从而从哲学独立出去吗？实际上，曾经属于这一部分的许多内容也独立出去了，比如与政治有关的内容（政治学）、与社会有关的内容（社会学），甚至与语法和修辞有关的内容（语言学）、与心理有关的内容（心理学）、与宗教有关的内容（宗教学）等等。现在，伦理学、美学等学科仍然属于哲学，如果说这些学科不成熟，一定会遭到许多人特别是从事这些方面研究的人的强烈的反对。然而我的问题是，虽然哲学领域中只剩下这为数不多的一些学科了，而且它们也是成熟的，但是能说它们是哲学的主要内容吗，能说它们体现了哲学的性质吗？我认为，回答是否定的，因为它们充其量只是形而下的东西，而哲学的性质主要体现在它那形而上的特征，也就是说，哲学的主要性质和特征是通过形而上学体现出来的。即使有朝一日这些学科（更加成熟）也从哲学独立出去了，哲学那形而上的本性依然存在。今天，国内有许多人推崇海德格尔，不知道他们是不是也认识到，海德格尔恰恰是认为哲学在亚里士多德这里才形成的，也就是说，哲学的本性是形而上学。认识不到这一点，即使把海德格尔的思想发挥得淋漓尽致，甚至把他解释成一个环保主义者，也是没有认识到根本上。

我认为，如果我们认为哲学的根本性质是形而上学，那么它所包含的与科学有关的内容和与人文有关的内容都脱离出去，也没有

走进分析哲学

关系。因为，即使这样，我们仍然可以进行哲学研究。斯特劳森在谈到他的哲学目的时说过这样一段话：

> 一般的人类思维——我的意思是说，关于世界和我们自身的日常的非哲学思维——是一个非常复杂的事情，涉及一个无限大的概念或观念范围。但是在这个无限大的范围中，可以区别出一定数量的根本的、一般的、普遍的概念或概念类型，它们一起构成了实际进行详细的思维活动的结构框架。随便说几个我想到的这样的概念，比如空间、时间、对象、事件、心灵、肉体、认识、真、意义、存在、同一、行为、意向、原因、解释，等等。我认为哲学的目的是说明或澄清上述这样的概念的特征及其相互联系。因为上述这样的概念，当然还有许多这样的概念，确实构成一种相互联系的结构，正像我说的那样，在这样一种结构中，我们建立起我们详细的信念系统，即我们关于事物是什么样子的图画或理论。[①]

他说的是哲学的目的，而没有谈论哲学的性质。但是哲学的目的是由哲学的性质决定的。在我看来，根据他的观点，哲学终究是进行解释，而且是追求一种终极的解释。这显然具有形而上学的性质。我同意他的观点。

3 思辨与分析

人们一般认为，哲学研究主要有两种方式，一种是思辨的方式，一种是分析的方式。这两种方式是根本不同的。由于哲学研究的方式与哲学研究的内容密切相关，因此探讨一下思辨与分析这两种方式，对我们的哲学研究不会是没有好处的。

3.1 区别

思辨与分析是两种不同的方法，由此形成不同的哲学，即思辨的哲学和分析的哲学。这种方法上的区别似乎是显然的。比如，人们可以说，黑格尔的哲学是一种思辨的哲学，本书论述的分析哲学

[①] *The Philosophy of Peter Strawson*，Indian Council of Philosophical Research，1995，pp. 13–14.

当然是一种分析的哲学。但是如果在此基础上还要进一步问：什么是思辨的哲学？什么是分析的哲学？什么是思辨？什么是分析？问题大概就不是那样简单了。

据说，做出这种区别的是一些赞同分析方法的哲学家。[①] 他们把分析的哲学描述成"分析和定义我们的根本概念，并且清晰地陈述和坚决地批判我们的根本信念"[②]，同时为思辨的哲学提供了以下描述：思辨的哲学的"目的是接过各门科学的结果，并为这些结果加上人类宗教和伦理经验的结果，然后对这个整体进行反思。它的希望是，通过这种方式，我们也许能够达到一些有关宇宙本质的以及有关我们在宇宙中的地位和前景的一般结论"[③]。我认为，这些说明是有道理的，但是并不是十分清楚，特别是我们由此只能得到一个关于"分析"的大概的理解，而不能得到一个清晰的理解。因为，根据这里的解释，分析和定义我们的根本概念，清晰地陈述和坚决地批判我们的根本信念，似乎是"分析的哲学"的特征，但是，我们看到，在黑格尔的著作中，在海德格尔的著作中，这样的情况也是存在的，而且是大量存在的。比如，黑格尔定义和分析"是"、"不"和"变"，由此构造他的哲学体系，而海德格尔定义和分析"是"、"此是"、"是者"等概念，由此形成了他的哲学体系。但是人们一般都认为，他们的哲学是思辨的哲学，似乎没有什么人认为他们这样的哲学是分析的哲学。因此，我们需要重新考虑"分析"这个概念。

今天，"分析"无疑是一个不需要解释就可以理解的概念，即使在日常语言中也是如此。但是仔细考虑一下，我们就会发现，它在哲学中的含义并不是像想象的那样确定。刚才说到的分析与思辨的区分，显然有一种含义，前面我们论述了分析与综合的区别，那里显然也有一种含义，至少在这两种区分中，分析的含义是不同的。此外，前面我们在论述日常语言学派的时候也说过，即使是同样分析日常语言，人们的分析也是不同的。因此，当我们把分析作为一种主要的哲学方法加以考虑的时候，我们既可以使它包罗万象，比如根据上述解释，我们可以认为黑格尔和海德格尔的哲学也是分析的，也可以区分出其中的差异，比如我们在论述日常语言学派时做出的区别。这样就会产生一个问题，这种分析和思辨的区别是不是

---

① 参见 Moody, E. A.: "The Age of Analysis", in *Studies in Medieval Philosophy, Science, and Logic*, University of California Press, 1975, p. 305。

②③ Ibid.

有道理的。为了说明这个问题，我们最好还是从哲学史的角度来进行考察，并且是从以分析作为哲学研究的一种主要方式这样的角度来进行考察。

第一次明确地把分析作为哲学研究的主要方式而提出来的人大概是亚里士多德。我这样说的理由是：亚里士多德写下了以分析命名的不朽著作《前分析篇》和《后分析篇》。虽然这两部著作的名称是后人加的，但是其中确实明确地谈论了"分析"。由于亚里士多德在哲学史上具有无可比拟的重要地位，他的思想对后来产生了根本性的影响，因此我们根据他的思想来思考什么是分析，大概不会是没有帮助的。

众所周知，《前分析篇》是亚里士多德的逻辑著作，在这部著作中，亚里士多德的主要和核心工作就是建立他的著名的三段论逻辑系统，详细论证他关于三段论的思想，从而使逻辑这门科学真正建立起来。《后分析篇》则是亚里士多德关于三段论作为一种科学证明的方法的进一步说明和论证。因此，《前分析篇》是亚里士多德的逻辑著作，《后分析篇》是他的关于方法论的著作。由此我们可以明显看出，亚里士多德所说的分析，主要是指三段论，或与三段论有关的论证。因此，分析可以说就是逻辑，或者说，分析就是运用逻辑方法进行证明。

前面我们说过，亚里士多德的逻辑主要是关于"必然地得出"的学说，具体地说，它为我们提供一种方法，从而使我们知道在什么条件下可以从真的前提一定得到真的结论。在亚里士多德看来，逻辑是一种方法，一种修养，是从事哲学研究首先应该具备的东西，不能到了具体地研究真以及以什么方式获得真的时候再来考虑逻辑。因此，逻辑对于哲学来说乃是一种十分重要的方法，是一种必要的方法。亚里士多德把这样的方法称为分析，因此，应该说，分析的哲学应该主要是以应用逻辑方法为特征的。自从亚里士多德建立了逻辑这门学科以来，在 20 世纪以前，大概没有什么哲学家会没有学过它，即使那些批判过它的人，包括黑格尔这样的大思辨哲学家，也是学过它的。因而对于应用亚里士多德的逻辑方法，人们是不陌生的。对于分析的哲学一般是指逻辑分析，大概也不会有什么人持反对意见。我认为，从哲学史的角度看，分析确实应该指逻辑分析，即使不明确地这样说，人们实际上似乎也是这样认为的。但是，应用亚里士多德逻辑进行分析与应用现代逻辑进行分析是有很大区别的，因而在亚里士多德逻辑的意义上理解的分析与在现代逻辑的意义上理解的分析也会有很大差异。这里我们仅仅指出这一点，详细的阐述留到后面再说。

说明了分析，我们再来简单地谈一谈思辨。像前面说明的那样理解思辨当然是可以的。但是，如果我们把思辨与分析看做是两种具有根本区别的哲学研究的方式，那么现在我们也可以说，思辨指不以逻辑分析为主要方法的哲学研究，也就是说，思辨的主要特征不是逻辑分析。这样我们就以逻辑方法和逻辑分析为一条清晰的界限，把思辨与分析清清楚楚地区分开来。

3.2　融合与分离

前面我们论述了自然科学最初与哲学是融合在一起的，如今从哲学中脱离出去了。我们还谈到了与自然科学不同的其他学科与哲学融合和分离的情况，比如伦理学、政治学等等。但是在这一点上，我们没有谈到逻辑与哲学的关系。我们这样做，不是因为逻辑与哲学没有这样的关系，而是因为我们要在这一节专门论述这个问题。实际上，逻辑与哲学也经历了分离与融合这样的变化。而且探讨逻辑与哲学的这种关系和变化，可以使我们看到，逻辑与哲学的关系与其他科学与哲学的关系是不同的，同时也有助于说明思辨与分析的区别。

前面我们说过，在古希腊，最初哲学与自然科学是融合在一起的。人们在和自然界的斗争中也在不断地认识着自然界，并对自然界的现象做出解释。人们探讨万物的本原和宇宙的生成，形成了早期的自然哲学。这时的哲学和自然科学没有分离。因而早期的一些哲学家也都是自然科学家。如果详细考察，似乎还应该说，先有了自然科学的知识，然后才有了哲学。以后自然科学诸学科再和哲学逐步分化。① 至少可以说自然科学和哲学的知识是同时产生的。

但是，逻辑却不具备与哲学这样的关系。因为逻辑是在自然科学和哲学发展的基础上产生的。在古希腊，关于哲学问题人们有许多不同的看法、争论和论证，其中有的是正确的，有的是错误的。原因虽然很多，但是根本原因在于缺乏一套科学的推理和论证的方法。正是为了解决这样的争论问题，即解决哲学中的推理的必然性

---

① 参见汪子嵩等：《希腊哲学史》第1卷，85～93页。

的问题，逻辑才得以产生。亚里士多德在他的第一部逻辑著作《论辩篇》一开始就明确地说：其目的在于"发现一系列探究方法，依据这些方法，我们将能够就人们向我们提出的每个问题从一般所接受的意见出发进行推理，而且我们在提出一个论证的时候，也将避免说出自相矛盾的东西"①。亚里士多德正是围绕这一目的，在当时几何学和语言学知识的基础上创立了逻辑这门科学。由此至少说明，首先，逻辑是在哲学产生之后才产生的，是应哲学的需要而产生和发展起来的。其次，它最初是作为一种方法而产生的，而且这种方法主要是为哲学服务的。因此可以说，逻辑一开始是在哲学的土壤中产生的，因而与哲学紧密地结合在一起。

应该指出，逻辑作为一门科学，最初是为了哲学服务而产生的，因而是和哲学紧密结合在一起的，这样说并不十分明确。因为这并没有说明逻辑和哲学是怎样结合在一起的。所以，对这一点做出进一步的说明是非常有必要的。

我们说最初逻辑和哲学结合在一起，这一方面是指哲学应用逻辑的方法，另一方面也指逻辑应用了哲学的方法并因而含有哲学的内容。下面我们以亚里士多德的逻辑著作为例来说明这一点。

《前分析篇》是亚里士多德最主要和最重要的逻辑著作，但不是亚里士多德的全部逻辑著作。如果按照后人的编排，那么他的逻辑著作是《工具论》，其中共有六部著作：它们是《范畴篇》，《解释篇》，《前分析篇》，《后分析篇》，《论辩篇》和《辩谬篇》。前面说过，亚里士多德没有使用逻辑这个词，他把逻辑定义为是关于"必然地得出"的东西。如果根据这种定义论述，那么除了《前分析篇》和《后分析篇》以外，至少还应该包括《论辩篇》，因为在《论辩篇》中，亚里士多德同样提出了关于"必然地得出"的定义，而且它的表述与在《前分析篇》中提出的几乎相同。② 我们之所以要这样分析，乃是为了说明，在亚里士多德的《工具论》中，有些著作并不是与"必然地得出"相关的。此外，还应该指出，即使在亚里士多德的《论辩篇》和《前分析篇》中，有一些内容也不是与"必然地得出"相关的。下面我们举《论辩篇》中的四谓词理论来说明这个问题。

① *The Works of Aristotle*，Vol. 1，ed. by Ross，W. D.，100a18-22.

② 我曾经详细分析论述过这两段话。参见王路：《亚里士多德的逻辑学说》，86～89页。

四谓词理论是亚里士多德在《论辩篇》中形成的最重要的成果，也是他的第一个逻辑理论。根据这个理论，区分谓词有两条标准：第一，看谓词和主词能不能换位；第二，看谓词表示不表示本质。如果可换位并表示本质，谓词就是定义；如果可换位但不表示本质，谓词就是固有属性；如果不可换位而表示本质，谓词就是属；如果不可换位并且不表示本质，谓词就是偶性。这里，第一条标准是形式的，因而是逻辑的。而第二条标准的核心问题是本质。比如，我们说人的本质是理性动物。但是"理性动物"并不是我们通过逻辑分析的方法得出来的，我们可以说这是通过抽象的思辨的方法得出来的。因此对于本质的考虑乃是一种哲学的思考。这样就可以看出，第二条标准所依据的方法不是逻辑方法而是哲学方法。这样，尽管亚里士多德建立并发展了像三段论那样的纯逻辑理论，但是在他的逻辑体系中也有一些哲学内容。因此在他的逻辑著作乃至理论中，逻辑是和哲学融合在一起的。由于亚里士多德的逻辑著作中含有逻辑和哲学这两方面的内容，而且他的著作又一直被视为权威和经典，成为后人学习、研究的基础，因而造成逻辑这门科学在两个方面的发展。一方面是逻辑内容方面的发展，另一方面是哲学内容方面的发展。例如，在中世纪，一方面人们发展了逻辑的指代理论，另一方面，人们又用了更大的精力和篇幅对定义、种、属、固有属性和偶性等等概念进行了哲学探讨；又比如，在传统逻辑中，人们区别概念的内涵和外延，而所谓概念的内涵是指"概念所反映的事物的特有属性"[①]。对概念内涵的这种定义显然是通过哲学思辨的方法得到的。因而与此相关的一些内容属于哲学或者说与哲学结合在一起。从以上说明可以看出，逻辑在亚里士多德那里形成了一门科学，但是由于它也采用了哲学的方法，因而从一开始就包含了一些哲学内容。其结果是，从亚里士多德逻辑到传统逻辑，逻辑始终是和哲学结合在一起的。

逻辑与哲学的分离是 20 世纪的事情。这是由于产生了现代逻辑。现代逻辑的产生是与数学紧密地结合在一起的。它的一个最主要的也是最重要的特征就是方法的更新，即引入了数学方法。现代逻辑的创始人弗雷格最初为了研究数学基础问题，为了从逻辑推出数学而创立了现代逻辑。他借用数学方法，引入了数学中的"函数"

---

① 金岳霖主编：《形式逻辑》，22 页。

这一概念，从而建立了第一个一阶谓词系统。后经罗素、怀特海等人的工作，一阶系统不断发展，到 20 世纪 30 年代，一致性定理和完全性定理被证明了以后，一阶逻辑得到完善。因此，现代逻辑的产生与亚里士多德逻辑的产生的一个重大区别就在于前者不像后者那样与哲学紧密地结合在一起。我们看到，弗雷格在建立现代逻辑的过程中也进行了许多哲学讨论，但是其最主要的部分和思想是探讨"真"这一概念，并试图由此出发把逻辑的内容和心理学的内容区别开来。现代逻辑的本质特征是建立形式语言并以此建立形式化的逻辑演算，它的定义概念的方法、证明定理的方法、构造句法的方法、建立语义的方法，以及元定理的证明方法等等都不是像哲学的，而是像数学的，这样就更加明确了逻辑是研究推理的科学，并使这门科学成为形式化的。这样的逻辑排除了传统逻辑中那些思辨的哲学方法，从而清除了心理学的内容，以及那些思辨的哲学内容。现代逻辑使自己的方法更加科学，使逻辑研究的对象更加明确，使逻辑体系更加完善，从而使逻辑最终真正从哲学脱离出来，成为一门独立的科学。

从逻辑与哲学的融合与分离，我们直观地可以看出两个特点。一个特点是，在融合的时期，逻辑是哲学重要的和必要的方法，但是，尽管哲学使用了逻辑的方法，许多所谓的逻辑方法和内容却并不是逻辑。另一个特点是，在分离以后，逻辑仍然是哲学重要的和必要的方法，但是这样的方法是独特的，与哲学的方法（如果说逻辑仅仅是哲学的一种方法，那么就与哲学的其他方法）没有丝毫共同之处。实际上，还有第三个特点，这就是：逻辑虽然脱离了哲学，但是它在哲学中的能量和所起的作用却更大了。这种方法也就是本书所一直分析和论述的方法，正是这种方法为哲学提供了一种崭新的哲学分析的手段，从而导致了 20 世纪哲学领域中的一场革命。

3.3 发展与进步

既然逻辑是在哲学之后产生的，似乎就可以说，在哲学研究中先有思辨而后有分析。这样说也许会有问题，因为即使没有形成逻辑这门科学，人们同样也是有推理的，因而也可以说是有分析的。但是，在作为一门学科的意义上说，逻辑毕竟是出现了，而且是以"分析"为名而出现的。因此，我们可以以此为根据，明确地说，所谓分析就是指逻辑分析，而且这种分析是有意识地按照这门学科所提供的方法进行的分析。相比之下，思辨或关于思辨的方法并没有形成一门学科，因此我们无法明确地说思辨是什么。但是人们又不愿意说根本就没有思辨，相反，人们都愿意把它说成是与分析相对立的哲学研究方式，这样人们实际上至少要假定它是存在的。所以也就可以说，在逻辑这门学科形成之后，它存在，在逻辑这门学科形成之前，它也应该同样存在。

这样，哲学就经历了从思辨到分析的过程，或者说，哲学经历了从只有思辨而没有分析到不仅有思辨而且也有分析的过程。这显然是哲学的进步，而且是很大的进步。此外，这个进步本身经历了两个阶段。第一个阶段是亚里士多德的逻辑分析，这是分析与思辨融合在一起的分析。第二个阶段是现代逻辑的分析，这是纯粹的没有思辨的分析。这两个阶段也显示出一种进步，而且是一个非常重大的进步。因为有了这个进步，逻辑成为一门独立的学科，因此才能够展示出它纯粹的分析能力。正是由于这个进步，哲学才经历了语言转向的变化，才产生了分析哲学和语言哲学。

值得思考的是：同样是分析，为什么传统逻辑对哲学就没有这样大的推动作用？我认为，回答只有一个，这就是，传统逻辑作为一种方法，特别是作为一种科学方法，还没有那么成熟。

如前所述，传统逻辑是与哲学结合在一起的。它从内容上、从思维方法上、从理论体系上都带有哲学的成分或因素，因而本身也受到哲学的束缚，特别是受到心理学内容的束缚；它是用自然语言表述的，因而也受到自然语言及其语法的束缚。① 这样不仅它自身的发展受到影响，而且它的能量也受到限制。虽然它能够解决一些问题，但是它有很大的局限性。因此，这样的工具，从内容方面说，对于哲学不是全新的，而从力量方面说，大概除了可以解决像三段论或一些简单的假言推理那样的问题外，实际上解决不了比较复杂的问题。因而依照传统逻辑，虽然大家都知道不能违反逻辑，都知道概念要明确，判断要恰当，推理要正确，论证要有说服力，但是在做到这几条要求的过程中，所遵循的规则和方法有的是逻辑的，有的不是逻辑的，也即是说，有的是分析的，有的是思辨的。因而逻辑的作用还不是那么独特而明显，它不可能给哲学带来根本的改观。

与此相反，现代逻辑是一门成熟的科学，它能够从哲学分离出

---

① 关于语言与逻辑的关系，我在许多地方都进行过详细的论述。参见王路：《逻辑和语言》，载《哲学研究》，1989（7）；《"是"的逻辑研究》，载《哲学研究》，1992（3）。

来成为一门独立的科学，足以证明了这一点。因而它的方法和力量是独特的，是其他任何科学和方法所无法取代的。此外，现代逻辑为哲学不仅提供了一种可以用来分析语言的系统的科学方法，而且提供了一系列新的概念和术语，并且还提供了许多重要的研究成果，比如量词理论、哥德尔不完全性定理、塔尔斯基语义学，等等。结果，正像本书已经说明的那样，它突破了陈旧的传统哲学观念和方法的思维模式，开拓了人们的认识视野，极大地推动了许多重大的、基本的哲学问题的研究发展，从而使哲学中一场以语言分析为特点的革命成为可能。

如前所述，传统哲学的思维模式是概念、判断、推理这样一种体系，即我们的认识是先有对个体事物的认识，由此形成概念；在此基础上我们获得对事物的性质的认识，由此形成判断；这以后再形成对事物间相互关系的认识，由此形成推理。这种思维模式是以传统逻辑的模式为基础的。现代逻辑打破了传统逻辑的概念、判断、推理这样的体系结构，把命题放到首位。这样就更加突出了推理的特征，从而更加明确了逻辑的对象和性质。把这种成果应用到哲学领域，直接的结果就是把句子放到研究的首位，从而突破了传统哲学中把概念放在第一位的思维模式，结果使对句子的意义进行分析变为哲学的首要问题成为可能，由此带来哲学观念的巨大转变。按照传统的哲学认识，对于本体论问题，对于本体论的对象，特别是一些抽象实体，是通过抽象的思辨的方法得到的。但是在出现并应用了现代逻辑以后，正像我们前面指出的那样，人们认识到本体论的问题是可以从语言分析的角度来探讨的，有些抽象的对象是可以通过语言分析而得到的。根据这样的分析，语句被分析为专名和谓词，专名表示的是对象，谓词表示的是对象具有的性质，或者是对象之间的关系。这样，逻辑为我们提供了一种从语言范畴出发达到本体和认识的分析方法。此外，通过应用现代逻辑的方法进行分析，我们突破了传统哲学中的一些常识性的看法，达到了对许多哲学基本概念的深入而精确的认识，取得了研究中的巨大进展和成果，比如前面所说的关于存在的探讨、关于分析与综合的区分的批评、关于真这个概念的认识等等。

虽然人们一般都承认分析就是逻辑分析，但是经过上述说明以后，有些人大概就会不同意这样的看法，而认为一定还有其他分析。我认为，这种看法也不是不可以接受的。作为哲学研究的方法，逻辑仅仅是一种方法，绝不是唯一的方法。我们甚至可以说，作为分析，逻辑分析也仅仅是一种分析。问题是，哲学家固然可以采用各种各样的方法，但是他们能不能不采用逻辑这种方法？哲学家当然可以采用不同的分析，比如，他们可以采用传统的概念分析的方法，也可以采用语言学家的语言分析的方法，还可以采用心理学的心理分析的方法，此外，他们同样可以采用其他学科的分析方法（我们假定所有这些都可以叫做分析），但是他们能不能不采用逻辑分析？依我之见，在我们从事哲学研究的过程中，最重要的方法应该是逻辑方法，最重要的分析应该是纯粹的逻辑分析。因为没有逻辑，我们固然可以探讨人生、伦理、审美等等许多问题，但是没有逻辑，有些问题我们是无法探讨的或者是无法说清楚的，比如：必然、可能、真、存在、对象和概念、涵义和所指、类、关系等等。其实想一想这些问题在哲学中的地位和重要性，特别是从形而上和形而下的角度考虑一下，我们就不难看出逻辑的作用和意义了。

在分析哲学产生并且造成了巨大影响以后，有人开始探讨是分析预设了思辨，还是思辨预设了分析。① 我认为，这个问题似乎并不重要。重要的是应该看到，对于哲学来说，逻辑的产生和发展标志着哲学在分析方面形成了巨大的进步，从而也标志着哲学的巨大进步。正像在逻辑还没有形成一门独立的学科以前，哲学活动也在进行一样，我们很难说那时就没有分析。但是，正是由于产生了逻辑这门科学，哲学分析发生了巨大的进步。而且恰恰是由于产生了现代逻辑，哲学分析才产生了突破性的重大变化。对于逻辑的形成和发展，以及由此为哲学分析和哲学本身带来的进步，我们是无论如何不应该忽视的。

4 关于中国哲学和逻辑研究的思考

本书论述了分析哲学或语言哲学的性质、特征和意义，也论述了哲学分析这种方法，并且结合这些论述阐述了作者关于逻辑和哲学的一些看法。最后，我想结合本书的论述，仅从方法的角度，而不涉及具体内容，就中国哲学和逻辑的研究提出几个问题，请读者

---

① 参见 Moody，E. A.："The Age of Analysis"，in *Studies in Medieval Philosophy*，*Science*，*and Logic*，University of California Press，1975，pp. 305-320。

思考。

4.1 哲学的传统与特征

人们一直认为，中国哲学具有悠久的历史传统、博大精深的内容、玄奥复杂的思想，中国哲学史基本上一直是我国哲学研究的重点之一，研究成果也非常多。近年来，除了中国哲学史本身的研究以外，从事中西哲学比较研究的人逐渐增多，研究成果也不少。但是在我看来，我们的研究缺乏对"哲学"这个概念本身的一些深入细致的思考。这里，仅以冯友兰先生的观点为例。冯先生认为：

> 哲学、宗教都是多义的名词。对于不同的人，哲学、宗教可能有完全不同的含义。人们谈到哲学或宗教时，心中所想的与之相关的观念，可能大不相同。至于我，我所说的哲学，就是对于人生的有系统的反思的思想。①

这种理解显然不是从西方特别是古希腊关于哲学的理解出发的。毫无疑问，谁都可以有自己对哲学的理解，谁都可以根据自己的理解谈论哲学，而且谁都可以把一些自认为是哲学的东西当做哲学来谈论。但是应该看到，"哲学"毕竟是个外来词，因此它一定有一些不能任我们随意理解和解释的含义。特别是当我们在西方哲学的意义上谈论中国哲学的时候，以及当我们把中国古代思想与西方哲学进行比较研究的时候，我们应该特别当心。我们可以认为中国自古就有这样的哲学思想和哲学研究，但是，我认为，我们应该认真考虑，中国哲学所包含的内容是什么意义上的东西？具体地说，在我们的研究中，我们是不是应该至少认真地考虑一下，我们有没有形而上的哲学，我们有没有形而下的哲学？当然，这样的问题似乎有些奇怪，因为"形而上"与"形而下"本身就是我们自己的术语。既然我们有这样的术语，似乎自然就有这样的东西。但是我认为，重要的不是从字面上去理解，而是应该在亚里士多德的形而上学（meta-physic）的意义上来理解。也就是说，我们首先不应该笼统地考虑和谈论哲学，而应该区分出形而上和形而下这样两个层次。这样我们就可以进一步考虑以下问题：

我们有没有亚里士多德的形而上学的意义上的哲学？

我们有没有一般的爱智慧那种意义上的哲学？

---

① 冯友兰：《中国哲学简史》，涂又光译，1页，北京，北京大学出版社，1996。

在一般的爱智慧这种意义上的哲学中，我们有没有那些属于自然科学研究或与自然科学研究有关的哲学？

在一般的爱智慧这种意义上的哲学中，我们有没有那些属于伦理、政治等学科或与这些学科研究有关的哲学？

如果人们认为问"有没有"是没有意义的，因为肯定有，那么我们可以这样考虑：在老子、孔子、墨子等人的著作中，

哪些内容是亚里士多德的形而上学的意义上的哲学？

哪些内容是一般的爱智慧那种意义上的哲学？

在一般的爱智慧这种意义上的哲学中，哪些内容是属于自然科学研究或与自然科学研究有关的哲学？

在一般的爱智慧这种意义上的哲学中，哪些内容是属于伦理、政治等学科或与这些学科研究有关的哲学？

因为，如果我们这样进行思考，我们就比较容易考虑以下问题：

在中国传统哲学中，什么样的哲学占主要成分，或居主导地位？是形而上的哲学还是形而下的哲学？是形而下的哲学中与自然科学有关的东西还是与自然科学无关的东西？

我认为，做到这一步，可以说是一个分界点。从这里出发，我们可以继续深入地追问一个又一个的为什么。比如，为什么会形成这样那样的东西？为什么会缺乏这样那样的东西？为什么这样那样的东西会得到发展？为什么这样那样的东西会受到抑制？等等。这样的追问属于哲学史研究更深层的内涵，因此会因研究者的兴趣、背景、能力、知识结构等方面的不同而不同，所以也是无法有一个明确尺度的。但是，在此之前，我以为，我们是可以有一个比较清楚的尺度的，这就是，我们应该有一个比较清楚的"哲学观"。以此我们可以说清楚，在我们老祖宗留下来的珍贵文献中，什么是哲学，什么不是哲学。做不到这一点，则很难想象，下一步的追问会得到什么样的结果。

4.2　逻辑的传统与特征

人们一直认为，中国是世界上三大逻辑发源地之一，《墨经》是中国古代逻辑的最高峰，可以与亚里士多德逻辑相媲美。[①] 这方面的研究成果虽然没有中国哲学史方面的多，但是也不少。由于我曾

---

① 我曾针对这种观点提出过分析和批评。参见王路：《〈墨经〉研究中的问题和方向》，载《中国哲学史》，1994（1）。

专门论述过这方面存在的一些问题①，因此这里就不多说了。在此我只想指出一点，这就是：研究中国逻辑史，同样应该有一个"逻辑观"。因为，"逻辑"也是一个外来词。我们固然可以认为中国自古就有这样的东西，但是我们应该认真考虑，中国古代的逻辑是一种什么意义上的东西？前面我们说过，亚里士多德逻辑、传统逻辑和现代逻辑是不同的。因此我们至少应该考虑以下问题：

我们有没有亚里士多德意义上的逻辑？

我们有没有传统逻辑意义上的逻辑？

我们有没有现代逻辑意义上的逻辑？

人们一般认为，我们没有现代逻辑意义上的逻辑，而亚里士多德和传统逻辑也不用区分，在这种情况下，我们至少应该考虑：在《墨经》中，

哪些内容是亚里士多德所说的"必然地得出"意义上的东西？

哪些内容是与"必然地得出"无关的东西？

与哲学史的研究一样，这也是一个分界点。由此才能进一步深入地问一个又一个的为什么。最近几年有人提出"文本研究"，即避开"逻辑史研究"的限制，而还古代文献于本来面目。提倡和注重文本研究肯定是正确的。但是，这里同样有一个逻辑观的问题。试想，如果没有一个逻辑观，那么在文本研究中如何能够区别和断定哪些问题是逻辑问题，哪些问题不是逻辑问题呢？同样，如果没有一个正确的逻辑观，又怎么可能正确地做出这样的区分和断定呢？

4.3 现状与反思

如果说历史上我们有没有哲学和逻辑或有什么样的哲学和逻辑值得我们思考的话，那么我们今天有什么样的哲学和逻辑就更值得思考。即使前一个问题不值得思考，后一个问题也是值得思考的。因为这密切关系到我国哲学和逻辑发展的问题。

关于哲学，我仅想指出，我们至少应该考虑：在我们的哲学教学和研究中，形而上的东西占主要地位还是形而下的东西占主要地位？我们还可以对这个问题进行更深入的思考。在我看来，长期以来，我们缺乏这样的思考。我认为，这样的考虑涉及对哲学的性质的认识和理解，对哲学的价值和意义的定位，并最终会导致对哲学

---

① 参见王路：《对象的明确和方法的更新——论有关中国逻辑史研究的几个问题》，载《哲学研究》，1995（1）。

的发展是推动还是制约。应该看到，哲学虽然不是科学，却是具有科学性的。作为一门学科，它自有其内在的机制。违背这种机制，哲学绝不会得到发展。特别是，哲学绝不会因为我们自以为发展了它而得到发展。

对于逻辑，我想多说几句。如上所说，逻辑的发展经历了从亚里士多德到现代逻辑的两个阶段。在逻辑的发展过程中，尤其是在现代逻辑的阶段，逻辑对哲学产生了巨大的作用。但是应该看到，现代逻辑的产生和发展并不是一帆风顺的。它的创始人弗雷格在世时默默无闻，他的著作得不到承认，甚至出版也遭到拒绝。但是经过一个多世纪的发展，现代逻辑已经得到哲学家们的普遍承认和接受。在英美国家以及欧洲大陆国家，现代逻辑成为大学哲学系、语言学系等文科系里的必修课。一般来说，一阶逻辑是基础课，必须在大学一二年级时学习。在美国，对于哲学系的研究生和博士生还有明确的更高的要求。所以那里的哲学系的学生受到良好的现代逻辑的训练。随着现代逻辑的发展，西方不仅出版了一些专门的现代逻辑的刊物，而且从一些主要的古典的哲学杂志看，比如《心灵》、《分析》、《综合》、英国的《哲学季刊》，等等，现代逻辑的成分和内容越来越多。这种现象说明，现代逻辑已经成为西方哲学家使用的一种基本方法，至少他们有这方面的训练和修养。

而在我国，现代逻辑的研究十分薄弱，现代逻辑的应用极其落后。这主要表现在以下几个方面。其一，除少数几所大学为哲学系本科生开有现代逻辑的课程外，大学哲学系讲的主要还是陈旧的传统逻辑。这样就造成我国哲学系的学生缺乏系统的现代逻辑训练，对于现代逻辑无法掌握，从而导致哲学研究的后备人才在知识结构方面形成了巨大的缺陷。① 其二，我国至今没有一本专门的逻辑刊物。* 现有的哲学刊物上刊登的逻辑文章极少。这样，我们的逻辑工作者无法大量地发表研究成果，无法开展学术交流，从而无法推动逻辑研究的发展。其三，我国从事逻辑教学和研究的同志大部分对于现代逻辑掌握得不够。这样就导致我国逻辑研究整体水平比较落后。其四，我国从事哲学研究的同志大部分不懂现代逻辑。这样，我们在现代哲学研究的许多领域与国际上无法交流，因而也不利于

---

① 我专门论述过这方面的问题，参见王路：《论我国的逻辑教学》，载《西南师范大学学报》，1999（2）。

* 我国第一份逻辑学杂志《逻辑学研究》于 2008 年创刊。

我国哲学研究水平的提高。我认为，这些问题其实还不是最主要的，因为它们实际上是可以解决的。最大的问题是我国哲学界对于现代逻辑的重要性和必要性缺乏足够的认识。

在我国哲学界，占主导地位的毫无疑问是马克思主义哲学。从前面的论述我们可以断言，逻辑对于哲学，一般来说，肯定是十分重要的。这里我想结合我国的现状谈一个问题：逻辑对于马克思主义哲学是不是十分重要的？在我国普遍使用的马克思主义哲学原理教材中，讲到逻辑的地方很少。但是有一个十分显著的特点，这就是把形式逻辑与辩证逻辑放在一起来讲，并且依据恩格斯的一段话把它们的关系比做初等数学和高等数学，认为辩证逻辑高于形式逻辑，以此说明形式逻辑的局限性和辩证逻辑怎样突破形式逻辑的局限性。① 这种观点在我国哲学界是普遍的，甚至在逻辑界也有许多支持者。对此，近年来也有人提出了批评。② 我认为，对这个问题还应该进行更深入的思考。仔细考虑，我们就可以看出，得出上述结论有两个出发点。一个是从思维形式的角度谈，即认为形式逻辑是研究思维的形式和规律的；另一个是谈思维规律，比如像同一律、矛盾律、排中律。而这两个出发点恰恰都与思维有关。

关于第一个出发点，如前所述，逻辑研究思维这样的认识乃是由于逻辑和哲学没有分离，是由于亚里士多德逻辑中那部分哲学因素发展的结果。这是一种模糊的不科学的认识，因为它没有明确逻辑的对象。但是传统逻辑本身就是这样认识的。因此，恩格斯当然可以由此出发来谈论问题，至于他比喻得合适与否则是另一回事。在这种意义上，哲学也这样认识并由此出发探讨问题似乎并没有什么可以指责的。但是问题在于，逻辑不是研究思维的，而是研究推理的。特别是在有了现代逻辑，人们对于逻辑这门科学的对象和性质有了更加明确的认识以后，我们就不应该依然从陈旧的传统逻辑的观点出发来探讨问题了。然而遗憾的是，我们的这些教材不仅没有从现代逻辑的观点出发来论述逻辑，而且对现代逻辑并没有正确的认识，谈论得也很少，只是一带而过，并把它看做形式逻辑的一个分支。③ 这就给人一种错觉，

---

① 参见肖前等主编：《辩证唯物主义原理》，439～443 页，北京，人民出版社，1991；肖前主编：《马克思主义哲学原理》下册，594～597 页，北京，中国人民大学出版社，1994。

② 参见诸葛殷同：《辩证逻辑究竟是不是逻辑》，载《哲学动态》，1991（5）；《再议辩证逻辑》，载《哲学动态》，1992（4）。

③ 参见肖前等主编：《辩证唯物主义原理》，441 页；肖前主编：《马克思主义哲学原理》下册，595 页。

好像传统逻辑是形式逻辑，现代逻辑只是它的一个分支，而且是不重要的。显然这是极大的误解。传统逻辑是形式逻辑，现代逻辑也是形式逻辑。它们研究的对象是一样的，即都是推理。它们的区别在于它们的科学性上，在于它们使用的方法、表现的形式、达到的成就和所产生的力量上。恰恰由于这些区别，传统逻辑是与哲学结合在一起的，而现代逻辑从哲学分离出来了。

关于第二个出发点，我们可以这样提问：逻辑有那么多内容，为什么哲学教材会选择这样一个内容为出发点呢？这里也许有许多原因，但是我认为，一条根本的原因是，谈论思维规律乃是属于哲学的内容。根据传统逻辑，同一律、矛盾律、排中律和充足理由律都是逻辑规律，书中都有专章论述。当然，关于同一律和矛盾律的争论也是非常多的。但是仔细分析一下那些教材的论述，再看看那些相关的争论，我们就会发现，其中有许多内容，甚至可以说绝大部分的内容是属于哲学的，或与哲学结合在一起的。而从现代逻辑的观点看，同一律、矛盾律和排中律不过是诸多逻辑定理中的几条定理。在这种意义上说，传统逻辑对于思维规律的论述只不过是应用了像同一律等这样的几条逻辑定理或与它们相应的东西探讨一些问题而已。如果可以把同一律、矛盾律和排中律称为思维规律，那么像蕴涵怪论那样的逻辑定理也应该被称为思维规律。与其说这里有基本规律和非基本规律的区别，不如说像同一律、矛盾律和排中律表现的规律更直观，而像蕴涵怪论那样的逻辑定理表现出来的规律不那样直观。

因此，从对这两点的分析可以看出，我们的马克思主义哲学教材在论述逻辑的时候，选择的两个出发点都不是逻辑，而是哲学。人们确实可以说，这是从传统逻辑出发的，而传统逻辑就是这样说的。如上所说，传统逻辑由于与哲学结合在一起，因而有许多非逻辑的东西。因此以上两点虽然表面上是从传统逻辑出发，但实际上依然是从哲学出发。当然，人们确实还可以说，这种问题是由传统逻辑的论述造成的。我认为，传统逻辑确实应该批评。但是在现代逻辑已经成为一门成熟的科学的今天，我们在撰写马克思主义哲学教材的过程中谈论逻辑的时候，对现代逻辑这门科学缺乏正确的认识和必要的了解，不从现代逻辑这种科学的眼界出发谈论逻辑，依然因循守旧，这毫无疑问是不应该的。由此得出的任何结论也不会是正确的。我国的马克思主义哲学家和理论工作者一贯主张要发展马克思主义哲学。但是怎样才能发展马克思主义哲学呢？对于这个十分重要而重大的课题这里无法进行深入探讨。但是我想指出一点，如果说马克思主义哲学是在马克思和恩格斯所处时代的一切科学的最高成就的基础上产生的，那么今天发展马克思主义哲学也必须基于当代一切科学的最高成就。就逻辑来说，在马恩时代，自然是传统逻辑被马克思主义哲学吸收并加以运用。而在今天，逻辑的最高成就是现代逻辑。因此发展马克思主义哲学就必须学习和掌握它。在这种意义上说，如果不了解不掌握现代逻辑这种科学方法，发展马克思主义哲学就会成为一句空话。

4.4 研究与理解

哲学有思辨与分析两种方式。从思辨到分析体现了哲学的进步。而这种进步是以逻辑作为一门科学出现为标志的。因此，尽管可以说哲学的分析多种多样，但是逻辑分析乃是最主要和最重要的分析。本书论述了逻辑原子论、摹状词、意义和所指、存在、真、分析与综合、意义理论等许多问题。从这些论述我们可以看出，应用现代逻辑方法，哲学在一些重大问题上是如何进步和发展的。因此，应用现代逻辑的方法对于哲学的重要性是显然的。这里，我还想谈一下另一个问题，也是我在本书中常常强调的一个问题，这就是逻辑对于理解哲学家的著作和思想所起的作用的问题。

我认为，不掌握现代逻辑的理论方法，不要说我们无法研究哲学中一些重大的问题，比如关于真、存在、必然、可能、意义、所指、时间、关系等等，即使理解当代许多著名哲学家的著作也是有困难的。具体地说，弗雷格、罗素、维特根斯坦、卡尔纳普、奎因、达米特、戴维森、斯特劳森、克里普克等人属于当代最伟大的哲学家，这样说大概并不过分。但是他们都掌握了现代逻辑，甚至几乎都是逻辑学家。也就是说，他们的思想成就是建立在现代逻辑的基础上的。如果我们不懂现代逻辑，那么我们在阅读他们的著作、理解他们提出的问题以及提问的方式、研究他们的思想成果的时候，就会遇到很大的困难，甚至不知所云。比如，为什么弗雷格会说句子的意义是其思想，而句子的意谓是其真值？为什么罗素和维特根斯坦会说世界是事实的总和？为什么奎因会说存在是变元的值？等等。这里涉及一阶逻辑的基本知识。甚至就某一个具体问题，我们也可能会感到困惑。比如，为什么弗雷格知道专名和摹状词是不同的却不进行区别？为什么罗素要区别专名和摹状词？为什么克里普克要区别严格的指示词和非严格的指示词？这里，对于逻辑的理解可以说是基础。因为其中至少涉及了一阶逻辑和模态逻辑的运用，外延逻辑和内涵逻辑的区别。如果不懂现代逻辑，那么就无法理解这些人的思想，因而也无法基于他们的研究成果把问题深入地研究下去。

最后，我还想通过一个比喻来进一步说明这个问题。试问：掌握外语对哲学研究有用吗？从表面上看，外语与哲学研究是没有什么关系的。但是，不懂外语，就无法看外文文献，无法知道外国的哲学家说过些什么，有什么重要的思想。而且，外语的好坏也将直接影响到我们对文献的理解。实际上，这一点对于逻辑也是一样的。不懂现代逻辑，就无法理解那些基于现代逻辑所阐述的思想和所取得的研究成果。而且对于现代逻辑掌握的程度也将影响到我们的理解。好在今天问学外语有什么用的人几乎已经没有了，但是非常遗憾，问学逻辑有什么用的却大有人在。其实，不懂外语，我们终究还可以借助翻译看许多哲学文献。但是，如果不懂逻辑，那么我们遇到问题时又能借助什么来理解呢？

主要参考文献

（以下所列文献均为本书引用文献，没有引用的文献不在其列）

外文：

Alston，William P.：*Philosophy of Language*，Prentice-Hall，Inc. 1964

Aristotle：*Organon*，ed. by Ross，W. D.，Oxford，1971

Aristoteles：*Metaphysik*，Buecher I（A）-VI（E），Felix Meiner Verlag，1982

Atrawson：*The Philosophy of Peter Strawson*，Indian Council of Philosophical Research，1995

Austin，J.：*How to do Things with Words*，Harvard University Press，1978

Austin，J.："Ifs and Cans"，in Austin，J.：*Philosophical Papers*，Clarendon Press，Oxford，1979

Ayer，A. J.：*Language，Truth and Logic*，Victor Gollancz，1946

Ayer，A. J.："On What There Is"，in *Philosophical Essays*，Macmillan and Co. Ltd.，1954

Bahnsen，J.：*Aphorismen zur Sprachphilosophie-von Standpunkt der Willensmetaphysik*，Theobald Grieben，Berlin，1981

Bergmann，G.："The Glory and Misery of Wittgenstein"，in *Logic and Reality*，The University of Wisconsin Press，1964

Bergmann，G.："Acts"，in *Logic and Reality*，The University of Wisconsin Press，1964

Bergmann，G.："Physics and Ontology"，in *Logic and Reality*，The University of Wisconsin Press，1964

Branchē，R.：*La Logique et son Histoir*，Paris，1970

Carnap，R.：Ueberwindung der Metaphysik durch logische

Analyse der Sprache, in *Erkenntnis*, 1931

Cloeren, H. J.: *Philosophie als Sprachkritik im 19. Jahrhundert Textauswahl*, I, Freierich Frommann Verlag, 1971

Cloeren, H. J.: *Language and Thought: German Approaches to Analytic Philosophy in the 18th and 19th Centuries*, Walter de Gruyter, Berlin, New York, 1988

David, S.: *Philosophy and Language*, The Bobbs-Merrill Company, Inc. 1976

Davidson, D.: *Inquiries into Truth and Interpretation*, Oxford, 1991

Davidson, D.: "The Content and Structure of Truth", in *The Journal of Philosophy*, Vol, LXXXVII, No. 6, June, 1990

Dummett, M.: *Frege: Philosophy of Language*, Duckworth, 1973

Dummett, M.: *The Interpretation of Frege's Philosophy*, Harvard University Press, Cambridge, Massachusetts, 1981

Dummett, M.: "What is a Theory of Meaning?" (II), in *Truth and Meaning*, ed. by G. Evans and J. McDowell, Oxford University Press, 1976

Dummett, M.: *Urspruenge der analytischen Philosophie*, Suhrkamp Verlag, 1988

Dummett, M.: *Frege: Philosophy of Mathematics*, Duckworth, 1991

Field, H.: "Tarski's Theory of Truth", in *Reference, Truth and Reality*, ed. by Mark Platts, Routledge and Kegan Paul, 1980

Frege, G.: *Die Grundlagen der Arithmitk*, Hamburg, 1986

French, P. A. / Uehling, T. E. / Wettstein, H. K.: *Contemporary Perspectives in the Philosophy of Language*, University of Minnesota Press, 1979

Gabriel, G.: Lotze und die Entstehung der modernen Logik bei Frege, Einleitung zur *Hermann Lotze: Logik, Erstes Buch. Vom Denken*. Felix Meiner Verlag Hamburg, 1989

Heidegger: *Ueber den Humanismus*, Vittorio Klostermann GmbH Frankfurt am Main, 1981

走进分析哲学

Heidegger: *Sein und Zeit*, Max Niemeyer Verlag Tuebingen, 1986

Heidegger: *Einfuehrung in die Metaphysik*, Max Niemeyer Verlag Tuebingen, 1958

Hennigfield, J.: *Die Sprachphilosophie des 20. Jahrhunderts*, Walter der Gruyter, Berlin, 1982

Hennigfield, J.: *Geschichte der Sprachphilosophie*, Walter de Gruyter and Co. Berlin, 1994

Kant, I.: *Kritik der reinen Vernunft*, Suhrkamp Verlag, Band 2, 1974

Katz, J.: "What's Wrong with the Philosophy of Language?", in *Inquiry*, 1962, Vol. 5

Katz, J.: *The Philosophy of Language*, Harper and Row Publishers, 1966

Katz, J.: *Linguistic Philosophy*, Redword Press Limited, London, 1971

Katz, J.: *The Philosophy of Linguistics*, Oxford University Press, 1985

Keller, Albert: *Sprachphilosophie*, Verlag Karl Alber GmbH, Freiburg/Muenchen, 1979

Kneale, W. C.: "Gottlob Frege and Mathematical Logic", in *The Revolution in Philosophy*, ed. by Ayer, Macmillan and Co. Ltd. , 1957

Kneale, W. C.: "Is Existence a Predicate?", in Feigl: *Readings in Philosophical Analysis*, Appleton-Centur-Crofts, Inc. 1949

Kretzmann, N. / Stump , E.: *The Cambridge Translations of Medieval Philosophical Texts* , Vol. I, Cambridge University Press, 1988

Kripke, S.: *Naming and Necessity*, Basil Blackwell, 1990

Kutschera F. v.: *Sprachphilosophie*, Wilhelm Fink Verlag, 1975

Lersch, L.: *Sprachphilosophie*, Georg Olms Verlag, 1971

Mackey , A. F. /Merrill, D. D.: *Issues in the Philosophy of Language*, Yale University Press, 1972

Malcolm, N.: "Moore and Ordinary Language", in *The Philosophy of G. E. Moore*, ed. by P. A. Schilpp, Tudor Publishing Company, New York, 1952

主要参考文献

Moody, E. A. : "The Age of Analysis", in Moody, E. A. : *Studies in Medieval Philosophy, Science, and Logic*, University of California Press, 1975

Moore, G. E. : "Russell's 'Theory of Descriptions'", in *The Philosophy of Bertrand Russell*, ed. by P. A. Schilpp, The Library of Living Philosophers, Inc. 1951

Moore, G. E. : "Is Existence a Predicate?", in Moore, G. E. : *Philosophical Papers*, London, 1959

Palaut, F. : "An Anti-Realist Perspective on Language, Thought, Logic and the History of Analytic Philosophy: An Interview with Michael Dummett", in *Philosophical Investigations* 19: 1, January, 1996

Pears, D. F. /Thomson, J. : "Is Existence a Predicate?", in Strawson, F. : *Philosophical Logic*, Oxford University Press, 1967

Quine, W. V. O. : "Designation and Existence", in Feigl, H. : *Readings in Philosophical Analysis*, Appleton-Centur-Crofts, Inc. 1949

Quine, W. V. O. : "Two Dogmas of Empiricism", in Quine: *From a Logical Point of View*, Harvard University Press, 1953

Quine, W. V. O. : *Word and Object*, The M. I. T. Press, 1960

Rorty, R. : *The Linguistic Turn*, The University of Chicago Press, 1967

Russell, B. : "On Denoting", in Russell, B. : *Logic and Knowledge*, George Allen and Unwin Ltd. , 1956

Russell, B. : "The Philosophy of Logical Atomism", in *Logic and Knowledge*, London, 1956

Ryle, G. : "Systematically Misleading Expressions", in *The Linguistic Turn*, ed. by Rorty, R. , The University of Chicago Press, 1967

Ryle, G. : "Autobiographical", in *Ryle: A Collection of Critical Essays*, ed. by Oscar P. Wood and George Pitcher, Mcmillan, 1970

Schmidt, S. J. : *Philosophie als Sprachkritik im 19. Jahrhundert Textauswahl*, II, Freierich Frommann Verlag, 1971

Searle, J. R. : *Philosophy of Language*, Oxford University Press, 1971

Schilpp，P. A.：*The Philosophy of G. E. Moore*，ed. by Tudor Publishing Company，New York，1952

Schilpp，P. A.：*The Philosophy of Bertrand Russell*，Tudor Publishing Company，New York，1951

Sluga，H.：*Gottlob Frege*，London，1980

Strawson，P.："On Referring"，in *Logical-Linguistic Papers*，Methuen and Co. Ltd.，1971

Strawson，P.："Is Existence Never a Predicate?"，in *Freedom and Resentment*，Methuen and Co. Ltd.，1974

Strawson，P.：*Individuals*，University Paperbacks，Methuen，London，1979

Strawson，P.："My Philosophy"，in *The Philosophy of P. F. Strawson*，Indian Council of Philosophical Research，1995

Tarski，A.："The Concept of Truth in Formalized Languages"，in *Logic*，*Semantics*，*Metamathematics*，Oxford，The Clarendon Press，1956

Urmson J. O.："Austin's Philosophy"，in *Symposium on J. L. Austin*，ed. by K. T. Fann，Redwood Burn Ltd. Trowbridge and Esher，1979

Warnock，G. J.："John Langshaw Austin, A Biographical Sketch"，in *Symposium on J. L. Austin*，ed. by K. T. Fann，Redwood Burn Ltd. Trowbridge and Esher，1979

Welton，J.：*Manual of Logic*，Vol. I，London，1896

William of Sherwood：*Treatise on Syncategorematic Words*，tr. by N. Kretzmann，University of Minnesota Press，1968

William of Ockham：*Ockham's Theory of Terms*，*Part I of The Summa Logicae*，tr. and intr. by Michael J. Loux，University of Notre Dame Press，1974

Wittgenstein：*Tractatus logico-philosophicus*，Suhrkamp Verlag，1984

中文：

鲍亨斯基. 一个逻辑学家的回忆. 王路译. 载哲学译丛，1987（1）

查尔斯沃斯. 哲学的还原. 田晓春译. 成都：四川人民出版

社，1987

弗雷格. 弗雷格哲学论著选辑. 王路译. 王炳文校. 北京：商务印书馆，1994

冯友兰. 中国哲学简史. 涂又光译. 北京：北京大学出版社，1996

格雷林. 逻辑哲学引论. 牟博译. 涂纪亮校. 北京：中国社会科学出版社，1990

海德格尔. 什么是哲学?. 张慎译. 载德国哲学论丛. 北京：中国人民大学出版社，1995

江怡. 哲学的用处在于使人有自知之明——访斯特劳森教授. 载哲学动态，1996（10）

金岳霖主编. 形式逻辑. 北京：人民出版社，1979

卡尔纳普. 通过语言的逻辑分析清除形而上学. 见逻辑经验主义. 上卷. 洪谦主编. 北京：商务印书馆，1982

卡尔纳普. 卡尔纳普思想自述. 陈晓山，涂敏译. 上海：上海译文出版社，1984

奎因. 从逻辑的观点看. 江天骥等译. 上海：上海译文出版社，1987

赖尔. 心的概念. 徐大建译. 北京：商务印书馆，1992

李小五. 什么是逻辑?. 载哲学研究，1997（10）

罗斯. 亚里士多德. 王路译. 张家龙校. 北京：商务印书馆，1997

罗素. 我的哲学的发展. 温锡增译. 北京：商务印书馆，1982

罗素. 数理哲学导论. 晏成书译. 北京：商务印书馆，1982

罗素. 论指谓. 见逻辑与知识. 苑莉均译. 张家龙校. 北京：商务印书馆，1996

马克思恩格斯选集. 第1卷. 北京：人民出版社，1995

麦基编. 思想家. 周穗明，翁寒松译. 文化生活译丛. 北京：三联书店，1987

斯蒂芬·F·梅森. 自然科学史. 上海：上海人民出版社，1977

威廉·涅尔，玛莎·涅尔. 逻辑学的发展. 张家龙，洪汉鼎译. 北京：商务印书馆，1985

石里克. 哲学的转变. 见逻辑经验主义. 上卷. 洪谦主编. 北京：商务印书馆，1982

走进分析哲学

施太格缪勒. 当代哲学主流. 下卷. 王炳文等译. 北京：商务印书馆，1992

斯鲁格. 弗雷格. 江怡译. 北京：中国社会科学出版社，1989

涂纪亮. 分析哲学及其在美国的发展. 上卷. 北京：中国社会科学出版社，1987

涂纪亮. 现代欧洲大陆语言哲学. 北京：中国社会科学出版社，1994

涂纪亮. 现代西方语言哲学比较研究. 北京：中国社会科学出版社，1996

王路. 亚里士多德区分多义词的方法. 载逻辑与语言研究，中国社会科学出版社，1983（3）

王路. 亚里士多德的逻辑学说. 北京：中国社会科学出版社，1991

王路. 逻辑和语言. 载哲学研究，1989（7）

王路. 逻辑与思维. 载社会科学战线，1990（3）

王路.《墨经》研究中的问题和方向. 载中国哲学史，1994（1）

王路. "是"的逻辑研究，载哲学研究，1992（3）

王路. 论"真"与"真理". 载中国社会科学，1996（6）

王路. 弗雷格思想研究. 北京：社会科学文献出版社，1996

王路. 论我国的逻辑教学. 载西南师范大学学报，1999（2）

王维贤，李先焜，陈宗明. 语言逻辑引论. 武汉：湖北教育出版社，1989

王雨田主编. 现代逻辑科学导引. 下册. 北京：中国人民大学出版社，1988

汪子嵩等. 希腊哲学史. 第 1 卷. 北京：人民出版社，1988

维特根斯坦. 哲学研究. 李步楼译. 陈维杭校. 北京：商务印书馆，1996

肖前等主编. 辩证唯物主义原理. 北京：人民出版社，1991

肖前主编. 马克思主义哲学原理. 下册. 北京：中国人民大学出版社，1994

徐友渔. "哥白尼式"的革命. 上海：上海三联书店，1994

亚里士多德全集. 第 I 卷. 苗力田主编. 北京：中国人民大学出版社，1993

亚里士多德全集. 第 VIII 卷. 苗力田主编. 北京：中国人民大学出版社，1992

叶秀山. 亚里士多德与形而上学之思想方式. 载自然哲学，第 2 辑，吴国盛主编. 北京：中国社会科学出版社，1996

张家龙. 数理逻辑发展史. 北京：社会科学文献出版社，1993

周北海. 分析性概念的严格定义与哲学考察. 载哲学研究，1997（12）

诸葛殷同. 辩证逻辑究竟是不是逻辑. 载哲学动态，1991（5）

诸葛殷同. 再议辩证逻辑. 载哲学动态，1992（4）

走进分析哲学

附录
分析哲学与哲学分析

国内学界对分析哲学的研究从未轰轰烈烈，成为主流，倒也扎扎实实。既有一般性的研究著作，也有对弗雷格、罗素、维特根斯坦、奎因等人的专门研究。① 最近又出版了两部分析哲学著作（江怡主编：《现代英美分析哲学》上、下卷，凤凰出版社、江苏人民出版社，2005 年，以下简称主编名字，引文只注页码；张庆雄主编：《二十世纪英美哲学》，人民出版社，2005 年，简称、引文方式同上）。这两部著作在内容取舍、论述重点的详略上各有不同，但都是以史的面貌出现，分别属于两套不同的多卷本西方哲学史中的一卷。当一门学科可以撰写自己的历史的时候，大概可以说明它已经成熟了，有了自己的传统。而一部哲学史专门以分析哲学为一卷，则显示出作者对分析哲学的充分重视。当然，这两部著作的厚重本身似乎也直接说明了分析哲学的重要性。下面我想结合这两部著作谈一谈目前对分析哲学的一些看法。

一、"语言转向"与"终结论"

关于分析哲学，今天常常可以听到两种说法。一种是谈论"语

---

① 一般性研究有，涂纪亮：《英美语言哲学概论》（人民出版社，1988 年），《分析哲学及其在美国的发展》（中国社会科学出版社，1987 年），《现代西方语言哲学比较研究》（中国社会科学出版社，1996 年）；徐友渔：《"哥白尼式"的革命》（上海三联书店，1994 年）；王路：《走进分析哲学》（生活·读书·新知三联书店，1999 年）等。专人研究有，王路：《弗雷格思想研究》（社会科学文献出版社，1996 年）；江怡：《维特根斯坦》（湖南教育出版社，1999 年）；韩林合：《〈逻辑哲学论〉研究》（商务印书馆，2000 年）；陈波：《奎因哲学研究》（生活·读书·新知三联书店，1998 年）；陈亚军：《从分析哲学走向实用主义——普特南哲学研究》（东方出版社，2002 年）等。

言转向"，另一种是说分析哲学已经"终结了"，或者说"过时了"、
"衰落了"。前者阐述了分析哲学所取得的成就，后者似乎描述了它
眼下的状态或境地，往往也是一种批评，或者至少暗含着一种批评。
这两种说法有天壤之别。"语言转向"无论是不是已经成为历史，无
疑都是一个确凿的事实。这一点，即使是持后一种说法的人也是承
认的。但是"终结"或"过时"之说却不是普遍的看法。张庆雄认
为，"时至今日，分析哲学依然是英美哲学课堂上讲授的主要哲学，
并且在哲学杂志上分析哲学的文章依然络绎不绝。分析哲学可能太
专业化而偏离大众的兴趣，但分析哲学的方法和对待哲学问题的态
度已经牢固地融入到英美哲学的传统中去了"（第7页）。江怡则认
为，类似"终结论""这些批评的声音并没有在当代哲学中占主导地
位，因为事实上分析哲学并没有终结或'消失'，而是以一种全新的
方式发挥着更重要的作用"（下卷，第 928 页）。显然，张、江二人
是反对"终结论"的。我完全赞同他们的观点。

分析哲学"终结论"在一定程度上与"语言转向"之说有很大
关系。所谓语言转向，不仅指分析哲学使哲学的研究方式发生了根
本的变化，而且指分析哲学由此也成为当代哲学的主流，甚至在相
当长的一段时间里是影响最大的思潮。[①] 而"终结论"首先就是针
对这种哲学思潮，当然也是针对分析哲学本身。今天的哲学界，不
仅有分析哲学，而且还有其他各种各样的哲学，比如语言哲学、现
象学、伦理学、政治哲学、科学哲学、心灵哲学，还有后现代主义
哲学、女性主义哲学等等，可以说五花八门，各领风骚。当然也有
不少人认为，语言哲学就是分析哲学，或者是分析哲学的核心，而
科学哲学和心灵哲学则是从分析哲学发展起来的或派生出来的，但
是不论怎样看，至少有一点是清楚的，这就是，分析哲学不再是唯
一的哲学。因此在这种意义上，似乎不能说"终结论"完全没有
道理。

我认为，看到语言转向这种现象无疑是正确的，但是更为重要
的是还应该看到语言转向赖以形成的基础，这就是张、江著作反复
强调的，也是许多著名哲学家一直强调的分析哲学的方法。看到这
一点，实际上也就比较容易看到，现代逻辑是分析哲学中最重要的方
法。但是在分析哲学产生和发展的初期，现代逻辑还未普及，只是

[①] 参见涂纪亮：《分析哲学及其在美国的发展》，上卷，1～2 页。

少数哲学家手中的工具。这种工具技术性很强，虽然没有得到广泛的使用，但是它的新颖和锐利，使用它所取得的成就，如罗素的摹状词理论、维特根斯坦关于事实与世界的解释、卡尔纳普关于世界的逻辑构造等等，却令绝大多数学习和研究哲学的人欢欣鼓舞。因此，努力学习和运用这种方法来研究哲学，并且像这些分析哲学前辈那样对语言进行逻辑分析，似乎也就成为自然而然的事情。而当经过 100 多年的发展，现代逻辑不仅成为一门成熟的学科，而且已经是哲学系学生的基础课之后，也就是说，当现代逻辑成为从事哲学研究的人的知识结构的一部分之后，它的使用就成为常识，它也就失去了它最初所拥有的新颖。这时，人们固然依然可以像罗素、维特根斯坦等人那样进行语言分析，但是同样也可以从事其他方面的分析。因此，分析哲学不再是唯一的哲学也是自然而然的事情了。但是，这并不意味着分析哲学就完结了，就不再有人研究了。实际的情况只是，有些人不再研究分析哲学了，但是分析哲学依然是主流，至少是最主要的哲学之一，仍然有许多人在从事分析哲学的研究，而且许多当代最著名的哲学家仍然是分析哲学家。特别应该看到的是，分析哲学的方法已经不仅仅限于分析哲学本身，而已成为哲学领域的共同方法和基本方法。因此我不仅赞成张庆雄的上述看法，"分析哲学的方法和对待哲学问题的态度已经牢固地融入到英美哲学的传统中去了"，而且赞同江怡的看法，即评价分析哲学是不是终结或衰落，"关键就是要看分析的方法在如今的英美哲学中仍然是哲学研究的主要方法"（下卷，第 969 页）。只是我还认为，这样的方法如今不仅在英美分析哲学，而且在欧陆哲学中，也是非常常见的。

二、逻辑方法与零敲碎打

今天，我们经常听到一种对分析哲学的批评，说其分析的方法是零敲碎打，分析得越来越烦琐，只是在一些枝微末节的小问题上花工夫，缺乏对对象的整体说明，缺乏对哲学大问题的思考。[①] 应该说，这样的批评也不是一点道理都没有。在分析哲学中，尤其在

---

① 参见涂纪亮：《现代西方语言哲学比较研究》，36～38 页；奥康诺主编：《批评的西方哲学史》，洪汉鼎等译，1008 页，北京，东方出版社，2005。

自然语言学派中，确实有一些人在对一些语词进行分析，而且分析得确实有些烦琐。但是他们并不是分析哲学的主体，并不代表分析哲学的主流。① 在我看来，从整体上看，这种批评实际上是对分析哲学的一种误解，特别是对分析哲学的方法的一种误解。只要读一读戴维森、达米特等人的著作，我们就会明白，分析哲学所讨论的问题，比如真与意义，绝不是小问题，而且他们分析的方式也不是零敲碎打的，而是有理论体系的。

分析哲学的方法来源于现代逻辑，来源于它的创始人弗雷格。因此，理解弗雷格的思想，特别是理解他的逻辑，对于理解分析哲学的方法至关重要。江怡用一节讲述弗雷格，题目是"弗雷格的概念文字"，张庆雄则用一章讲弗雷格，题目是"弗雷格：现代逻辑之父"。从这两个题目就可以看出，他们不仅专门论述了弗雷格，而且首先突出的是他的逻辑思想。特别是，张庆雄非常详细地介绍了弗雷格《概念文字》的主要内容，包括具体的技术内容。弗雷格的概念文字无疑是逻辑而不是哲学。在撰写分析哲学史的著作中，尤其是在一阶逻辑非常普及的今天，如此详细地介绍弗雷格的逻辑思想，似乎有些离题。但是张庆雄认为，没有弗雷格的逻辑，"就谈不上当代分析哲学的逻辑分析和语言批判的方法"（第13页），他还认为，弗雷格"对现代逻辑的构想是建立在他对逻辑和语言中存在的一系列问题的深刻思考的基础之上的"（同上）。这里显然体现了一种对弗雷格逻辑的认识，并且隐含着一种对这种逻辑应用于哲学所起的作用的认识。在这一论述的基础上，到了陈述弗雷格的一些最主要的语言哲学思想的时候，比如"语言运用的基本单位是句子"（第37页），"区别概念的对象以及概念的等级"（第39页），"区分涵义和所指"，它们背后的逻辑思想也就自然而然地凸现出来了。由此可以看出，张庆雄这样论述是有所考虑。江怡关于弗雷格的逻辑虽然介绍得简单（这里无疑有体例的考虑），但是他同样说明，根据弗雷格的逻辑，"把判断提升为逻辑的核心地位，就意味着把句子而不是把名称作为思维活动的出发点，这一思想对哲学的后来发展产生了深刻影响"（上卷，第106页）。在我看来，这些介绍和认识是正确而恰当的，它们可以使我们清楚地看到，逻辑分析绝不是零敲碎打，

走进分析哲学

---

① 我曾比较详细地探讨过这个问题。在我看来，一些语言分析属于"泛语言哲学"，与分析哲学真正核心的语言哲学是有区别的。参见王路：《走进分析哲学》，北京，三联书店，1999。

而是有其自身的系统性。这种系统性是通过逻辑的视野、理论和方法来体现的，而对这种系统性本身的认识则一定要通过对逻辑的把握和认识才能理解和认识到。

"零敲碎打"这种批评常常伴随或隐含着另一些批评，这就是：分析哲学的方法是有局限性的，它解决不了哲学的重大问题或根本问题。在我看来，任何一种方法都是有局限性的，单凭哪一种方法也解决不了哲学的根本问题。因此在这种意义上，也可以不在乎分析哲学方法的缺陷，因为这并不是它独有的东西。在我看来，重要的是应该看到，分析哲学的方法是如何给哲学带来进步和发展的。这方面的例子很多，比如维特根斯坦关于世界和事实的解释，奎因关于分析命题和综合命题的区别的批判，等等。下面我们仅围绕弗雷格关于涵义和意谓（所指）的区别来考虑。

根据弗雷格，一个句子分为专名和谓词；句子有涵义和意谓；句子的涵义是思想，而句子的意谓是真值；专名的意谓是对象，而谓词的意谓是概念。今天看来，这种区别很简单，它使我们可以非常清楚地看出语言层面的东西和语言所表达的层面的东西。但是，人们在接受弗雷格这一思想的同时，也对它提出了批评。罗素认为，弗雷格没有区别专名与摹状词，而专名与摹状词的逻辑作用是不同的。所以罗素提出了摹状词理论，详细探讨指称的问题。他的这一理论则被称为"哲学的典范"，得到人们的普遍称赞。虽然如此，斯特劳森却对罗素探讨摹状词的一个例子"当今法国国王是秃子"提出了严厉的批评，由于使用了"当今"这个词才使得"法国国王"的指称是空的，因此这句话的真假出了问题，由此他提出了"使用和提及"的区别。后来人们不断地探讨了这些问题，才发展出了不同的理论和看法。比如，达米特认为，弗雷格的语言哲学是他的意义理论，这个理论分两部分，一部分是关于意义的理论，另一部分是关于力量的理论；而关于意义的理论又分为两部分，一部分是关于所指的理论，另一部分是关于涵义的理论，其中前者是内核，是基础。而戴维森则认为，弗雷格的方法使我们可以认识句子的真和句子中对象的关系，这一思想方式"具有鲜明的简易性"，而且"由于有了弗雷格，大家才清楚地知道这条探询的途径"[①]。这显然给予弗雷格以极高的评价。因此他从塔尔斯基的真之理论出发，用真来

---

① 戴维森：《真理、意义、行动与事件》，4 页。

解释意义，并不是抛弃弗雷格的思想，而是基于他的思想继续发展。以上这些内容在江、张著作中都有介绍，其中不难看出分析哲学的发展，而这一发展的源头就是弗雷格关于涵义和意谓的区别。难怪江怡称这一区别是"弗雷格对当代分析哲学做出的最为重要的历史贡献，是分析哲学得以产生和发展的基石"（上卷，第111页），而张庆雄则说弗雷格探讨这个问题的文章在"语言哲学的历史上意义重大"（第42页）。

通过以上这个例子，我想说的是，阅读分析哲学的文献，无疑可以看到关于涵义和意谓的区别以及意义理论的产生和不断发展，但是由此还可以看出这一理论发展过程背后的方法的使用和考虑。比如，弗雷格从自己建立的一阶逻辑系统出发，为分析语言提供了一个出发点，即区别了涵义和意谓，但是由于他首先是对句子的区分，因此他必须形成对句子的句法分析。专名和谓词的区别恰恰就是基于一阶逻辑对句子做出的句法区分，而真值以及相应的对象和概念则是语义区分。罗素批评弗雷格没有区别专名和摹状词，则是基于他自己的逻辑系统，而他的系统有对摹状词的处理。后来人们讨论像"当今"这样的时间副词，以及"我"、"你"这样的人称代词和"这里"、"昨天"等这样的时间副词，则是基于对句子中一些所谓的索引词的考虑。由于含有这些词的句子的真假取决于这些词的涵义和说出这些句子的人和情景，因此牵涉到内涵语境的问题。弗雷格实际上也探讨了这些问题，但是他的逻辑只是外延的，二值的，因此他只对句子的一般真值情况有明确的说明，而对这些涉及内涵语境的问题的说明只是满足于不使前一种说明出问题。相比之下，戴维森和达米特的理论中则大量借用了内涵逻辑的研究成果。因此，应该说，分析哲学的一条主线不仅反映出围绕指称问题而产生和形成的理论及其发展，而且也反映出它的背后所使用的逻辑理论和方法的产生和发展。① 而且，这个理论在不同时期的表现形式虽然不同，但是基本上是围绕着真与意义的问题进行的。因此，它使用的方法是系统的，它的分析是系统的，而且它所关注的问题始终是哲学中的重大问题。

---

① 这里我们只简要说明了从弗雷格的思想到意义理论的发展，而没有论述克里普克的历史的因果命名理论。如果谈到后一方向的发展，则看到可能世界语义学的运用，因此可以看到从一阶逻辑到模态逻辑的使用的发展。

三、回归传统

江怡认为，"当今的英美分析哲学中出现了明显回归传统的倾向"（下卷，第972页）。这表现在两个方面，一是重视形而上学问题的研究，二是用分析哲学的方法讨论形而上学的基础问题。"回归传统"是一种常常可以听到的说法，也有一些与此相应的说法，比如"分析哲学走向它的反面"①。江怡的评价显然是正面和积极的，但是有些人这样说则含有批评。折中一下，我们可以把回归传统看做是一种对分析哲学中立的描述。

回归传统这种看法可能有一个历史原因，这就是分析哲学一开始表现出对形而上学的拒斥，"一切形而上学的命题都是没有意义的"这句话可以说是这种立场的典型体现。相比之下，今天的分析哲学显然在讨论形而上学的问题，比如关于存在，关于真，关于意义，关于必然与可能，等等。因此人们认为，分析哲学对待形而上学的态度发生了根本的转变。但是对此我有一些不同的看法。

江、张著作在论述卡尔纳普的章节时都比较详细地谈到了对形而上学的拒斥。比如，逻辑实证主义区分出两类哲学，一类是传统的形而上学，一类是澄清语言意义的哲学；一个命题有意义，必须是要么可以由经验证实，要么可以由逻辑证明；传统形而上学的命题既不能由经验证实，也不能由逻辑证明，因此是没有意义的；为了解决意义标准和证实原则，因此需要构造人工语言；如此等等。但是如果我们仔细阅读他们关于弗雷格、罗素、维特根斯坦等人的论述，我们看到的是对心理主义的拒斥、对唯心主义的拒斥，却看不到对形而上学的拒斥。而且，同样谈及形而上学，意思也是不一样的。比如江怡认为，维特根斯坦所说的"形而上学主体并不是传统意义上的主体概念"（上卷，第173页），维特根斯坦抛弃了形而上学"这种看法实际上已经被证明是不正确的，至少是不确切的"（上卷，第71页）。此外，人工语言学派充其量也只是分析哲学的一个学派，至少还有日常语言学派，因而构造人工语言并不是全部分析哲学。所以，（不考虑科学背景的影响以及后来所形成的科学哲学，

---

① 叶秀山、王树人：《西方哲学史》，第一卷，278页，南京，凤凰出版社、江苏人民出版社，2005。

这部分内容张、江著作有充分的介绍）即使维也纳学派及其主要代表人物卡尔纳普的影响非常大，似乎也不能说拒斥形而上学就是所有分析哲学家和流派的观点。我认为，这里的区别一定要搞清楚，一定不要简单地以为分析哲学开始的时候反对形而上学，试图拒斥、抛弃、脱离形而上学，而今天又回归形而上学了。最初一些分析哲学家确实为逻辑分析的方法欢欣鼓舞，从中看到了发展哲学的前景，以致说了一些非常绝对的话，包括宣布哲学终结。但是我们应该看到，第一，这不是分析哲学的全部；第二，这也不是弗雷格、罗素、维特根斯坦等主要代表人物的思想；第三而且也是最重要的，分析哲学的方法与传统的形而上学的方法确实有根本的区别，但是它所讨论的问题依然延续了形而上学的传统，而且是在形而上学的主线上的。比如，意义标准和证实原则的建立与讨论，实际上利用和延续了传统的分析与综合的区别，后来奎因对这一区别的批判不仅是对意义标准和证实原则的批判，而且是对这一传统区别的批判，因此极大地深化了人们对这一区别的认识。又比如，澄清意义是拒斥形而上学的一个主要目的，但是它也是分析哲学自身的一个主要目的，无论是弗雷格关于涵义和意谓的论述，还是罗素的摹状词理论，以及达米特和戴维森的意义理论，实际上都在朝这一方向努力。我们能说达米特和戴维森的意义理论是形而上学意义上的研究，而弗雷格和罗素的理论不是形而上学意义上的研究吗？而且，我们都知道，这里贯穿始终的是与真相关的考虑，而真恰恰是传统哲学中非常重要的概念。亚里士多德就曾明确地指出，"把哲学称为关于真的知识也是正确的"①。由此难道不是可以说明，分析哲学从一开始就是站在形而上学的主线上的吗？在我看来，这里不仅存在对分析哲学的理解，而且也存在对形而上学的理解。

四、清晰与含糊

一个比较一致的看法是，分析哲学运用逻辑分析的方法，努力把问题说清楚。这种看法是对分析哲学的赞誉。与此相对的是对传统哲学的批评，说它含糊、缺乏分析或逻辑分析等等。此外，以分

---

① *Aristoteles' Metaphysik*，Buecher I（A）-VI（E），s. 73.

析与综合相对，也分别形成了对分析哲学和传统哲学（或其他哲学）的褒贬。比如赞扬分析哲学的分析，批评它缺乏综合，而批评传统哲学缺乏分析，但是赞扬它的综合，等等。这样的批评给人一种印象，好像分析哲学只有分析没有综合，而传统哲学只有综合没有分析。张庆雄认为，不能简单地认为分析哲学家重视分析，而其他哲学家不重视分析，分析和综合始终结合在一起，在哲学史上，有些人着重于使用综合的方法，有些人着重于使用分析的方法。此外，他还认为，分析哲学家重视分析，不仅在于他们有现代逻辑，而且早期分析哲学家还认为分析乃是哲学的基本任务（第 4 页）。这无疑暗含着对上述后一种看法的批评，我认为他的观点是非常正确的。[①]但是在我看来，前一种看法也是有问题的。

分析哲学运用逻辑分析的方法，努力把问题说清楚，这肯定是分析哲学的一个主要优点或主要特征。以此为鉴，可以针对前面的看法提出两个问题。一个问题是，传统哲学含糊是绝对的，还是相对的？传统哲学是不是不运用逻辑分析的方法，因而是不是不想或不能把问题说清楚？

在我看来，哲学是智慧之学，是对世界和对与人相关的问题的思考，在这一点上，传统哲学与分析哲学没有什么区别，同样想把问题说清楚。关于这一点，只要看一看柏拉图的对话就足够了。今天读柏拉图的对话，我们可能会感到冗赘，为了一个概念，可以会讨论几页甚至几十页。但是这样做的目的难道不是为了把问题说清楚吗？其中主要所用的方法，比如划分和定义，不都体现了分析吗？在柏拉图时代，逻辑还没有成为一门科学，因此我们无法说他有意识地运用了逻辑分析的方法，但是难道这里没有包含着向着逻辑方向的努力吗？即使在柏拉图这里还只能得出否定的回答[②]，但是到了亚里士多德那里，逻辑已成为一门学科，难道还能得出同样的回答吗？再举一个例子。黑格尔大概可以算是哲学史上思想含糊的著名代表，但是读一读他的《逻辑学》，我们就可以清楚地看到，他试图从逻辑中寻找出发点和初始概念，由此建立自己的哲学体系。[③]

---

① 我曾经讨论过分析与综合的问题，参见王路：《走进分析哲学》。

② 我认为这里涉及非常复杂的问题，甚至牵涉到史学研究。限于篇幅和本文的目的，我只提及这一点。

③ 我曾详细探讨过这个问题，参见王路：《"是"与"真"——形而上学的基石》，第七章，北京，人民出版社，2003。

无论他的结果怎样，他至少努力从逻辑出发，利用逻辑的成果，这说明他希望把问题说清楚，而且他想使自己的哲学体系具有科学性。举这两个例子是想说明，传统哲学绝不是不想把问题说清楚，也绝不是不运用逻辑分析的方法。事实上，传统哲学确实说清楚了许多问题。比如，亚里士多德认为认识有不同的层次，最高的层次是说明一事物是什么；我们可以认识一事物有什么样的质，有什么样的量，一事物与其他事物有什么样的关系，一事物处于什么样的状态，但是只有当我们认识了一事物是什么，我们才真正认识了这个事物。这所谓的是什么，就是事物的本质。当然，后来关于本质人们又有了不同的看法，罗素就认为本质是哲学史上最含糊的概念之一。但是含糊归含糊，有了亚里士多德的说明，我们对认识的看法难道不比没有这种说明的时候更清楚了吗？

走进分析哲学

我认为，在西方哲学中，逻辑分析是贯彻始终的，含糊只是相对的。关键在于，当现代逻辑产生之后，逻辑分析在哲学中所产生的结果较之传统存在根本性的变化。这是因为现代逻辑与传统逻辑存在根本的不同，因此，同样是逻辑分析，所得的结果是完全不同的。应用现代逻辑的方法，人们看到了运用传统逻辑所不能解决的许多问题，因此看到了传统哲学中的许多含糊之处。但是，这并不是说，经过现代逻辑的分析之后，所有哲学问题都弄清楚了，再也没有含糊之处了，当然，更不能说所有问题都解决了。比如，维特根斯坦在提出世界是由事实构成的这一著名主张时，在他的论述中使用了"图像说"，与此相应，人们可以联想到"镜像说"，"反映论"。维特根斯坦试图以此说明事实与思想的关系，因而说明事实与句子的关系，从而可以通过对句子的分析来说明什么是事实，什么是事实所显示出来的逻辑结构。那么他的"图像说"完全清楚吗？或者，他的"图像说"就没有含糊之处吗？又比如，塔尔斯基的真之语义学为我们探讨真这个概念提供了基础，也成为戴维森意义理论的依据，由此还形成了一些新的理论，如紧缩论、极小论、去引号论等等。有些人认为它们与传统的符合论不同，也有人认为它们在不同程度上是符合论的翻版或变形。这些理论和探讨无疑极大地深化了人们对真这个概念的认识，但是能够说关于真这个概念的认识完全清楚了吗？能够说围绕它的认识丝毫也没有含糊之处了吗？

在我看来，这里至少有两个问题是值得重视的。第一，我们应该看到，运用现代逻辑的方法，我们在一些重大的哲学问题上取得了进步。因此我们应该认识到，在这些问题上，我们的认识发展到了什么程度。换句话说，我们应该知道，现有的哲学为我们提供了哪些成果，我们在哪些问题上比以前更清楚了，为什么更清楚了。第二，在一些主要问题上，为什么传统哲学讨论得不是那样清楚，而分析哲学讨论得比较清楚。这两个问题或多或少会牵涉到传统哲学与分析哲学的比较，因而牵涉到传统逻辑与现代逻辑的比较。因此在这种意义上，认识到现代逻辑与传统逻辑的区别，尤其是认识到现代逻辑的性质和意义，不仅对于理解什么是逻辑分析乃是至关重要的，而且对于理解分析哲学的方法及其主要特征也是有意义的，对于理解整个西方哲学，包括传统哲学和现代哲学，也是至关重要的。理解了这一点，才会明白逻辑对于哲学的重要性，才会明白逻辑在哲学的发展和进步中所起的作用。只有这样，我们才会理解，为什么说西方哲学的主要特征是逻辑分析。

　　江、张著作梳理了分析哲学的一些主要思想脉络，阐述了分析哲学主要的代表人物及其理论，可以说，它们展示了分析哲学丰富的内容并提出了各自一些有见地的观点。除此之外，我还认为，这两部著作还阐述了一个基本的事实：分析哲学是形而上学的当代形式；分析哲学与传统哲学相比是清晰的，这种清晰不仅是分析哲学的特征，而且是哲学本身的进步。

（原载《清华大学学报》，2007（1））

人名索引

A

阿尔斯顿，Alston，William P.，7

亚里士多德，Aristotle，22，34，36，42，45，79，89，90，93，111，118，121，143，183～187，201～205，207，209，210，212～223，225，226，229～234，237～241

奥古斯丁，Augustin，170，188

奥斯汀，Austin，J.，8，16，26，125，142～152，161，178～181

艾耶尔，Ayer，A. J.，8，38，51，71，93，107，108

B

伯格曼，Bergmann，G.，14～17

布莱克，Black，M.，16

鲍亨斯基，Bochenski，J. M.，21，23

布伦塔诺，Brentano，F. C.，9

C

卡尔纳普，Carnap，R.，1，16，20～23，25，26，28，30，31，58～67，89，125，180，243

卡西勒，Cassirer，E.，9

乔姆斯基，Chomsky，A. N.，5～7，210

克罗伦，Cloeren，H. J.，10，11

科比，Copie，16

车尔伯，Czolbe，H.，9

D

戴维，David，S.，2

戴维森，Davidson，D.，1，26，28，29，71，73～75，80，120，152，243

笛卡儿，Descartes，René R.，152，206，207

狄尔泰，Dilthey，W.，9

第欧根尼，Diogenes ho Sinopeus，215

达米特，Dummett，M.，1～4，9，26～31，33，71～74，80，82，152，167，168，243

F

福科，Faucault，M.，9

费格尔，Feigl，H.，3

菲尔德，Field，H.，112

福多尔，Fodor，J. A.，5

弗雷格，Frege，G.，1～3，9，10，17～21，24，25，27，28，30～38，41，45，50，54，57，59，66，70～74，76～78，80，82～85，88～90，143，154，155，161，162，164～166，170，173，202，207～210，212，213，232，233，240，243

弗伦奇，French，P. A.，3

人名索引

术语索引

走进分析哲学

M

命题，21，22，27，28，36，38～
41，48，51～53，57，59，66，
69，73，78～80，87，94，97，
100，107，108，111，123，127～
130，134～137，139，153，156～
160，162～166，170，171，179，
185，187，189～191，193，224，
235

　复合—，66

　原子—，66

摹状词，25，27，30，37～50，71，
77～79，85，94，95，128，129，
132～134，138，140～142，152，
158，166，170，171，173，179，
243，244

　不定的—，38～40

　缩略的—，43，45

　限定的—，38，39，41

N

内涵语句，48～50，74

牛津学派，3

R

人类学，7，8

认识论，4，20，22，24，61～64，
81，82，111，119，134，152，
206，212

日常语言，3，6，15，16，26，43～
45，55，63，64，97，100，112，
113，117，118，125～127，129，
130，132，133，152，153，161，
162，164，166，172，173，178～
182，195，228

　—学派，15，99，125，126，178～
183，228

S

是，1～244

　—者，192～200，228

　此—，140，145，161，186，194～
201，228

事实，4，6，9，10，13，31，42，
47，49，51～58，69，76，100，
101，104～108，115，121，123，
124，131，136，138～140，142，
145，146，148，151，152，159，
160，163，165，166，174，182，
213，217，225，243

所指，5，14，31，32，38，42，
45～47，72～79，89，90，92，
95，96，114，139～141，147，
148，151～154，157，236，243

索引词，47，48，50，78

T

T 约定，113，121～123

同义性，101～104，108～111

图像，7，51～54，56，58，59

W

谓词，17，25，26，31，32，35～
38，41，43～45，48，57，59，
66，74，75，80，84，85，87～
95，97～99，104，106，107，
119，136～138，153～155，157，
160，164～166，173，184，185，
189，231～233，235

维也纳学派，11，14，19～23，25，
26，51，59

唯一性，41～45，47，77，133，
142，166

X

形而上学，10～12，20～22，25～

走进分析哲学

171，173～185，187～189，191，192，199，201～203，205，208～244

泛语言一，7，9，13，24，87，167，176，181，183，202

分析一，2～4，7，9，11，13，16，20，22～27，30，31，68，72，126，179，180，183，203，227，234，236

思辨一，11，229

语言一，1～16，20，22～31，33，44，51，60，68，70～72，76～82，86，111，119～121，125，143，148，150，167，176，178，179，181，183，202，203，234，236

语言学一，4～7，10，16

真，5，7，10，14，15，17，23，26～29，31～35，37～48，52，53，59～65，67，69，72～79，85～87，90，91，94，97～104，106，108～124，128，132，133，137，139～142，145，146，148，150，151，156～160，162～165，171，174～177，179，180，189～191，207～210，213，216，217，219，220，222～224，227，229，233，235～237，239，243

　—之概念，119

　—之理论，23，27，72，74～76，111，112，118～121，124

　—之谓词，119

真理，118～121

真值，28，31～34，37，48，54，59，72，77，119，156，164，165，208，243

指代，188～191，202，206，232

　简单一，189，190

　人称一，189～191

　实质一，189，190

指示词，39，50，78，244

　非严格一，78

　严格一，78

指谓词组，38，39，41，47，78，138，140

助范畴词，188～190，202

专名，27，31，32，34～38，42，43，45，48，77～80，82～85，90，94，95，116，138，139，154，158，161～163，166，169，170，190，235，243，244

自变元，36，41，42，84，85，116

术语索引

图书在版编目（CIP）数据

走进分析哲学/王路著. --北京：中国人民大学出版社，2020.10
（当代中国人文大系）
ISBN 978-7-300-27957-2

Ⅰ. ①走… Ⅱ. ①王… Ⅲ. ①分析哲学-研究 Ⅳ. ①B089

中国版本图书馆 CIP 数据核字（2020）第 030720 号

当代中国人文大系
走进分析哲学
王路　著
ZOU JIN FENXI ZHEXUE

出版发行	中国人民大学出版社				
社　址	北京中关村大街 31 号		邮政编码	100080	
电　话	010 - 62511242（总编室）		010 - 62511770（质管部）		
	010 - 82501766（邮购部）		010 - 62514148（门市部）		
	010 - 62515195（发行公司）		010 - 62515275（盗版举报）		
网　址	http://www.crup.com.cn				
经　销	新华书店				
印　刷	北京联兴盛业印刷股份有限公司				
规　格	155 mm×235 mm　16 开本		版　次	2020 年 10 月第 1 版	
印　张	17.75 插页 3		印　次	2020 年 10 月第 1 次印刷	
字　数	276 000		定　价	78.00 元